ボクの「あくがる」体験記

――ある整体師の不思議な一生――

城岩　譲

まえがき　――「向こうの世界」の存在

ボクの名は城岩譲《しろいわゆずる》、通称ジョー。これはボクの不思議な体験の一部を綴ったものです。

「あくがる」とは、こころや魂などが本来あるべき体から離れて、ふらふらさまよい歩くことをいいます。〝向こうの世界〟を垣間見る第一歩です。

ボクの体験を読んで、そんなことなら自分も、という方が少なからずいると思います。

そういう方は、ご自分の体験を思い出しながら読んでいただければ、新たな気づきや発見があるかもしれません。

また、そんなことは非現実的で荒唐無稽だと感じる方もいらっしゃるでしょう。

ま、ちょっと変わった人が、向こうの世界を垣間見た、不思議なお話として読んでいただけたらよいかと思います。

夢は、向こうの世界とつながる一つの方法です。

おもしろいできごとがありました。

まえがき ——「向こうの世界」の存在

「あれから40年」といいますが、40年ぶりにアメリカのロサンゼルスから日本に戻ってきたとき、大学卒業以来の友人と久しぶりの再会が実現しました。

ところが、そのいきさつが普通ではなかったのです。

大学時代のクラブのOB会があるというので、ボクは参加することにしました。長年、アメリカに住んでいたので、昔の友人たちとほとんど会う機会がなく、ボクは久しぶりに会いたいという気持ちが高まっていました。

特に会ってみたい友だちがいました。学生時代を通してアパートの隣の部屋に住んでいた今田くんです。でも、彼は途中でクラブを辞めてしまったので、OB会では会うことができません。

すると、数日間連続して今田くんが夢に出てきました。散歩をしていると途中で彼に会うというシーンです。

ボクは天気のよい日は散歩を日課にしていました。日本でも毎朝、近所の公園や河川敷を1~2時間ほど歩きます。

その日はちょうど朝の6時すぎで、ラジオ体操の時間と重なりそうでした。ボクは体操をしているところをちょっとのぞいてみようという気になって、途中からいつものコースを変えて、みんなが集まっている場所に行ってみました。

ラジオ体操がはじまると、ボクは体操している人々の間を通り抜けて歩いて行きました。そういえば、夢で見た場所はこのへんだったなあと思いながら顔を上げると、何と目の前に今田くんが立っていたのです。

ボクは思わず「今田くん！」と叫んでいました。

すると彼は、「え⁉　あのー、失礼ですが、どこかでお会いしましたでしょうか？」とボクのことがわからない様子で、緊張した面持ちでした。

「ボクだよ、ジョーだよ！」と言うと、彼は信じられないという顔になり、当惑しながらもうれしそうでした。

聞けば、彼は3駅くらい離れたところに住んでいて、ときどきこの公園まで散歩に来るとのことでしたが、「それにしても、僕はいつもはこの場所には来ないんだ。ここで体操をするのは今日が初めてなんだよ」としきりに不思議がっていました。

40年も経っているのだから、今田くんがボクを見てとっさにわからなかったのは無理もないでしょう。

ボクがすぐに今田くんをわかったのは、夢で見た姿そのままだったからです。今田くんはフサフサだった髪は薄くなり、見かけもずいぶん変貌していました。もし夢で見ていなければ、ボクは今田くんと会ったとしても判別できずに素通りしていたでしょう。

これだけでも不思議だと思うかもしれません。でも、まだ続きがありました。後日、ＯＢ会に出席すると、以前に夢で見たシーンや会話の内容がそのまま再現されたのです。まるでビデオを再生しているかのようでした。

このような予知夢の体験は昔からときどきありましたが、最近ではしばしばです。人は誰でも、気づきはじめると不思議なことが頻繁に起こるようになってきます。問題は、普段の日常生活の中で、目の前に見える世界だけが実在のすべてだ、という固定観念を持っていることです。人は見えない世界とも関係しているとは考えてもみないのです。

しかし、見えている世界とは真の実在世界のきわめて限られた範囲であって、見えない世界のほうがはるかに広大なのです。見えないから聞こえないからといって無視したり、否定することはむしろおかしなことです。

存在は「波動」として理解できるといわれています。波動は無限に存在します。でも、ボクたちの知覚である五感では、ほんの一部しかとらえることができません。

たとえば、ボクたちの肉眼で見える世界は可視光線という限られた波動です。また同様にボクたちの耳に聞こえる周波数は、波動の中でもとても狭い範囲のものです。

そう考えると、紫外線をとらえることのできる昆虫や超音波を聞けるコウモリやイルカのほうが、ボクたちよりもう少し広い世界を知っているといえます。見える世界というのは1％未満で、99％以上は見えない世界だという説もあります。

今は科学万能の社会です。科学は3次元の物質世界において大変役に立ち、とても頼りにできるものではありますが、すべて科学で理解し解決できるかというとそうではありません。限りなく理解に近づくことはできますが、完全に理解して実感することは不可能です。観察や測定、検証の方法には限界があるからです。

だいぶ前のことになりますが、日本のテレビ番組で超能力や不思議な現象について放送していたことがありました。

そのときは、目隠しをしても色がわかり、障害物を避けて歩くことができるという東南アジアの青年が出演していて、何でも科学的に解明するという大学教授がそのタネ明かしをするというものでした。教授によると、目隠しの間から見えているからできるというのです。

科学的な方法とは、現象を観察し、仮説を立て、実験を経て立証し、定説にたどりつくというやり方です。もし、目隠しの間から見えているとすれば、教授がそれを実験で証明しなくてはならないのです。

しかし番組ではそこまでは追求しませんでした。もっとも、教授は番組をおもしろくして視聴率を上げるために利用されただけで、そんなことはどうでもよかったのかもしれません。

たとえ大雑把ではあっても科学には科学の方法論というものがあるわけですが、科学的な方法では扱うことのできない対象も出てきます。

たとえば人間の死や、死後の問題です。

なぜなら科学は、死後に人間はさらに生き続けるのか、あるいはそうでないのか、肯定することも否定することもできないからです。

科学は実験によって証明され、誰にでもわかるところに信頼性があります。しかしこの場合は、科学がもっとも信頼される根拠となる、再現可能な実験によって証明することができません。

これまで、死後の生は存在する、あるいは存在しないと証明できた科学者は誰もいないのです。また、証明できるともいえないのです。

哲学者のヴィトゲンシュタインがいうように、「語ることができないものについては口を閉ざさなければいけない」ということかもしれません。

たしかに、科学はボクたちの視力や聴力を超える道具を開発して、さらに広い世界の存在を証明し、利用することを可能にしてくれました。

しかし、ボクたちが五感で認識することができる世界の向こう側には、想像を絶するほど広大で、複雑で、精妙な世界が存在しているのです。それを認識して理解するには、五感を超えた知覚と新たなパラダイムが必要になると思われます。

科学は事物や現象を観察し、分析します。つまり外部からアプローチする間接的・翻訳的な手法であり、事物や現象そのものの実体や本質を直接的に理解する方法ではありません。対象そのものを実体験として理解するのではなく、言葉や記号による概念、または物質的な粒子や電磁的な画素のような媒体を介して理解しようとしているのです。

最近の写真や画像は驚くほど鮮明になり、肌の細かさや質感までが感じられるほどリアルです。でも、ミクロで見ればそれは写真の銀の粒子だったり、デジタルの画素であり、それらがより細かく、限りなく小さくなることで鮮明な画像として表わすことができるようになったということです。

粗い画像と比べればたしかにクリアになり、より視覚的な理解に近づくことはできますが、もとは粒子や画素の色の点の集まりであって、対象そのものの実体ではありません。粒子や画素という翻訳の媒体を介して対象を理解しているだけで、どれだけ微細になろうと実体そのものに迫ることはできないのです。

科学はまた、「どのように」という問いに答えることはできますが、「なぜ」という哲学的・倫理的な問い、宇宙の根源的な問い、つまり本質的な問いに対して答えることはできません。

このことは科学のもう一つの問題にもかかわります。

現在の科学は、進歩が「善」であることが暗黙の大前提となっています。しかし科学技術の進歩は、本当に人間や宇宙の進歩なのでしょうか。

科学が盲目的に目指しているものは利便性と省力化です。これは人間の本能に基づいています。人間にとって都合のよいものを善としているのです。

言い換えれば、科学とは優れた技術を手に入れた現世利益追及の宗教のようなものといえるでしょう。

問題は、科学の進歩という響きのよい言葉を使って、人間をあたかも幸福に導くかのように思わせているところです。

しかし、科学は必ずしも人間を幸福にしません。なぜなら、調和の発想と利他のこころに欠けているからです。そこでは新たな矛盾や対立が生まれます。

今ある世界の状況は、自己中心的で怠惰で知識偏重の人間が、自分たちの能力をひたすら人類だけに都合のよい事物の発明・開発に使ってきた結果です。

したがって地球では争いと破壊が絶えず、その規模は大きくなるばかりで、人類は地球にとってガンのような存在となってしまいました。

一方、ボクたちはまだ潜在的な能力を開発できる可能性を持っていると思われます。人間は日常生活において、脳やＤＮＡ遺伝子情報のほんの数％しか利用していないといわれています。

もし眠っている部分の能力が活性化されれば、もっともっとできることが増えて豊かな人生になるでしょう。

眠っている潜在能力を使えるようにする鍵は「覚醒」です。覚醒にはいろいろなケースがあります。

研究によれば、ある大腸菌の一種の細菌は、ブドウ糖を分解利用することでエネルギーを得ています。この細菌は、果糖があっても利用することができません。

しかし細菌を過酷な環境に晒し、生きるか死ぬかの飢餓状態に陥らせたところ、その個体は果糖を取り込んで利用しはじめたというのです。

調べると、遺伝子的には果糖を分解してエネルギーにする潜在能力が秘められていたにもかかわらず、普通の環境ではその能力に鍵がかけられて使えなかったということがわかりました。極限状態に追い込まれることによって鍵が外れ、今まで眠っていた能力のスイッチがオンになったのです。

昔の求道者は、深山幽谷の過酷な環境で荒業や精神修行を行ないました。そして普通人にはできない能力を身につけました。

最近では、臨死体験をした人が超能力を発揮して病気を治せるようになったり、まったく違う分野の専門知識を得たりすることなどが報告されています。

求道者たちがトランス状態から覚醒して向こうの世界とつながり、真理や叡智を得ることができることもあります。

人間はまだまだ進化していく可能性を持っていると思われます。

見えない世界を探求して垣間見ることで、新たな境地を切り開いた先人たちもいました。古代ギリシャの哲学者ソクラテスやプラトン、のちに世界宗教の教祖となったブッダやキリスト、モハメッド、『霊界日記』を著わしたスウェーデンの科学者スウェーデンボルグ、近年では精神科医のカール・ウィックランドやカール・ユング、脳科学者のジョン・リリー、超心理学者のロバート・モンローなどもそうした人たちでしょう。

仙人やヨギやスーフィーの中にもそのような人たちがたくさんいたと思われます。また、市井にあって無名ながらも見えない世界を認識できた人も、きっと多くいたことでしょう。

量子力学と東洋思想の一元論の共通性が指摘される今、宗教と科学の境界はだんだんと薄れていき、今後は向こうの世界を探求する人たちがますます増えてくると思われます。そうなれば人間世界の衣食住や医療なども大きく変わっていくことでしょう。

向こうの世界を意識しはじめると、しばしば学びや気づきを得ることができます。

夢やあくがる体験は、向こうの世界と交流する最初の一歩になります。

本書を機に、半信半疑だったご自分の不思議体験を頭から否定せず、よく思い出してみてください。

新たな世界が展開しはじめ、エキサイティングな体験がもたらされることになるかもしれません。

ボクの「あくがる」体験記
――ある整体師の不思議な半生――／目次

第一章　自分が体の外にいる!?　～誕生から小学生まで

第二章　文武両道の修業時代　～中学から大学入学まで

第三章　こころの旅立ち　～日本列島縦断「気づき」の日誌公開

第一章

自分が体の外にいる!?

——誕生から小学生まで

生まれたくないよ！

「行くんだ。行きなさい！」

光の存在が言った。ボクは気が進まなかった。この先、苦労することがなぜか、わかっていたからだ。「いやだよー！」と言い張って、口答えしながらむずかっていた。

でも、気がついたときには、猛烈なスピードで降下していた。ズームインするように地上の風景が一気に迫り、山や川、田園風景が近づいてくる。

地上がどんどんと近づき、丘陵と川の間の斜面に生えている木の枝にボクはとまった。眼下には広い庭、屋敷、それにいくつかの校舎が見えた。庭には色とりどりの花がたくさん咲いている。敷地の向こうに川が流れ、橋があって道路が続いていた。

女性が数人、母屋の縁側から出てきて、何かを持ち運びながら広い庭を横切って表通りのほうに足早に行くのが見える。その後ろを初老の男性と女性が続く。その女性はほかの若い女性たちに何やら指示を出している。

（何をしているのだろう）と思った瞬間、その女性のすぐ肩のあたりにいた。

女性は、「行列がもうすぐ来るから早く持って行って」と叫んでいる。橋を渡った道路の路肩には、たくさんの机や椅子が並べられていた。

ほどなくして、にぎやかな長い行列が到着した。豪華な着物を身に着け、艶やかな化粧をした女性たち。兜を被って刀を脇に差している甲冑武者たち。馬に乗った侍もいる。その後ろにはお神輿《みこし》や山鉾《やまぼこ》、獅子舞や虎舞が、間を縫うように行き来しながら練り歩いていた。

行列は門の前で止まった。沿道の机の上に飲み物や菓子類がたくさん並べられている。人々は鎧兜や刀などの装備を解いて腰を下ろすと、茶を飲みながら歓談し、思い思いに休憩しはじめた。勇ましい出立《いでた》ちの人々だったが、顔の表情やしぐさは穏やかだった。

（これは戦いではない）——ボクは胸をなで下ろした。

大きな頭の獅子舞と虎舞がとても怖かった。虎がくるりと踵《きびす》を返して向こうを向いたので、中はどうなっているのだろうかと思うと、次の瞬間、被り物の中に入っていた。

中には二人の青年がいて、一人は頭を、もう一人は尻尾の棒を振り回しながら、げらげら笑っていた。

頭のほうの青年は見物客たちに近づきながら、大きな虎の頭の口を開けて、順番に客の頭にかぶりつくまねをしている。

（何だ、本当に食べているんじゃないんだ）

次の瞬間、フワッとエレベーターで急下降するときのめまいのような感覚とともに、別の場所に吸い込まれるように移動した。

そこは暗い闇の世界だった。トンネルの中を進んでいる。暗いといっても見えないわけではない。光源は見当たらないが、空間そのもの、あるいはトンネルそのものがほのかに光を発しているようだ。動物も植物もない無機質の世界。果てしなく広がる空間のトンネルの中を浮いたようにゆっくりと移動していた。

(どこに行くのだろう?)

トンネルのはるか前方にプラチナ色に輝く光が見えた。フワフワ浮きながらその光に近づいていく。誰もいない。しかし誰かにすっかり見られているという感覚にとらわれた。あらゆる方向から見られている気がする。一挙手一投足どころか、考えや気持ち、過去から未来まですべて読み取られているようだ。でも、周りには虫一匹見当たらない。

さらに光に近づくと、ますます見透かされているという気持ちが強くなった。同時に大変、威厳のある人の前に出たときのような、ひどく緊張した気持ちになった。姿は見えないが、どうやらその光の存在が畏怖の感情を呼び起こしているようだった。

すると、また異変が起きた。どこかに吸い込まれるように猛スピードで移動する。気がつくと土間付きの台所の天井から見下ろしていた。

小柄な女性がお湯を白い容器に入れて運んでいる。ボクはその白い容器になぜか気が引かれた。次の瞬間、その容器の間近にいた。中のお湯が湯気を立てている。台所の土間を上がったところに座敷があり、布団の上に女性が横たわっていた。足元のほうには堂々とした襷《たすき》姿の女性が座り、片手に何か黒い塊りを持って、もう一方の手で必死に叩き続けている。

突然、黒い塊りが「ホギャー！」と声を上げた。と同時にビューっと黒い塊りの中に吸い込まれた。ボクは自分が息をしていることに気がついた。あわてて息を止めようとしたが手遅れだった。ボクが入った黒い塊りは赤ん坊だった。赤ん坊はホギャー、ホギャーと大きな声を上げ、手足をばたつかせた。

急に狭苦しいところに閉じ込められた感じがした。つい今しがたまでは意識がハッキリして何でもわかっていたのに、閉じ込められてからは頭も体もジーンとしているだけ。ボーッとして何も考えられない。気持ちがよいかわるいかくらいしかわからない。

赤子の肉体の中に入ると知恵を抜かれ、まるで牢獄に閉じ込められてしまったかのようで愕然とした。

このときの状況は、その後も復習を促すかのように執拗に夢に出てきたので忘れることはなかった。

ボクは物ごころがついてしばらくしたとき、祖母が近所の人に話をしているのを耳にした。

「この子が生まれたのはちょうど秋祭りの日でねえ。ママが産気づいたのは、祭りの行列がうちの前まで来たときだった。予定よりだいぶ遅れて、しかも最初、死んで生まれたんだよ。それは気が気じゃなかった」

ボクの家は祭りの行列の休憩所になっていたのだ。

祖父母と母の学校

ボクが生まれた町は、東北本線と北緯38度線が交差する北国にあった。電車の窓からは田園の向こうに蔵王連峰が見渡せる。

その昔、伊達政宗と兄弟のように育ち、のちに政宗の参謀として活躍した武将、片倉小十郎の住む白石城《しろいしじょう》があった。一つの藩には一つの城しか許されなかった時代に、幕府から例外として認められた日本でも珍しい出城《でじろ》。幕末には奥羽越列藩会議が開かれた場所にもなった。

樹氷を頂く蔵王山に源を発する清らかな雪解け水は、山を下って谷を流れ、美しい峡谷を穿っている。

白石川の清流は田畑を潤し、この町・白石の名を高らしめている名物、かつては「三白《さんぱく》」

と称された和紙と温麺《うーめん》そして葛《くず》の製造を支えていた。

渓流から取水されて内堀と外堀として町を流れる川は、さらにたくさんの支流の小川に姿を変えて家々の敷地内を流れ、生活用水としても利用されていた。

各家では、川に通じる階段を降りて野菜を洗ったり、洗濯をしたりする。ところどころに粉を引く水車があり、生産の営みを感じさせると同時に潤い豊かな田園の風情を醸し出していた。

城山と南の丘の間は、敵に攻め込まれないように切り通しとして抉られ空堀《からほり》となっていて、ボクの家はその空掘とお堀が交わる城山の南にあった。

家の隣は茅葺きの大きな農家だった。ボクが小さいころは牛や馬などが飼育され、広い庭にはニワトリやアヒルが放し飼いになっていた。

たまに回覧板を持っていくと、背の高いアヒルが遠慮なく向かってきてはガアガア鳴くので怖い思いをした。ボクはアヒルたちが遠くにいるときを見計らって行くか、姉を先に押し立てて後ろに隠れてついて行った。

ボクの家は、祖父母が洋裁学校を経営していた。戦前は台湾の台北で学校を経営していたが、戦後は日本に引き揚げて再興した。

祖父母は東京の師範学校で勉強したあと、子女教育の使命と情熱に燃えて台湾に渡り、台北に洋裁学校を開いたのである。母も東京の共立女子大学を卒業し、台湾の学校を手伝うことになった。

当時は外地で私立の学校を開設すること自体が珍しかったが、需要は多く、日本人の子弟はもちろん、地元の台湾人、高砂族の娘や南洋の島々からも生徒がやってきたという。

祖母によると、娘を入学させた高砂族の酋長から衣装が贈られたそうだ。血がたくさん付着していたので、祖母が洗濯して綺麗にしようとすると、酋長から「付いた血は勇者のしるし。価値があるものだから洗わないでくれ」と言われたとか。今でもその前掛けの一部のようなものが残っている。

祖父母や母たちからは、台湾は気候が温暖でのびのびしており、学校や家も広く、何もかもが豊かだったと聞かされて育った。

大きな椰子の木が茂る広大な敷地を背景に、たくさんの生徒が写っている写真を見ると、たしかにそうだったのだろうと思う。

しかし実際に行ったことがないボクには、今一つ実感がわかない昔話だった。台北の学校は戦後は金甌《きんおう》小学として引き継がれ、今は金甌女子高級中学となっている。

台湾から引き揚げた祖父母たちは、故郷の町に戻ってまた一から学校を再建した。そこは以前は農家だったところで、一〇〇〇坪の敷地内には畑や果樹園があった。

ボクが生まれたころは、表通りから橋を渡って門を入り、石畳を20メートルほど行くと縦長の校舎が三棟ばかり奥のほうに伸びて建っており、中央の大きめの校舎の奥が自宅になっていた。

さらに奥には小川と池があり、その先は斜面に低い草木が一面に繁茂していた。特に祖父が好きで集めていたツツジやサツキ、オオムラサキなどツツジ科の植物は数百株もあり、初夏には見事なピンクのグラデーションで彩られた。

斜面の上部は竹林が続き、丘からは東に町並み、遠くに阿武隈山地、西の田畑の向こうに蔵王連峰が見渡せた。屋敷の庭にはさまざまな樹木や果樹が繁茂し、山里の草木が豊富で昆虫や小動物の天国でもあった。

父との別れ

ボクが物ごころつくころ、悲しい出来事が起きた。

ボクは人生の初めの時期に苦労することがわかっていたので、生まれるのがいやだったが、この悲しい出来事もその一つだった。

父についての記憶はかすかにある。ボクは父に肩車をしてもらうのが好きで、よく父にせがんだ。父は喜んで肩に乗せてくれた。父のおでこに腕を回して、しっかりとつかむ。高いところから見渡すのは爽快だった。

ボクの頭は父より高い位置にあるので、別の部屋に入ったり、ドアを通り抜けて移動するときは、父は注意深く背をかがめ、頭が梁《はり》にぶつからないようにうまくすり抜けてくれた。

3歳の春、ボクは人がたくさん家に集まって来て遊び相手になってくれたので喜んでいた。その人たちは父の兄、つまり伯父とその娘たちだった。姉よりも年上の従姉妹たちは、初対面のボクと姉の面倒をよく見てくれた。

ボクは伯父にも肩車をしてくれとせがんだ。伯父はもちろん喜んで応えてくれた。父も大柄だったが伯父はさらに背が高かった。いつもより高い目線に少し怖さを感じ、いやな予感がした。伯父には男の子がいなかったので、それまで肩車などしたことはなかったのだ。

男の子が欲しかった伯父は、ボクを肩に乗せてうれしそうに廊下を歩き回った。伯父が隣の部屋に入ろうとしたとき、不安は的中した。ボクはおでこをしたたかにドアのフレームに打ちつけて、気を失ってしまった。

いつの間にか暗いトンネルの中にいた。暗いといっても周りの景色を見ることはできた。暗い中にも透明感のある風景だった。

ボクは宙に浮かびながら、そのトンネルの中をふわーっと移動していた。どれくらい気を失っていたのかはわからない。気がつくと、伯父や従姉妹たちが顔をのぞき込んでいた。額には濡れタオルが置いてあった。

その夜はすぐには寝つけなかった。昼の間、従姉妹たちに遊んでもらって楽しかったせいもあったのだろう。うれしくて興奮していたのかもしれない。あるいは頭をしたたか打ちつけて、どうにかなってしまったのだろうか。大人たちは隣の部屋でまだ起きているようだ。そのうち、うつらうつらと寝入ってしまった。

気がつくと、ボクは天井の隅にいて下を見ていた。寝床には姉と自分が寝ている。大人たちは廊下を隔てた広い座敷に集まっているようだ。

（何をしているのだろう）と思った瞬間、座敷の天井から見下ろしていた。祖父母と父母、そして伯父、さらに母の兄が加わって車座になって話し込んでいる。

（何を話しているのだろう）と思うと、祖父母たちの頭の高さまで降りて、しきりに話しているみんなの近くに浮かんでいた。一人ひとりの表情もはっきり見て取れる。しかし、こんな夜遅くにうろうろしているボクに誰も話しかけようとしない。ボクの存在に気がついていないようだ。

その場は重い雰囲気が支配していた。父と母は黙りこくっている。祖父はもともとあまりしゃべる人ではない。ボクは、みんなの間を縫うように行き来しながら会話に聞き入った。

それぞれの人の感情や言っていることは実にはっきりとわかる。祖母と父の兄がやりとりするのを母の兄が間に入ってなだめている。父と母の関係が危機的状況にあり、それをどうするかを話し合っているのがわかった。

ボクの人生がこれから悲しい辛い世界に入っていくことを思って、いたたまれなくなった。この場所から離れたいと強く思った。次の瞬間、自分の寝床に戻っていた。

体に帰還すると同時に意識と知能は幼児に戻り、たった今、見聞きしてきたことを表現する手段もなく、ただボーッとしているしかなかった。近い将来起こることに対する漠然とした不安と悲しみだけが頭の中を漂っていた。

その後、持病の喘息がひどくなった。早春のまだ気候も不順な時期で、寒気に触れると悪化するのでしばらくは外に出ることができなかった。桜も満開になったころ、ようやく症状が落ち着いて調子もよくなってきた。

ある夕方、お隣の家族が外に出られるようになったボクをお城山に散歩に連れて行ってくれた。

おおかた花見の宴も終わり、公園は人もまばらだった。いちばん上の城趾まで登ってみると、バスのような大きな車が公園の真ん中に停まっていた。バスと違って窓がたくさんないかわりに、運転席だけではなく、車体の横と後ろにも出入り口のある大型のキャンピングカーだった。

数10メートルまで近づいたとき突然、車のドアが開いた。出てきたのは黒い人だった。黒い人は車を降りるとふわふわした動作でゆっくり歩き出した。痩せていたが背と手足が長く、メリハリのはっきりした体つきをしてリズミカルな動作をし、土地の人とはまったく違っていた。

ボクは恐怖に似た驚きを覚え、その場に凍りついてしまった。この世には自分たちとは違う人たち、黒人がいることをそのとき初めて知った。彼らは仙台の米軍キャンプから行楽にやってきた人たちだった。それからしばらくは、夢に黒い人が出てきてお城山を徘徊していた。

そのうち、今度は夢に白い婦人たちが登場するようになってきた。そんなとき祖父母は、白い婦人たちといつもと違う言葉で話していた。彼女たちが使っている言葉はわからなかったが、言おうとしている内容はわかった。

すると、その年の夏の日の午後、本当に白い婦人たちが家にやってきたのだ。祖母が作るレース編みや手芸品がお目当てだった、婦人たちは祖母の作品をたくさん買っていった。

その後、一行は縁側を渡ってボクのいる座敷までやってきた。白人女性の一人がボクを抱き上げて、ひょいと膝の上に乗せた。ボクは白人のおばさんたちの膝に次から次へと乗せられて、かわるがわる抱きしめられた。

彼女たちにかわいがられていることはわかっていたが、その日は暑い日でちょうどランニングシャツとパンツだけでいたので恥ずかしく、ちゃんとした服装をさせてくれなかった祖母や母が恨めしく思えた。でも、こころの中を悟られないようにポーカーフェイスでいた。

ボクは、思っていることをうまく話せない子どもの身分もなかなか辛いものだと思った。

女だらけの園

婿養子だった父が出て行ったあと、3歳のボクと1歳年上の姉は母に引き取られ、家に残ることになった。祖父母と母はボクたちを絶対に手放そうとしなかったようだ。あとあと未練や禍根を残さないように、父には今後いっさい子どもには会わないようにという条件が与えられた。

姉はとても頼り甲斐のある人だった。何を見ても、その意味をすでに昔から知っていたような経験知を持っていて、頭脳明晰、勝気で負けず嫌い。

それに引きかえボクは、この世のものは見るもの聞くものすべてが初めてで見当のつかないことばかり。どうしたらよいのか、対応に苦労した。そんなときは、いつでも姉の言うことを聞いて、姉のすることを見ていれば間違いがなかった。

ボクは子ども部屋で姉と遊んでいることが多かったので、よく姉からおもちゃを貸してもらった。ボクのおもちゃといえば、コマ一つ、数枚のパンパン（メンコ）、そして前のクリスマスのときにサンタにもらった蒸気機関車ぐらいだ。

姉はいろいろな種類の遊び道具やおもちゃを持っていた。お人形さんたち、ドールハウスにままごとセット、おもちゃのピアノ、オルゴール、お手玉など日本の玩具、おしゃれのためのアクセサリー等々。祖父母に買ってもらったものが多かったが、学校関係者や祖父母の知人から贈られたものもあった。

姉以外のボクの遊び相手は、道を隔てた向かいの家の同い年の女の子、その隣の家の一つ年下の女の子だった。近所に従姉妹たちもいたが、三人ともみな女の子で年上だった。身近に男の子は誰もいなかったから、ボクは男の子の遊びよりもおはじきや綾取り、はないちもんめ、石蹴り、縄跳びなど、女の子の遊びのほうが得意だった。

保育園でも女の子たちとよく遊んだ。気ごころの知れた女の子と遊ぶほうが楽だった。パンパンやコマ以外にも、男の子の遊びというものがあることを保育園で初めて知った。

でも、すぐケンカになる陣取りなど、乱暴な遊びにはなじめなかった。キャッチボールや野球は小学校に入って初めて体験した。野球のルールを知りたくても教えてくれる人がいなかったので、どうプレイしたらよいかわからず、いつも気後れしていた。

姉がいないときは、お手伝いさんたちのいる台所によく行った。家事や料理をするところを見たり、手伝いをするのは楽しかった。

ボクの周りは、祖父母の学校の先生や生徒を含めると数百人がみな女性だ。そのせいか女性的な感覚や発想、言葉、立ち居振る舞いが自然に身についた。

唯一の男性といえば祖父だった。しかし、祖父はとても温厚でいい人だったが、肉体的にも精神的にも男性のモデルにはならなかった。

知識が豊富な人で、寛大でやさしい人だった。英語も堪能なので、台北では英語のラジオ講座を担当していた。人に命令するようなことはなく、周りの強い女性たちにひたすら奉仕する献身的な人だった。愛する祖母の気持ちをいつも慮って、気を利かせている。祖母の喜びが自分の喜びであり、幸せという人だった。祖母に反論することはほとんどなく、わがままに対しては仕方がないなという感じだった。

したがって、ボクにはいわゆる男の生き方の模範を見る機会がなかったといってもいいだろう。逆に祖父のモデルを見ているうちに、強い女性をサポートして協力する性格が無意識に刷り込まれてしまったかもしれない。

父はいないし、周囲は女ばかり。ボクは自分は望まれない存在だと感じていた。目立たないように、できるだけほかの人たちとかかわらないようにして、世をはばかって過ごした。もともと臆病でおとなしい性格だったのが、ますます引っ込み思案になり、口もきかなくなっていった。

眠るのが怖い

幼少期、母は夜のクラスでも教鞭を執っていて帰宅が遅いので、ボクと姉はたいてい祖母やお手伝いさんに寝かしつけてもらった。

ボクがなかなか寝ないのには理由があった。寝るとしばしば妙なことが起こるからだ。眠りについて気がつくと、よく天井の角にいた。上から自分の寝ている様子を見ている。寝る部屋は日によって違うこともあったが、六畳もしくは八畳間。隣で寝ている姉の表情まではっきり見て取れる。

下を眺めながら天井を縦横に移動する。ときおり、すごい勢いで上に引っ張られて、とてつもなく遠くに行ってしまうような感覚に襲われる。瞬間的にズームアウトした感じで、姉がはるか遠くにいる。別世界に放り出されるような感覚に頭がクラクラした。すごく寂しい気持ちと恐怖心に駆られる。

寂しさが募ると今度はまた自分にズームインして、気がつくと自分の体の中に戻っている。その移動のときの感覚はエレベーターが急下降する感じで、ひどく気分がわるい。

それで寝るのが怖くて、天井板の木目の模様を見つめながらいつまでも起きていた。でも、疲れ果ててそのうちに寝入ってしまう。隣で気持ちよさそうにスースー眠っている寝つきのよい姉がうらやましかった。

ボクが体から出るのは天井をさまようのが目的ではなく、向こうの光の世界に行きたかったからだ。でも、そこまで行くのはそう簡単ではなかった。途中にいつもドロドロ、ネバネバの場所が出てきて邪魔をするのだ。

思い切って乗り越えればいいのだが、その壁が不気味すぎて突進する気になれない。躊躇しているうちに、結局は自分の体にいつも戻ってきてしまうのだった。

初めのうちは、ほかの人も同じ体験をしているのだろうと思っていた。大人になるとそんな夢も見なくなって、きっと怖いこともなくなるのだろうと。

でも、どうやらほかの人たちはそんなことにはなっていないようだと、だいぶあとになってから気がついた。

不思議なのは、自分が体の外にいるときは五感も、意識も、頭の働きもきわめて明晰なのに、ひとたび体に戻ってしまうと、ボーッとして思い出すことも話すこともできなくなることだった。

そのときの体験や思いをうまく説明して伝えることができない。自分の体に戻ってくるとまったくバカになってしまう。そんな自分が腹立たしかった。

幼児の自分の体に戻るということは、知能も幼児に戻るということなのだろうか。当時のボクには、自分でも理解できない奇妙な状況をほかの人に説明することは不可能だった。

お気に入りの場所

保育園から戻って門を入ると、ゆるやかな坂に飛び石が敷き詰められた道が母屋の奥まで続いている。道の両側は大小の石が並んで低い垣根を作り、花壇と芝生との間を仕切っている。花壇がはじまる角に、上が平らになっている背の低い大きな石が据えてあった。保育園児のボクがやっとよじ登れるくらいの高さだ。

そこはお気に入りの場所だった。

石の上は寝そべることができるほど広かった。石の上に立つと表門のほうから奥の庭までぐるりと見渡すことができた。よくその石に登ったり寝転がったりして遊んだ。

石の上に腹ばいになって下をのぞくと、なぜか目の前の石を通して地中が見えた。アリの穴がたくさん見える。黒い大きなアリが出たり入ったり、木の葉のかけらや死んだ虫などを運び入れたり、小さな白いサナギを出し入れしたり、アリは休むことなく動いている。

その様子を見ていて飽きることはなかった。ボクは石と一緒に長い時間を過ごすことが多かった。

縁側で昼寝をしているとき、よくその石の夢を見た。ボクは石の中にいた。角ばったところがなく、丸みを帯びた表面からは自然の力と悠久の歴史を感じることができた。

石の中から周りの景色を見る。上を見上げると、夕日の薄いピンク色の光が差し込んだ青空に入道雲。門のほうにはゆるやかな石畳が続き、家のほうを向けば、その大きな石を先頭に家の周りを石の列が寄り添い、囲むようにして花壇を守っていた。

真下をのぞけば、石の下の土の中にアリの巣があった。たくさんの管をつないだような穴のネットワークが縦横に張りめぐらされ、ところどころ広くなったり狭くなったり、いくつもの部屋に分かれている。たくさんの黒アリが行ったり来たりしていた。石は上からアリの家をやさしく覆って、外敵から巣を守る鉄壁の要塞の役目を果たしていた。

突然、大きな力で石がゆさぶられ、ぐらっと引っくり返された。逃げまどうアリたち。何とかサナギを安全な場所へ運ぼうとする親アリたち。巣は上へ下への大騒ぎとなった。

そこに鍬が振り下ろされ、足で踏みにじられ、さらに水攻めの三段攻撃。背後に人間の影が見えた。

（どうしてアリたちがこんな目に遭わなければならないの）

一生懸命アリたちが作り上げた罪もない巣への突然の侵略に、ボクのこころは悲しみと憤りでいっぱいになった。

感極まって、「うぇーん」と大声で泣きながら縁側に干してあった布団の上で目を覚ますと、庭は夕陽で赤く染まっていた。そこへ祖父とお手伝いさんが大声で話しながら、あわてた様子で縁側に戻ってきた。

「どうしたの？」とお手伝いさんにたずねた。

「園長先生がアリば退治すっからって、石転がして、巣ば突っついてお湯かげだらば、アリにいっぱいたがられで、刺されでひどい目にあったんだ」と言う。

ボクはあわてて庭に出て、大石のところまで行ってみた。石は引っくり返され、巣は暴かれ、地面は水浸しでドロドロ、グシャグシャになっていた。

そこにアリの大家族はもういなかった。よく見ると、数匹のアリが脚を引きずるように這い回っていた。

お手伝いさんが「薬ばご、薬ばご」と家の奥に入っていった。祖父母の手足はあちこちをアリに噛まれたらしく、赤く腫れ上がっていた。気の毒には思った。しかし一方では、大人って何て自分勝手で残酷なのだろうと思った。

（あんなひどいことをしたのだから当然だよ。アリさんは何もわるくないのに。罪のないアリさんにしたことを思えば、もっともっとひどいことになっても仕方がないよ）

祖父母に天罰がくだればいいのにと思った。

家の周りには、この大石のようにボクのお気に入りの特定の石や木があった。夢の中で、それらの石や木の中に入って一緒になることができた。中に入ると、木や石がどんなふうに見ているのか、どのように思っているのかがわかった。

体外浮遊

ボクののどや肺の呼吸器系は弱かった。

ある日、細菌感染でのどをやられて高熱が出た。熱にうなされながら気がつくと、意識が体の外に出て部屋の天井から自分を見下ろしていた。母は夜間部で教鞭を執っているのでまだ帰っていない。

祖母とお手伝いさんが話をしているのが聞こえる。祖母に近づいた。

「ジョーは、生まれたときは大きい赤ん坊だったのよ。予定日よりだいぶ遅れて生まれたからかもしれないけど、体格と病気はあまり関係がないのかもしれないね」

「んだおんにゃ。やせでひょろひょろの人でも、元気な人もいるおん」とお手伝いさん。

「氷枕を用意してちょうだい。この子が起きたらのせてあげるから。あ、お薬も用意して。リンゴも忘れないですり下ろしておいて」

二人の会話を聞きながら、「ボク、あの白い苦い薬は飲みたくないよ」と祖母の肩に乗って話しかけた。

でも、聞こえていないようだ。肩の上にいることすらまったく気がついていない。二人の会話はしっかり聞き取ることができるのに、ボクがいることも言ってることもわかってくれない。意識が体を離れているときは、いろいろと思考をめぐらすことができ、頭脳の働きは明晰だった。

〈自分の病気に効いても、あんな苦いものはごめんだよ。でも、あれを薬というように、物にはそれを表わす言葉があるんだな。ときどき家に来る別の言葉を話している外国の白い人たちにも、それに相当する彼らの言葉があるのだろうか。おばあちゃんが言っていることを外人の言葉で、まったく同じに置き換えることができるのだろうか。意識の世界では言葉を使わなくても思うだけで内容が伝わったのに、体に入っているときはどうしていちいち言葉に置き換えなければならないのか。しかも、なぜ人によって違う言葉を使うのだろうか。何て不便なんだろう）

しかし、体の外にいて頭がはっきり働いているときは、それを祖母に言っても聞いてもらえないし、体に触ってもわかってもらえない。

この理不尽な体験はとてつもないフラストレーションだった。赤ん坊のときはなおさらだ。赤ん坊でも大人の言っていることはわかっている。でも、赤ん坊は言語能力や表現能力が未発達すぎて、伝えられないだけなのだ。

赤ん坊は、大人が何を言っているのか、何を期待しているかわかっている。だから大人の期待に沿うように考え、行動もしている。それでも理解してもらえないと、歯がゆさに耐え難くなるので泣くしかないのだ。

お手伝いさんが絞った冷たいタオルを寝ているボクの額にのせたとき、体に戻った。狭い不自由なところに閉じ込められた感覚とともに、何もわからなくなり、理不尽な不満さを感じながらもボーッとしているしかなかった。

おばあちゃんの科学

祖母は明治生まれだ。産めよ、増やせよ、教育せよの時代。若いころから世のため人のためを心がけ、社会奉仕精神の豊かな人だった。

日本人が海外に行ってまで子女の教育をしようなどとは考えていなかった当時、祖父母は台湾に渡って洋裁学校を創り、「ファロス学園」と名づけた。古代エジプトの都市アレキサンドリアにあった大灯台「ファロス」からとっており、光を目指して正しく進路を取れるようにと「光明」を意味している。

戦後、学校は中華民国政府に接収され、カバン一つで日本の故郷に引き揚げて学校を再建すると、祖母は再び園長になった。故郷とはいえ、一度海外に行った出戻りが無一文にもかかわらず事業をはじめるわけで、相当な批判や抵抗もあったようだ。

あるとき、祖母のことをよく思わない人が会合で祖母をさんざん非難したという。祖母は微動だにせず静かに聴いていた。同席した人たちは、どんなことになってしまうのか、戦々恐々としていた。

長々とした中傷発言が終わり、一同シーンとなったあと、祖母がおもむろに口を開いた。

「それだけですか。それでは先に進めてください」

一同は唖然とし、相手もあっけにとられて、そのままことなきを得たという。祖母は胆の座った男勝りの人だった。

故郷を離れ、ほかの土地に移住することは祖父母の時代では珍しいことだった。二人とも同じ白石で生まれ育ったが、結婚してまだ間もない若いころ、祖父が鉄道管理局に勤めたので仙台に引っ越すことになった。

たかが40キロしか離れていない同じ県内だが、町を出る当日、駅には家族兄弟から親戚まで一族が大集合した。車窓に群がり、祖父母の母親たちは手を握りながら涙を流して見送ったという。

祖父母はそれから東京に出て、さらに台湾に移住した。そのせいか、祖父母や母は普段の会話や授業ではあまり方言を使うことはなかった。故郷の人たちにはそれも都会かぶれ、外国かぶれ、お高くとまっていると感じられたのかもしれない。

でも、ボクの知っている祖母は、景気がよく勇ましいことが好きな、おもしろくてやさしいおばあちゃんだった。ただ理科系は得意ではないらしく、独自の科学理論を持っていた。

ある冬の早朝、ボクが保育園に行く前、職員室が騒がしいのであわてて行ってみた。部屋には煙と蒸気が充満し、きつい匂いが鼻をついた。どうしたのと母にたずねると、「おばあちゃんが水の入った洗面器をストーブに乗せたら、一瞬で燃えちゃったの。ストーブが一気に水をかぶって……」とのことだった。

それは、出産の様子を上から見ていたときに使われていたセルロイドの白い洗面器だった。印象深く脳裏に焼きついていた記念すべき洗面器。ボクはとても気に入っていて、懐かしい大切なものだったが、このときに消えてしまった。

おばあちゃんいわく、「水が入っているからいいかと思った」とのことだ。

また別の日、裏庭で遊んでいると台所からドッカーン！とものすごい爆発音がした。入って見ると台所の石油コンロのグリルが壊れ、その周りにあったものがすっかりなくなっている。上につり下げてあったやかんや鍋類などはグッシャリと潰れ、台所の隅のほうに波打ったブリキの板のように転がっている。

「どうしたの？」とお手伝いさんに聞いた。

「園長先生が湯たんぽば石油コンロさかげて、あったまったがらって栓ば閉めたんだけんども、念のためもう少っつ温めっぺど思って、また火にかけたのっしゃ」

やることはしっかりと念には念を入れて、徹底的にするのがおばあちゃんのやり方だ。でも、そのまま放り出していってしまうのも、おばあちゃんらしい。おかげでケガはしないで済んだ。

もっと時代が早かったら、湯たんぽ爆弾でも発明していたかもしれない。祖母の独特の科学理論はしばしばボクを楽しませてくれた。

祖母はもともと体が弱く、病気のデパートのような人だった。昔、台湾にいたころ、生死の境をさまようような大病をした経験があり、健康や医療には強い関心を持ち、自分でもあれこれ勉強をしていた。

東洋医学の雑誌や本を愛読し、特に民間療法や薬草に関してはなかなか造詣が深かった。自分の体のことはよくわかっているらしく、体調がわるくなると自分で処方箋を書き、友人の医者からその薬をもらって治してしまうことがよくあった。

ボクも体が弱かったので頻繁に風邪を引いたり、呼吸器系や消化器系の不調が絶えなかったが、祖母はそのつど漢方や和方の薬草をくれたり湿布薬を施し、どれもとてもよく効いた。

トンネルの向こう

ボクは病気がちだったので昼間でも床についていることが多く、窓の外ばかりを見ていた。明るい窓からは樹々や青空が見え、小鳥のさえずりが聞こえてくる。楽しく遊ぶ姉や友だちの歓声も聞こえる。

いつになったら自分も一緒に遊べるようになるのだろうかと、左側にある窓ばかりを見るクセがついた。左斜め後頭部が扁平になったいびつ頭は、今でも悲しい後遺症として残っている。

風邪を引くとしばしば喘息を併発する。発作が起こると医者のところへ行く。高齢の先生で、巷の伝統療法も行なう町医者だった。

行くと必ずされる定番の治療があった。吸入器だ。アルコールランプで水蒸気を発生させ、湿った空気を肺に入れて潤す。顔や口の周りがビショビショになり、あごが疲れてガクガクになるまでやたらと長時間、口を開け続けていなければならない。

自分は忘れられてしまったのかと思うほど誰も見にこず、治療は永遠に続くかと思われた。そのうち体もこころもグタグタに疲れて、体勢を維持することのほうがしんどくなって、喘息の苦しさを忘れるほどだった。

今思えば、新たな苦痛を作ることで症状を紛らわせる効果も狙っていたのかなとも思うが、結局苦労したわりにはこれといった効果はなかった。

しばらくして、町でいちばん大きな病院の若い先生のところに行くようになった。その先生の注射は驚くほど効いた。その注射さえ打てば、どんな苦しい発作でもたちどころに収まってしまう。ボクはその注射が気に入った。

注射をされるとほかの子どもたちはほとんど泣いたが、ボクは泣くどころか進んでしてもらった。てきめんな効果がうれしかったのだ。

ほかの子どもたちは痛みが少ないようにお尻に打ってもらったが、ボクは大丈夫ですと言って腕にしてもらった。偉いねとほめられるとますます注射が好きになった。痛かろうが怖かろうが、息もできない苦しさから救ってくれる魔法の処方なのだ。

しかし、あまりにもたくさん打ったせいで、二の腕の後ろの筋肉には切れたようなくびれが残っている。これも病気の歴史の悲しい痕跡だ。

暖かいときは比較的マシだったが、寒くなると発作がよく起きた。秋も深まり、日も早々に落ちると急に空気が冷たくなる。そんなとき発作ははじまる。

ヒューヒューと肩で息をする。だんだん息苦しくなる。息を吸っても思うように吸えないし、吐くこともできない。横になるとさらに苦しい。両手で太ももを押さえつけ、肩と上体を持ち上げて何とか息をしようとする。

いろんな体勢を試して頑張ってみるがよくなる兆しはなく、ひどくなるばかり。見かねた祖母が何枚も布団を重ねて、疲れてきたボクを座ったまま何とか休ませようとする。頭がジーンとしてきて、そのうち意識が朦朧としてきた。

気がつくと暗闇の中空に浮かんでいた。周囲の深い闇は限りなく静かで、とても平和な気持ちだ。無限に広がる闇の空間にトンネルが出てきた。輪が重なったようなトンネルの中をふわふわ浮きながら進んでいる。光も影もなく暗いが、周りの景色はうっすらとわかる。

どこからともなく発するほのかな明りが、永遠に続くように感じられる広大な空間とトンネルを見えるようにしている。トンネルそのものが淡い光を出しているようにも思える。

これが宇宙の果てかと思われるような、無限に広く、深く、暗く、静かな澄んだ世界。トンネル以外は何もない。

トンネルを先へ先へと行くと、前方に直視することができないほど眩しく輝く白いプラチナの光が見えてきた。

まぶしすぎて直接見ることはできないが、誰かがいるのがわかる。限りないやさしさと威厳を持った存在を感じる。相手があまりにも偉大で、直立不動で向き合わなければという思いが自然に呼び起こされる。こちらから相手を見ることはできないが、向こうはボクに関することはすべて知っているのが感じられた。

そのときだ。「こちらに来てはいけません。まだ来てはいけない。戻りなさい」という声が聞こえた。いや、正しくいえば、実際に声が聞こえてきたのではない。こころの中にその内容が直接入ってきたといったほうがよい。厳かな中にもやさしい響きだった。

「ジョーが気がついたよー、早くママを呼んで」と遠くのほうで祖母の声がして目が覚めた。周りを見回すと、祖父とお手伝いさんや姉がほっとした表情でボクを見ていた。

夜間部で教鞭を執っていた母が教室から飛んで戻ってきた。「よくなって本当によかったわ」母も安堵の表情を見せた。自分はどこに行ってたのだろうかと思った。

このようなことを幼少期に何度も経験した。宇宙空間のように静かで限りなく、広く暗い世界。トンネル。すべてのことを知っている光の存在。「こっちに来てはいけない」というメッセージとともに伝わってくるやさしさと威厳。そのすべては普段の生活の記憶よりもリアルであり、疑うことができない真実だった。

池の上の光

裏山の斜面を降りると小川が流れており、中流近くにひょうたん形の池があった。池と小川の周囲にはカキツバタやアヤメが密生していた。

ひょうたん池の透きとおった水の中には、大きなヒゴイやマゴイがゆったりと泳いでいた。その光景が大好きで、池の端にしゃがみ込んで飽きずによく眺めていた。

水中ではドジョウやオタマジャクシ、ゲンゴロウ、ミズスマシたちが思い思いに泳ぎ回り、ときどきイモリが水面まで上がってきては赤い腹を見せた。

池の上では、オハグロトンボがアヤメの葉っぱに羽を休め、シオカラトンボがやってきてはしっぽを水面にチョンチョンと差し入れる。ときにはシャープな白黒の衣装を着たセキレイが飛んできて、尾羽を上下に振りながら池の端を行き来する。

水辺は鳥や草花、そして虫たちの交流の場になっていた。

ボクが3歳のとき、ある晴れた昼下がりにいつものように池の縁から水の中をのぞき込んでいた。澄み切った水に陽の光が燦々と射し込み、池の底の様子が手に取るように見える。

しばらくじっとしているとコイが足もとまでやってきて、エサをねだって口をパクパクさせる。何ももらえないと知ると群れに戻って、ゆっくり池の縁を回遊しはじめた。ボクはコイの群を追いかけた。

ドブーン！　気がつくとボクは池の中にいた。不思議と苦しくはなかった。見上げると水面にプラチナの光がまぶしく輝いている。

光のほうに手を伸ばした。手応えがあってそれをしっかりとつかんだ。ぐいっと思いきり引っぱると顔が水面に出た。一瞬の出来事だった、ボクはアヤメの根もとをしっかりと握っていた。遠くの家のほうから大人たちがあわてて駈けてくる気配を感じた。

それから数日間、ボクは高熱を出して寝込んだ。熱にうかされながら夢の中を徘徊していた。ボクは池の中にいる。きらきらと陽が射し込む透明な水の中を気持ちよく泳いでいる。方向転換も自由自在、加速もストップも思いのまま。地上の自分とは大違いだ。

水の中なのに息も苦しくない。コイになる思いが叶って気持ちよく楽しんでいると、水面に人の気配を感じて眼が覚めた。

「ボクちゃん、目え、醒めだみだいだべ！」というお手伝いさんの声がした。ボクは何日もうなされて寝ていたようだった。

胸騒ぎを覚えたボクは、フラフラしながらも庭に出た。池の前まで行ってキツネにつままれたような気分になった。そこに池はなかった。鮮やかな色の赤い土がひょうたん型に広がり、真ん中に木枠で囲まれた大きな真新しい砂場ができていた。

コイもミズスマシもイモリも、トンボもセキレイもいなかった。新しく盛られた赤土の周りに密生しているアヤメやカキツバタだけが、そこに水場があったことを物語っていた。

池はボクが落ちた翌日、二度と落ちることがないように大がかりな突貫工事で埋められていたのだ。

（大切なお友だち、コイやドジョウや水の昆虫たちが生活するための場所だったのに。どうして、どうして、そんなひどいことができるの？）

とめどもなく涙があふれてきた。自分は何度池に落ちたってかまわないから、そのままにしておいてほしかったのにと伝えたかったが、ただ涙が出るばかりでその思いを言葉で大人たちに訴えることはできなかった。

たまたま来ていた中学生の従兄弟がそんなボクを見かねて、何とかなだめようといろいろなおもちゃを持って砂場にやってきた。彼はボクの落胆している気持ちを察したようだった。彼はU字型の磁石を取り出して、砂の上を引きずりながらなぞっていく。U字の両端に黒い尾のようなものができてだんだん大きくなっていった。ボクには、先頭の魚についていく小魚の群れのように見えた。

自分のせいでみんな住めなくなってしまったんだね、お魚さんたちごめんなさいと、こころの中で思った。赤土の周りには水を失ったカキツバタが元気なさそうに咲いていた。

数年後、小学校で紙芝居があった。『コイになった和尚さん』という題だった。あるとき、和尚さんが熱を出して寝込んでいるうちに夢の中でコイになる話だ。

和尚さんが気持ちよく泳いでいると、おいしそうなエサがゆらゆらしている。釣りをしているのは、よく知っている漁師だった。お腹が空いてがまんができなくなり、エサを食べようとすると漁師に釣り上げられてしまった。その魚を漁師が和尚さんにと、お寺へ持って行く話だった。

紙芝居を見終わったボクは興奮していた。

（これこれ！　これだよ。和尚さんと一緒だ。魚になったんだ。とてもうれしかった。そうだよ、そんなことは当たり前のことなんだ。みんなコイになれるんだ）

そう思うと楽しくなった。うれしさに走って家に帰った。

でも、そこにはもうコイやドジョウやズスマシが住んでいた池はなくなっていた。深い夏草だけが池の跡の一面を覆っていた。

おばあちゃんの昔話

ボクが寝つけないでいると、祖母はよく地元に伝わる昔話をしてくれた。

祖母は幼少のころ、日露戦争で勝利したときに旗行列をして盛り上がったのが印象に残っていると言っていた。威勢がよく景気のいいことが大好きだった。昔話も特に勇ましい話や人情あふれるストーリーが得意だった。

祖母には頼りになる兄のように慕っていた叔父がいた。海軍に入った叔父は、青年将校時代に遠洋航海に出てはよく海外の珍しい話やお土産を持って帰ってきたという。

祖母にとっては、駅に出迎えに行くとスマートな服装でさっそうと一等車から降りてくる叔父の姿は幼な心に憧れでもあった。

叔父は当時、日本領の中国の青島《チンタオ》で無線電信所の初代の所長に任ぜられ、そのときの「航空無線の研究」で陛下から恩賜の品を賜ったこともある。

祖母には兄弟がたくさんいたので家の支援は期待できなかったが、どうしても東京に出て勉強がしたいと叔父に手紙を書くと、学費を支援して励ましてくれたそうだ。

昭和16年、叔父は大東亜戦争に召集され、瑞鳳丸に乗り込んで特務艦船団4隻の司令官として下北半島の警備に当たったが、不幸にしてその冬、大時化《しけ》に見舞われて艦は暗礁に乗り上げてしまった。部下を上陸させ、司令官という責務を負って自分は艦と運命をともにした。

そうした話を懐かしみながら、祖母は「私が台湾に行ったのは、この叔父さんの影響が大きいのよ」と語った。

ボクの町の周囲には田園地帯が広がっている。

町の東側には北に向かって流れる川があり、その川を越えてしばらく行ったところにお堂があった。その前に猫の額ほどの小さな田んぼが八つ、八枚田と呼ばれて今でも残っている。

「ほら、あそこの八枚田だよ。三〇〇年も昔のことじゃ。あの田んぼで百姓の父娘が草取りをしていた。妹娘が放り投げた泥まみれの草が、たまたま通りかかった百姓いじめの悪役人に当たってしもうた。

役人は怒って、百姓なんぞ斬り捨てごめんとばかり、娘たちの見ている前で謝る父親を斬り殺してしまった。それを聞いた母親もがっくりきてなぁ、まもなく死んでしまったと。

残された姉妹はけなげにも仇討ちを決意し、江戸に上って由井正雪の弟子になったのじゃ。苦労に苦労をかさねてのう。姉は鎖鎌、妹はなぎなたを習った。幕府と片倉のお殿様に仇討ちの許しをもらって、巡礼姿で仇探しの旅に出た。

ほれ、あそこの白鳥神社でな、ついに見つけた。

『親の仇！　覚悟いたせ』

『仇呼ばわり、片腹痛いわ。返り討ちにしてくれん！』

そして、姉妹は首尾よく父親の仇を打つことができたんじゃ」

祖母は、身振り手振りを交えながら、姉妹が見事、本懐を遂げるまで熱弁をふるう。こんなときの祖母は「園長」ではなく、大好きなおばあちゃんだった。

「昔、峠に萬蔵という馬方がいた。萬蔵は博打好きだったが、ある日、稼いだ金を全部すってしまい、しょんぼりしながら馬を引いて家路についた。途中、やつれてやせこけた旅のおじいさんに出会った。気の毒に思った萬蔵は、おじいさんを馬に乗せて家まで連れていき、貧しいながらも心づくしのお粥でもてなし、一晩泊めてやった。

翌朝、目が覚めるとおじいさんがいない。仕方がないので、仕事に出かけようとしたとき、そのおじいさんが現われた。前の日とは打って変わって白い衣をまとい、光輝いていた。『われは稲荷明神の化身である。昨夜の心づくしの恩に報いるため、駿馬を与える。京に上って黄金に替え、余生を永らえよ』

いきなり駿馬三頭が萬蔵の目の前に現われた。萬蔵のみすぼらしい馬とは違い、毛並みのつやつやとした筋骨たくましい立派な馬じゃった。この三頭を大金にかえた萬蔵は、峠に稲荷神社を建て、それ以後は峠を行き来する旅人を助けながら暮らしたそうじゃ」

白石市の山間部、福島との県境にある萬蔵山の萬蔵稲荷には、参道に赤い鳥居がずらりと並んで建っている。商売繁盛を祈願する人は今も引きも切らない。

中には、実際に祖母が体験した話もあった。祖母の本家にまつわる物語だった。

祖母の生まれた本家とは、江戸時代から白石特産の温麺《うーめん》作りを営んでいる旧家だった。

「私がまだちっちゃかったころ、その本家のお屋敷には白いキツネが住んでいたんだよ。家の人たちはその白いキツネを神様のお使いと思って、大切にしていたそうだ。キツネも居心地がよいので長年住んでいた。

ところがあるとき、おじいさんの夢にその白キツネが出てきて、『これまで長い間、安楽に暮らさせてもらったが、このあたりは近ごろ人が増えて住みにくくなった。名残りは尽きないが、萬蔵山という奥山に引っ越すことにする。これまで世話になった礼にこれを置いていく』と言うと、縁側のほうでコトリと音がしたという。

目醒めたおじいちゃんが不思議な夢を見たもんだと縁側に行ってみると、そこには白い短刀が置いてあったのじゃ。それ以来、その短刀は本家の家宝として大切にされていたんだよ。ところでまだ続きがあるのじゃ。おじいさんから白キツネの話を聞いていた子どもたちは、大切に土蔵にしまわれている短刀には誰も触らなかった。でも、私の弟の長助、ほら、あの長助おじさんだよ。近所のガキ仲間とチャンバラをして遊んでいるとき、あの白い短刀なら誰にも負けないだろうとこっそり持ち出し、自慢げに引き抜いてバシバシと白刃を振るったのよ。でもなあ、その最中に短刀はボッキリ折れてしまったのじゃ。焦りまくった長助はのう、誰にも言うなと悪ガキ仲間に言い含めた。

でも、大人たちは蔵から短刀がなくなっているのにすぐ気づいた。

『短刀はどうしたんだ。誰がどこに持っていった。どこに隠した』

そこに長助が小さくなって出てきた。

『ごめんなさい。そこの植木鉢のところにあります。実は友だちとチャンバラをしていたら折れてしまったので、また長く伸びてくるように植木鉢に植えておきました』

本当に長助はいたずらっ子だったねえ」

一寸法師の歌

ボクと姉は1歳違いとはいえ、子どものころの一年だけに肉体的にも精神的にも大きな差があった。姉はボクよりも圧倒的に優秀だった。

もしかしたら、年の差には関係なく優れていたのかもしれない。ボクは姉をひたすら頼りに思って、姉のあとを金魚のフンのようについて回った。

姉が保育園に行きはじめたとき、ボクも一緒に行くと言って駄々をこねた。保育園に行きたかったのではなく、ただ姉と一緒にいたかったのだ。

保育園に行くにはちょっと早い年齢だったが、ボクは姉と一緒に行くことになった。初めは姉の組と一緒だったが、のちに年下の組に入れられた。

姉の庇護を失くしたボクは下の組で仲間はずれになり、いじめの対象になった。そのことを姉に言うと姉がその子どもたちに話をつけにきた。

姉は園内でも知勇兼備のカリスマ的存在で一目置かれていたので、姉の言うことを聞く男の子たちがたくさんいた。ときにはその男の子たちがボクの組にやってきて睨みを利かせた。

ボクをからかう子はいなくなった。姉のおかげで世の中は頭脳とコネ、そして力が大切だということを知った。

組は違っても、行き帰りはいつも姉と一緒だった。

しかしあるとき、姉は「学芸会の練習があるから一緒に帰れない」と言う。お手伝いさんが迎えにきたが、ボクは姉と一緒に帰りたいので練習が終わるまで待っていた。

翌日、姉と家に戻ると祖母が職員室の先生方に何やら触れ回っている。

「幼稚園の先生が、ジョーが今度の学芸会で踊りをすることになりましたって言ってきたの。先生に、お姉ちゃんが出るなら自分も出たいって言ったんですって」

「まあ、自分から言い出すなんて、さすが園長先生のお孫さんですね」

「それで衣装はそちらでお願いしますって言われたので、作らなければならないんですけどね」とまんざらでもなさそう。

「よかったですね。楽しみですね」

「きっといい衣装ができるでしょうね」

勝手に盛り上がっている。

（ウソだよ。ボクはそんなこと言ってないし、したくもない。お姉ちゃんと一緒にいたいだけだよ）

大人にとっておもしろく都合のよい筋書きは、勝手に一人歩きしてしまう。

演目も誰が決めたのか、「一寸法師」になっていた。一寸法師の衣装を着て、レコードの曲に合わせて踊るのだ。ボクは姉とは別に残されて、練習するハメになってしまった。

昼寝のとき、気がつくとボクは天井にいた。

やたら広いのでうちの天井ではない。保育園のホールだ。下を見ると二人の先生が話をしている。小柄でやせた先生の肩のあたりに降りて聞き耳を立てた。この先生がいつもほかの先生方に指図をしていることは知っていた。

「いつもお姉さんにくっついている子、どうせだからお姉さんとは別の新しいことをさせようと思って。子どもがどうしてもやりたがっていると家に言ってやったら、もう大喜び。あそこの家は洋裁やってるから、『衣装がないのでお願いします』って言ったら作ってくれることになって、今度の会きっと盛り上がるわ。万々歳よ」

(何ということだ。これをおばあちゃんやママにしっかり言いつけてやらなければ…)

そう思うや否や、気がつくと自分の体に戻っていた。

頭がジーン、ボーッとして、体がドーンと重くなり、何もできない不自由な檻の中に入れられたようだ。ついさっきまで言おうとしていたことが漠然とした不満としてしか思い出せず、伝えられなくなってしまった。

学芸会の当日、ボクの出番は比較的早かった。ちょんまげのかつらをつけ、黒い着物に縞の袴をはいて、おもちゃの刀を腰に差す。舞台の袖で覚悟を決めて、一人でステージに出て行った。

♪指にたりない一寸法師
小さいからだに大きなのぞみ
おわんの舟にはしのかい
京へはるばるのぼりゆく♪
……
♪鬼は法師を吐き出して
一生けんめいにげてゆく♪

何とか最後まで踊り、拳を握って両手を上に掲げ、両足を開いた万歳のポーズで終わった。衣装を着替えて客席に戻り、上級生たちの歌や劇を見る。でも、ボクほど一人で長い演技をする子はいなかった。
姉が卒業してしまうと保育園がいやになり、そのうち行くのをやめた。

ギンヤンマの夢

夏は虫の季節。樹々が繁茂し、たくさんの草花が咲き乱れる庭にはいろんな種類の虫がやってきた。カブトムシ、クワガタ、カミキリムシ、そしてセミやトンボなど大きな虫は魅力的だった。このあたりでいちばん多く見られるのはシロスジカミキリだ。

あるとき、イチジクの木にシロスジカミキリが40～50匹群がっているのを見つけた。こんなにたくさん一カ所にいるのを見るのは初めてだった。よく見ると枝の節々から白い糸状の芽のようなものが束になって吹き出していた。

ほかのイチジクの木には見られないし、カミキリムシもいなかった。どうやらその白い芽のようなものに群がっているようだが、なぜかはわからなかった。

カブトムシやクワガタ、カナブン、コガネムシなどは夜、電灯めがけて飛んでくることもあった。セミやトンボ、ガやウスバカゲロウなども来た。

どういうわけか、夜にチョウだけは来なかった。チョウには紫外線が見え、電灯の光にはだまされないのかなと思った。

ホタルを捕まえると部屋の電気を消して蚊帳の上に這わせておく。暗闇の中で点滅を繰り返す黄白色の光が蚊帳の緑のスクリーンを移動して、おとぎ話の世界にいるようだ。しばらくすると、ホタルは捕まえられたことに気がついて、一匹二匹と縁側から外に飛び去っていった。

かつてひょうたん池があったあたりには、池に続く川の一部が残っていた。そこはトンボの天国だった。小さなイトトンボから中くらいのシオカラトンボ、真夏には大きなギンヤンマやオニヤンマが飛んできた。

トンボにはおもしろい習性がある。特に大きなトンボだ。ギンヤンマやオニヤンマはいったんやってくると、そのあたりを行ったり来たり、一定の場所を繰り返し往復する。そして、ほかの昆虫が入ってくると飛びかかる。縄張りと同時に狩猟の場所なのかもしれない。

あるとき、縁側に面した部屋で昼寝をしていると、ボクは夢の中でギンヤンマになって飛んでいた。丘の斜面を降りたところから、二つある築山の間を通り、縁側までの間を行ったり来たりしている。そこが自分の縄張りらしい。

地上には丘の麓から縁側まで飛び石が並んでいる。中には畳ほどの大きさの飛び石があり、周りには赤、黄、オレンジなど色鮮やかなマツバボタンが咲いて真昼の太陽を浴びていた。

上から見るとその空間はちょうど谷間のような独立した空間を作っている。20数メートルのその空間を何度も何度も飛んで往復した。そこは自分の領地だ。

するとシオカラトンボがやってきた。そいつに対してなぜか敵意を感じ、いつの間にかシオカラトンボに攻撃を加えていた。シオカラトンボは退散した。

ボクはまた飛び石の上の小さな谷間を睥睨しながら行き来しはじめた。しばらくすると大きな相手がやってきた。同じギンヤンマだ。それはメスだった。

次の瞬間、メスのギンヤンマに襲いかかり、二匹はもつれ合って地上に落ちた。でも、ボクはしっかりと相手を捕まえて離さない。するとそれまで強烈に射していた真夏の太陽の光が遮られた。人間だ。その人影に二匹とも捕まってしまった。

その夢の数日後、ボクは庭を見ていた。

ギンヤンマがやってきては、庭を行ったり来たりしている。何回往復するのか数えてみた。10回ほど往復したころだろうか、ほかの小さなトンボがやってきた。ギンヤンマはそれを追い返した。そしてまた行き来しはじめた。すると今度は大きなトンボが来た。

ギンヤンマはそれに体当たりをし、二匹は地上に落ちた。落ちたところに行ってみると、二匹のギンヤンマが抱き合ってもがいていた。ボクが寄ってもギンヤンマたちは絡み合ったままだ。

二匹を手に取ると、ギンヤンマたちはやっと離れた。そして当惑したような様子を残し、一匹また一匹と飛び去った。あれは……ボクだったのだ。

ヒゲのおじさんのお屋敷

ボクの家の二軒隣の屋敷は町の旧城主、第15代当主・片倉小十郎が住んでいた。父のいないボクにとって、彼は憧れの父親のモデルの一人だった。

温厚で慈愛に満ちた眼差し、大柄ではないが颯爽と背筋の伸びた姿、神秘的な仙人を思わせるあご髭、どれもがしっかり決まって風格があった。周りの人たちはみな「お殿様」と呼んでいたが、ボクの中では「ヒゲのおじさん」だった。

ヒゲのおじさんの屋敷には、ボクのお気に入りのものがたくさんあった。その一つが軒下にある穴のあいた石だった。漬物石くらいの大きさのきれいなまん丸な石だった。ただ中ほどにけっこう深い穴が穿たれていた。角もなく削り跡もないなめらかな穴だった。その形が好きで遊びに行くとよく見に行った。

夢の中でよく自分のお気に入りの場所を徘徊することがあったが、この石もその一つだ。石の中に入って穴を見回すと、実になめらかに穿たれていた。穴の中は隠れ家にちょうどいい感じだ。

石の中から外を見やると、前の花壇や畑にはヒマワリやカンナの花が咲き乱れ、その先には細い竹の柱に支えられながらナスやキュウリ、トマト、トウモロコシなどがたわわに育っていた。

ある雨の日、ヒゲのおじさんの家の子ども部屋で、4人姉妹とゲームをして遊んでいた。といってもボクはいちばん年下で、あぶらっこ（方言でみそっかすのこと）扱いされていたのであまりおもしろくなかった。そこにヒゲのおじさんがやってきて、声をかけてくれた。退屈そうだと思ったのだろう。

「坊や、雨だれの音、聞こえるかい?」

「うん、聞こえるよ」

「よーく聞いてごらん。一つだけ音が違うだろう?」

「……あ、本当に！　一つだけピーンて言ってる。でもどうして?」

「こっちに来てごらん」

ヒゲのおじさんはボクを子ども部屋の外の軒先に連れ出すと、にっこり目配せした。屋根の庇の角から落ちる大粒の雨だれが、大好きなあの石の穴に向かって落ちていたのだった。たしかにほかの雨だれとはまったく異なる音色だ。

（そうかあ、雨だれが長い年月をかけて自然の楽器を作ったのか）

ますますこの石が好きになった。

このお屋敷にはお気に入りの木もあった。広い日本庭園の川のそばにあるカエデだ。幹を中心に放射状に枝が伸びており、跨って座るのにおあつらえむきだった。

高い枝に座ると、そばのタイサンボクの甘い香りを乗せたそよ風が鼻をくすぐる。眼下には川。道路の向こうに畑や田んぼ、その先に中学校や民家の家並み、はるか彼方には阿武隈山系が眺められた。そこはボクの指定席だった。

夢でカエデの木の上を飛んだことがある。南風に吹かれながら空を飛んでいた。カエデの木を下に見ながらどんどん上がっていく。町全体が見えてきた。お城山と高校。西の山々から町のほうに流れ込んでくる川。町を南北に貫く鉄道。町を上から一望のもとに見渡せる。

両手で羽ばたくとさらに上へ上へと昇っていく。蒸気機関車が第二小学校の横を芋虫のように走っている。旋回して山のほうに向かう。新緑の山々が眼に清々しい。ところどころに赤い斑点も見える。ツツジの群生だろうか。

また町の上に戻ってカエデの木の近くまで来ると急に自分の体が心配になった。不安が頭全体に広がっていっぱいになる。すると下からすごい勢いで引っ張られ、次の瞬間、自分の体に戻っていた。

また、別の日はカエデの木になって木の中から外を見ていた。梢の先から町を睥睨する。高いところから見渡すのは気分がいい。

小鳥がやってきては枝から枝に止まって何かをついばんでいる。そのうち大きなカラスが襲いかかってきた。小鳥を追いかけている。ボクは必死にカラスから小鳥をかくまってやろうとする。でも、体がうまく動かない。カラスはすごい勢いで小鳥を追いかける。

（あー、ダメだよ、ダメ）

木の下からヒゲのおじさんの声がした。

「おーい、坊や、そんなところで何をしているんだーい」

気がつくと枝から体を乗り出して落ちそうになっていた。

ヒゲのおじさんの家には長年の歴史を思わせるものがたくさんあった。屋敷の裏にはなまこ壁の蔵がある。真っ黒な鉄の扉の縁には鋲がぐるりと打ち込まれて、侵入を許さない堅固な守りを醸していた。

たまにしか開けられない蔵の中は薄暗く、埃の匂いがした。甲冑や刀、弓などの武具とたくさんの柳行李がところ狭しと置いてあった。

あるとき、ヒゲのおじさんの弟のチョリおじさんがボクを呼んだ。チョリおじさんという名前の由来は、花火で遊んでいたときにネズミ花火がおじさんをチョリチョリと追いかけながら襲ったので、そういう名前になったのだ。

おじさんは弓矢を出して裏庭で稽古していた。的は20数メートル先だ。矢をつがえ、弓を引いて矢を口元まで持ってくる。ひょうと放った矢は的を射抜き、粘土の壁に突き刺さった。

「坊やもやるかい」チョリおじさんは小さな弓を渡してくれた。

「いいかい。矢をつがえないままで弦をはじいちゃいけないよ。空打《からう》ちすると弦が切れてしまうことがあるからね」

小型の弓とはいえ、小さなボクにはとんでもなく強く硬かった。顔を真っ赤にして力いっぱい引く。ヒューというつもりで放ったが、的まで届かないどころか、弓から離れるや、ぽとりと目の前で落ちてしまった。何度やっても同じだった。

「もう、いいや」

「飽きちゃったか。しばらくそこで休んでいなさい」

今度はヒゲのおじさんが稽古をはじめた。ボクは縁側に座って、いつになったら的まで飛ばすことができるようになるのかなあと見ていた。

数日後、夢で同じ弓の稽古の場面にいた。しかも自分は矢の中にいた。おじさんがボクを弓につがえた。なぜか自分がこれからどこに飛んでいくかがわかった。

放たれた矢が飛び出した。空気を切ってぐんぐん進む。すごい衝撃とともに的の真ん中に飛び込んだ。

石のイノシシ

ヒゲのおじさんのお屋敷に通じる石橋を渡って門を入ると、右手の丘に広場があり、そこにイノシシの石像があった。ボクはそのイノシシの石像の背に覆いかぶさって、ぼんやり景色を眺めているのが好きだった。

イノシシの丘にいると、向かいの川沿いの道を行き来する人たちが見える。荷馬車やリヤカーも通る。狭い道なので、荷馬車がすれ違うときは片方が路肩の草むらに寄って待機している。さらに向こうには畑や家並みが見える。保育園から戻ると、ボクはカバンを縁側から放り入れ、よくこの場所に直行した。

ある昼下がり、ボクは家の縁側で燦々と降りそそぐ太陽の陽だまりに干してあった布団に寝転がっていた。

裏の丘の竹やぶで風にゆれる竹の葉のサラサラというかすかな音が間近に聞こえる。こころをやさしく撫でられているようで心地よい。（そういえば、ヒゲのおじさんのところの竹やぶでもこんな音がしているだろうな）と思っているうちに寝入ってしまった。

気がつくとイノシシの石像の中から外を見ていた。石に守られている安心感がある。

イノシシの上に出て見ると、川向こうを人が通っている。荷物を載せていない空の荷馬車も行く。道を通る人はいつもなら遊んでいるボクに一瞥をくれていくのだが、いっさい気づいていない様子で、みなすたすたと行ってしまう。

ボクは少し寂しくなって、通りを行く人の気を引くために声を出そうとしたが声が出ない。そのうち、お姉さんたちが家から出てきてイノシシのそばで石蹴りをして遊びはじめた。でも、ボクには気がつかないで通りすぎて行ってしまう。

仕方なくボクは裏庭のほうに行ってみる。庭ではホオズキが真っ赤に色づき、コスモスが咲き乱れ、ハギが開花しはじめていた。庭の奥にある納屋に入っていくと、屋根裏の梁に白いまだら模様のとっくり蜂の巣がかかっていた。

目が覚めると縁側の陽は傾きかけて、太陽を浴びて乾いた布団はふっくらと暖かかった。

ボクはヒゲのおじさんの屋敷に走って行った。お姉さんたちがイノシシの石像のあたりで遊んでいた。そこにおじさんがやってきた。

「坊や、さっきイノシシのあたりで遊んでいなかったかい」

ボクは曖昧にうなずいた。

「やっぱり、そうだったんだね」

おじさんはどうしてわかったのだろう。ほかの人は誰も気がつかなかったのにと思った。

分校への引っ越し

ボクが保育園を辞めて幼稚園に通いはじめたころ、洋裁学校に分校が増設された。姉は祖父母やお手伝いさんたちと一緒に本校で暮らし、ボクと母は1キロあまり離れた分校で暮らすことになった。

分校はL字型の二階建ての校舎だったが、その端の一室がボクと母の住まいだ。分校は朝の7時から先生や生徒が来るので、母はボクが幼稚園に行く前に学校に出て行く。母は夜間部のクラスも教えていたので、部屋に戻ってくるのも遅い。

同じ建物の中にいるのに、食事のとき以外、母とはほとんど顔を合わすことがなかった。でも、そのおかげで誰にも気兼ねすることなく一人遊びに専念することができた。石になったり、木と話したり、虫や動物に入ったりして、自然とともに自由に遊んだ。

ボクは母と本校に出かけることがあった。本校へは、お城山の麓のお掘に沿った道を歩いていく。

ある日、堀沿いの道を歩いていると、向こうのほうから着物姿のかくしゃくとした中年の女性が歩いてきた。

（あっ、あの人知ってる）

その女性は裾さばきも軽やかに近づいてくると、「大きくなりましたね」と声をかけてきた。

「その節は、本当にお世話になりました」と母が答えた。

ボクはあのときの場面を思い出していた。黒い塊りをバシバシ叩いていたあの堂々とした女性、上から見たあの襷姿の女性だった。

彼女が通りすぎてしばらくしてから、ボクは知らないふりをして母にたずねた。

「あの人、誰なの」

「あの方はね、あなたが産まれるときにお世話になったお産婆さんよ」

（やっぱりそうだったんだ）とボクは思った。

歌はトラウマと涙

幼稚園は低い塀で囲われていた。南側の塀に沿ってアカシアやスズカケ、サクラやイチョウなどの広葉樹が植えられ、東側の道路沿いにはポプラ並木、北側の大きな病院との間にはスギやヒノキ、ヒバなどの針葉樹が幼稚園を守っていた。

西側の運動場の端には砂場があり、奥に竹の生け垣で仕切られた園長先生の家があった。庭にはいつも色とりどりの草花が咲いていた。

ボクはお気に入りのアカシアの木の枝に腰をかけて、緑の風に吹かれながら友だちが遊ぶ様子を見ているのが好きだった。

その日もいつものようにアカシアの木に登り、横に張り出した枝に座って木陰を吹きわたるさわやかな南風を楽しんでいた。

白い花がゆれているのを眺めていると、木の下にくみちゃんがやってきた。クラスでよく発言する園長先生お気に入りの女の子だ。

「園長先生が呼んでるよ」

いやな予感がした。園長先生は年のころ40歳くらいの、感情をあまり顔に表わさない中年の女性だ。幼稚園に入ってまだ数週間だったが、ボクは園長先生が笑うところを見たことがなかった。

必要なこと以外は話さないので何を考えているのかわからない。表情を変えない先生の顔は能面のようで怖かった。

新入りのボクだけが呼ばれるのは、きっと何か叱られるのだろうと思い、ビクビクしながらくみちゃんのあとをついていった。

園長先生は講堂の窓際でピアノを弾いていた。そばにもう一人、園長先生ごひいきのかやちゃんがいて、先生の弾くピアノに合わせて歌っていた。

園長先生はボクを近くの椅子に座らせた。

「聞いていなさい」

園長先生がまたピアノを弾きはじめると、かやちゃんとくみちゃんがピアノの伴奏に和して歌った。ボクは園長先生に何を叱られるのかと様子をうかがっていたが、特に怒っている感じではない。

園長先生は2曲弾き終えると、ボクにこの曲を知っているかとたずねた。聞いたことがない曲だったので、どちらも知らないと答えた。

「それじゃあなたたち、最初は一緒に歌ってあげなさい」

(ボクの歌がよほどへたなので、園長先生はそれを直そうとしているんだ。上手な子たちの練習のついでに、歌い方を教えようとしているのかもしれない)

ボクはもともと歌が大好きだ。寝つけなかったり、悲しかったりするとき、母が歌ってくれる子守唄は現実の辛い世界を忘れさせてくれた。まるで天の光の世界にいるようだった。

「♫眠れよい子よ　庭や牧場に　鳥も羊も　みんな眠れば　月は窓から　銀の光が　そそぐこの夜　眠れよい子よ　眠れよ~や~」

自分も歌で人を癒すことができればうれしいなと思っていた。

(でも、それとこれとは話が違う。ほっといてくれればいいのに。たとえ自分がうまく歌えなくとも、別にいいじゃないか)

何回かまじめに歌えば解放してくれるだろうと思った。三人で数回、ひとしきり歌った。

くみちゃんは、ボクの歌のどこそこの部分を伸ばすところが上手だとか何とか、大人びた批評を先生に言っている。先生はうれしそうにうなずく。わけがわからなくなってきた。

「あなたたちはもう行って、遊んでいいわよ」

かやちゃんとくみちゃんは運動場に行ってしまった。ボクだけが残された。

(これは、かやちゃんたち少数精鋭クラスのはずではなかったのか?)

裏切られた気持ちだった。急にとてつもない心細さに襲われた。そんなボクの気持ちをまったく意に介さず、園長先生はまたピアノを弾きはじめた。

ボクは声が出なくなってしまった。先生は歌い出しのタイミングがわからなくなったと思ったのか、前奏を何度も何度も弾き、「ここよ、ここ」と言った。

それがボクをますます頑なにした。ほかの子たちはみな遊んでいるのに、自分だけ遊べないと思うと悲しかった。

(歌いたいなんて言ってないじゃないか。何でボクだけ、こんな罰を受けなければならないんだ）とこころの中で叫んでいた。

先生は情け容赦なく前奏を繰り返した。まるで拷問だった。ピアノまでが意地悪をしているようだった。何の説明もなくひたすら強要されて、ますます悲しくなった。涙があふれて声が出なくなった。

「じゃあ、ちょっと休みましょう」

園長先生はボクの気持ちなどいっさい気にしていないようだった。

時間はどんどん過ぎて遊ぶ時間がなくなっていく。遊ぶのはあきらめた。ボクは気を取り直し、わざとヘタに数回歌ってその場を終えた。

昼休みのボク一人だけの歌の稽古は数日続いた。ときおり、かやちゃんが先生のかわりにピアノを弾かされた。他の園児たちが自由に校庭で遊んでいるのを尻目に、ボクだけは歌わなければならなかった。それでも簡単な歌だったのですぐ覚えた。

後日、卒業式の練習をするというので園児がみな講堂に集められた。年長組の卒業式で、ボクたちは送り出す役だった。

正面のステージで卒業生が卒業証書を受け取る練習をしたり、在校生が卒業生を送り出す歌を歌ったりする。

「♪お兄様方ありがとう、お姉さま方ありがとう～♪」

ああ、これで終わったとホッとしたとき、「在校生代表、城岩譲くん」と突然、ボクの名前が呼ばれた。

耳を疑った。周りの園児たちも何が起こったのかわからなかった。ざわめきが起こる。みんながこっちを見ている。先生がまたボクの名を呼んだ。動けないでいると、ほかの先生がボクのところに来てステージに行くように促した。

（これは間違いではない。本当に自分のことなんだ。なぜ、何の説明もなかったのだろう）

しかたなく、居並ぶ生徒たちの周りをぐるっと回ってステージに上がった。ステージでは園長先生がグランドピアノに向かっていた。

ステージから見下ろすと、数えきれないほどの顔がボクをにらんでいた。園長先生がグランドピアノで曲を弾き出した。

（やっとわかった。あの歌の練習はこのためだったのだ）

恥ずかしさと疎外感、裏切られた気持ちがぐるぐると渦巻き、頭の中は真っ白になった。眼からどっと涙があふれ、何も見えなくなった。

ボクの意識は在校生のいちばん後ろにいた。そこでは生徒たちが、これからあの子が何をするのか知ってるとか、知らないとか騒いでいた。みなはひしめき合っていて、ボクがいる場所はなくなっていた。誰に話しかけても気づいてくれなかった。途方に暮れ、しかたなくまた、ステージに戻った。

園長先生のピアノは歌を催促して何度も前奏を弾くが、ボクの口は動こうとしない。泣き出すまいと歯を喰いしばっていると、裏切られた気持ちが高じてますます涙があふれてくる。

ピアノは執拗に鳴り続けた。このまま歌わなければステージから降ろしてもらえそうにはないと感じたので、やけくそになり、（しかたがない、歌おう。でも、飛びっきりヘタくそに歌ってやろう）と決めた。

やっとのことで口が開いた。わざとガラガラ声で歌った。

「♪ブンブンブンハチが飛ぶ〜♪」

「♪こぎつねコンコン山の中〜♪」

ようやく2曲歌い終えると涙が出てきた。園長先生がボクのところにやってきた。

「どうしたの？　眼にゴミでも入ったの？」

ピアノに向かっていた園長先生はボクを後ろから見ていたので、ボクの表情も涙も、もちろん何を考えているかなんて気づいてはいなかった。

「うーん、ゴミが入ったの」

家からお手伝いさんが迎えに来て目医者に連れて行かれた。

それ以来、歌うように言われると声が出なくなってしまった。そのかわりに反射的に涙ばかりが出るようになった。

そして、母と一緒に歌った「野ばら」や「ベルンハルト・フリースの子守唄」など、あれほど好きだった歌も歌うことがなくなり、自分の声が大嫌いになった。

卒業式の本番でも目にいっぱい涙を溜めて、思いっきりヘタくそに歌った。ボクの精いっぱいの抗議と抵抗だった。

仔犬のポリ

「おじいちゃんとおばあちゃんが犬を買ってくれるんだって！　お前に友だちがいないから、心配してくれたのよ。」

母の言葉にボクは小躍りして喜んだ。

（どんな犬なんだろう？　一緒に寝るんだ♪　どんな名前にしようかなあ）

それからというもの毎日毎日、犬のことばかり考えていた。

一週間ほどして、犬が来たと祖母から電話があった。幼稚園から帰ってきたばかりだったが、おやつも食べずに屋敷まで走って行った。

玄関に入ると「ワンワン」という犬の鳴き声がした。縁側に行ってみると祖父母とお手伝いさんの足元にスピッツの仔犬がいた。

「ワッ、可愛い!」

そっと抱き上げるとクリクリした目がボクを見る。真っ白な毛がフサフサしていて柔らかく頬をくすぐる。親から急に離されたせいだろうか、キューンキューンと寂しそうに鳴いていたが、しばらく抱いていると静かになった。

「おじいちゃん、おばあちゃん、ありがとう。ボク、家の中で飼うよ。一緒に寝るんだ。エサは一日何回? 散歩は?」

「いや、ここで飼うんだから、ジョーは心配しなくていいよ」

「えっ? ボクのところで飼うんじゃないの? ボクの犬なんでしょ?」

「それはそうなんだが…お前では面倒を見きれないだろう」

「大丈夫だよ。エサもあげるし、なんでも自分でできるよ」

「でも、スピッツはよく吠えるから、番犬になるんだよ」

祖父母の屋敷には姉と住み込みのお手伝いさんがいる。祖父がいるとはいっても気が弱いし、年寄りだし、いわば女所帯のようなものだ。犬がいれば、広い屋敷に不審者や動物が侵入したときに役立つと思ったのだろう。

結局、祖父母のところで飼うことになってしまった。

「名前は何がいいかな。かっこよくて呼びやすい名前がいいな」

「でも、もうおじいちゃんがポリって名前をつけたから」と祖母。

「いやだよ、そんなかっこわるい名前なんか」

「知ってるかい。ポリってロビンソン・クルーソーが無人島で暮らしていたときのオウムの名前なんだよ。独りぼっちのロビンソン・クルーソーのいい友だちだったんだ」

祖父母はボクの犬だと言いながら、名前もつけさせてくれないし、一緒に暮らすのもダメだと言う。

(な～んだ。初めっから自分たちのところで飼うつもりだったんだ)

うれしくてはちきれそうだった気持ちが急にしぼんで、泣いてしまいそうなのを懸命にこらえた。

抱いていた仔犬をそっと下ろすと、ポリはしばらくはキョロキョロ、うろうろしていたが、またキューンキューンと鳴き出す。ずっと抱いていてあげたいけれど、暗くなってきたので家に帰らなければならない。

行こうとしてポリのほうを見ると、ポリも鳴くのを止めて振り返り、目線が合った。うれしそうな目つきだった。このとき、ポリと気持ちが通じたように感じた。

何日か後、ボクは夢の中で祖父母の屋敷の天井の隅から見下ろしていた。

ポリが小さな布団の上で寝ている。食いちぎって遊んだのだろう、周りにダンボールや新聞の切れ端がたくさん散らかっていた。

近寄ってみるとクーンと目を醒ました。こちらを見ているようだ。ボクが縁側の反対側に移動すると、ポリの目線がこちらを追ってくる。

（ポリには、ボクがここにいるってわかるみたいだ。今まで体から抜け出たときは、話しかけても誰も気づいてくれなかったのに……。ポリには見えているのかなあ）

ポリは起き上がって、ダンボールで作られた砂場でおしっこをした。うまくやっているのを見て安心したボクは、ポリから離れた。

そして目が覚めた。気がついたらボクもおしっこに行きたくなっていた。

夢は実際に起こる

夢の中でどこかに座っていた。

その場所は不安定で、体を傾けてバランスを取ろうとしてもうまくいかない。ボクはついに左側に倒れ込んで、気を失ってしまう。そんな夢を立て続けに見た。でも、日が経つにつれて夢のことは忘れていった。

ある日曜日、知り合いのおじさんが自転車で立ち寄った。

おじさんは、「ジョー、自転車でちょっと2、3軒回るんだが、一緒に行かないか」と誘ってくれた。特に予定もなく、退屈していたボクはついていくことにした。

さわやかな南風を受けながら、ボクは自転車の後部座席に乗って町の景色を楽しんでいた。大通りでは大きな粉袋を山と積んだ荷馬車が行き来しているのが見える。

国道はたくさんのオート三輪が土埃を巻き上げて走っていた。初夏の太陽が降りそそぐ町は、たくさんの人で賑わっていた。

第一の目的地に着いた。用事が終わるまで、ボクは自転車に乗ったまましばらくおじさんを待つ。早く戻ってこないかなと思いはじめたころ、おじさんが帰ってきて再び走り出す。歩いている人をどんどん追い越していく。自転車に乗った人ともたくさんすれ違った。当時は四輪の自動車やトラックより、オート三輪が圧倒的に多かった。

町角では、前かけをしたおばさんが調理用具を使って食材の実演販売をしながら、聴衆に話しかけている。日曜日のせいか家族連れも多い。

蕎麦屋の息子が片手で自転車を操り、もう一方の手では何重にも重ねたせいろを肩にのせ、道に落ちている馬糞の間を縫いながら絶妙なバランスで、しかもかなりのスピードで通り抜けていった。

角を数回曲がったところが、次の目的地。そこは子どもたちが小銭を握りしめながら飛んできそうな駄菓子屋だった。

昼下がりの店はひっそりとしていた。ガラス戸を通して、アメやチョコレート、せんべい、くじ引きで当たる賞品の風船や得体の知れない派手な色の駄菓子の数々が、お店の台の上にたくさん並んでいるのが見える。

おじさんはボクを乗せたまま自転車のスタンドを立てると、店の中に入っていった。店のおばあさんと親しそうに話をしている。

ボクはちょっと自転車が傾いてるなと感じた。見ると、道路の中央が高くて店のほうが低くなっている。もう一度、店のほうを見た。

(あっ、このガラス戸は?　この不安定な座り心地は?　あっ、このシーンは?)

と思って体を反対側に戻したときはすでに遅かった。そのまま倒れ込んで頭がガラス戸にしたたかにぶち当たった。

バシャーン!　という音とともに目から火が出て、ボクは気を失った。暗い世界に入り、光を求めてあちこちさまよっていた。

どのくらい経っただろうか、遠くから名前を呼ばれたような気がして目が覚めた。

「ああ、よかった。気がついた」

おじさんとお店のおばあさんが心配そうにのぞき込んでいる。

左のおでこに何か異常を感じた。触ってみると手ぬぐいと氷嚢が当てられ、大きなこぶができていた。

ボクが倒れ込んだところは一面のガラス戸で、戸は外れてボクと一緒に真横に倒れたが、奇跡的にガラスは一枚も割れていなかった。もしガラスが割れていたら、悲惨なことになっていただろう。夢の予告と無傷の結果に何か不思議な加護を感じた。

好意で連れて行ってくれたおじさんにわるいし、心配するので母には黙っていた。

女言葉

長い間まともなコミュニケーションもなく放っておかれたため、小学校に入ったときは、自分の名前も書けず、簡単な足し算引き算もできない状態だった。

あるとき、小学校で初めて自分から手を上げて発言をした。先生が、刺しゅうとは何かを説明しようとしているときだった。

刺しゅうは母がもっとも得意としている分野で、ボクも一時、刺しゅうに夢中になっていたのだ。刺しゅうが話題になったことでいつになく興奮したボクは、ついわれを忘れて手を上げて立ってしまったのである。意外な展開にクラス中が一瞬、シーンと静まり返った。

「あのね、あたしね、ママと一緒に刺しゅうしたことあるのよ！」

ボク自身は気づいていなかったが、完全に〝女言葉〟だった。クラス全員がどっと笑った。ボクはそれっきり、決して手を上げることはなかった。

学校がはじまって二〜三週間経ったとき、先生が算数の問題を黒板に書いた。そして、「これができた人は先生のところへ持って来なさい。できた人から外に出て遊んでいいわよ」と言った。

このとき、ボクは学校ではテストというものがあると初めて知った。幼稚園では簡単な授業があって字やら計算やらを教えていたが、ボクはそれらに無関心で聞こうとも覚えようともしなかったし、それでことは済んできた。だから気が向いたときに黒板をただ写すか、隣の子の答えを見せてもらっていた。

しかし、ここでは覚えなければならなかったのだ。まさかテストまでされるとは……。それまでは適当に誤魔化してきたのに、個々に試験されては聞くことも写すこともできない。

先生としては、各生徒がどれほど自分の授業を理解しているのかがわかるので最適の方法だったが、ボクにとっては生き方を根本から問われることになり、突然待ったなしの危機的な状況に追い込まれた形になったのだ。

背筋から冷や汗が流れた。

できた生徒たちはどんどんと教室を出ていく。残った生徒が数人だけになった。先生が順番に来て、一人ひとりの解答を見てチェックしていく。

（最後まで残ったらどうしよう……）

そして、ついに残り三人だけになった。ボクは気持ちが焦るだけで問題を考える余裕などない。いや、まったく授業を聞いてなかったので、どのようにして解いていいのか皆目わからなかった。

頭に血が昇って爆発しそうになった。そのとき先生が「もう時間だから、外のみんなを呼んでらっしゃい」と誰かに言った。全身から力が抜けた。以来、数字、計算という言葉にボクの脳は凍結した。

学校は憂鬱と恐怖の場になった。幼児期に病気ばかりして肉体的にハンディを負っていた上に、小学校はもう一つ精神的なハンディをもたらした。

ボクの小学校生活は、出遅れ、気後れ、知恵遅れのハンディあふれる状況でスタートした。

空から見たボク

ボクの家は、小学校の学校区のほとんどはずれにあった。

このあたりの学校区は複雑に入り組んでいて、近所の子たちはみんな隣の学校区になってしまい、ボクと一緒に通学する友だちはいなかった。

いつもどこかに不調を感じているボクは、一人で歩いていると体のあちこちの部分が気になってくる。喘息持ちでもあるので、特に上半身に気が上がりがちだった。

小学校からの帰り道、その日も息の仕方を考えながら歩いていた。

すると頭のてっぺんがピリピリしてきた。そして頭の頂点の表皮がパコパコ言い出して、頭が呼吸しているような感じになった。

そこで息をしないで歩いてみた。かなり長い間、歩くことができた。

その日は、いつもの数分の一しか息をしていないのに、苦もなく2キロあまりの距離を家まで帰ることができた。頭からエネルギーが入る感じがして、いつもより元気だった。

しばらくすると、下校のとき一緒に帰る友だちが二人できた。彼らの家はボクの家より遠かったが、途中まで一緒に帰るようになった。そして頭から入ってくるエネルギーのことはしばらく忘れていた。

あるとき、また夢の中で空に浮いていた。

下を見ると校門からクモの子を散らすように子どもたちが走って行く。空から追いかけて行くと男の子が三人、路地を抜けて公園に沿った大通りを駆けて行くのが見える。そのあとを少し大きな子が二人追いかけている。

大通りを一目散に走って行くのを下に見ながら、次の交差点のところまで空から追った。すると三人目の男の子が大きな石の前でつまずいて転びそうになった。

「あっ」と声を上げて目が覚めた。

その夢を何回か続けて見た。次にその夢を見たとき、続きを見ようとした。しかし夢はいつもそこで終わってしまい、何やらもやもやした気持だけが残った。

「先生、さようなら、みなさん、さようなら」

ある日、いつものように帰りのあいさつが終わり、教室を出て昇降口で靴を履き替えたところで、知り合いの上級生二人に出くわした。

いつも一緒に帰る勝ち気な小津くんがふざけて彼らをからかった。上級生もふざけて小津くんを捕まえようと追いかけっこがはじまった。ひとしきり構内を走り回ったあと、小津くんは裏門から逃げて出た。

ボクともう一人の友だちもあとを追った。路地を抜け、大通りを駆けて行く。中央公園を過ぎたあたりでボクは疲れてきた。追ってくる気配もなくなったようだ。するとで気がゆるんだのか、次の瞬間、足がもつれて前のめりになった。下を見れば乾いた地面の表面は砂だ。足がズルッとすべってしまった。

あの夢がありありとよみがえった。倒れ込んだその先にはあの大石があり、頭が石に当たるに違いないことがわかった。

バランスを失って倒れ込み、ぶつかるまでの時間はわずかなはずだったが、ボクにはとても長く感じられた。反射的に目を閉じると頭に衝撃が走った。

「あっ」と頭上から声が聞こえたような気がしたと同時に、暗闇の視界の中に真白な光が飛び込んできて、ボクは倒れた。

先を走っていた二人は、ボクの足音が止まったのに気づいて後ろを振り返った。ボクは大石のそばに倒れていた。倒れ込んだ拍子に石に頭をぶつけてしまったのだ。しかも角の尖ったところに。

一瞬の出来事だった。夢でその先を見ていないので、これからどうなるのかわからない。立ち上がって頭を触ると、ぬるっと生暖かいものを感じた。二人は心配そうに、「大丈夫？」とたずねた。

どれほど深刻なのかわからず、すぐには答えられなかった。小津くんが「ハンカチ、持ってる？」とたずねた。ボクがハンカチを出すと、「それで傷口を覆って、手でしっかり押さえるんだ」と言った。ぶつけたところをハンカチで押さえると傷がズキズキ痛みはじめた。

いつもは水車のあるお堀の道から、お城山の麓をぐるっと遠回りして遊びながら帰っていたが、今はそれどころではない。家まで最短距離の国道を帰ることにした。

片手で頭を押さえ、痛みに耐えながら家まで歩くのは拷問だった。ときどき体から血の気が引いていくようで、力が抜けて何度も気が遠くなりそうになった。

ケガをしたと母が知ったら心配するだろう。ひどく叱られるだろう。何とか頑張って家までたどり着いて、何もなかったふりをしていよう。

そう決心すると、自分を励ましながら歩いた。友だちも気遣ったのか家の前までついてきてくれた。

門をくぐると、この出来事をどんなふうに伝えたらよいものかと思った。同時に、家に着いたという安堵の気持ちからまた気が遠くなりそうになった。

(誰に会っても、何もなかったように元気に振る舞わなければ。何とか大げさにならないで済む方法はないかな)

母と寝泊まりしている部屋にそっと入った。幸い部屋には誰もいなかった。

（このまま赤チンをつけて、ばんそうこうでも貼ったら治らないかな。でもばんそうこうを貼ったら気づかれてしまうし、困ったな）

また傷が疼いてきて、おまけにめまいもしてきた。とにかく、まずは何とか傷の手当をしなければならない。

そっと誰かに聞いてみようと、職員室のドアを少し開けてのぞいてみた。職員室にはたまたま親戚のお兄さんがいて、数人の先生と談笑していた。

（しめた。あのお兄さんならうまいこと相談に乗ってくれるかもしれない）

勇気を奮い起こして職員室に入り、お兄さんのそばに歩み寄った。

「あのね、ちょっとだけ、ケガしちゃったんだけど」

「えっ、どこケガしたの？」と、お兄さんは笑顔で振り向きながらたずねた。

「ここ」と頭を指した。お兄さんはボクが持っているハンカチに目をやった。血で染まった部分を手で隠しきれていなかった。

急にお兄さんの顔色が変わった。そしてボクの頭のケガを見た。

「大変だ、病院に行かなくては。外科だ！」

周りにいた先生たちも騒ぎ出した。

「どうしたの、一体？」

「うん、ちょっと転んでぶつけたの」

大ごとになってしまったとは思ったが、叱られなくて済んだ、これでケガも治療してもらえると思うと、それまでの緊張から解放され、一気に体から力が抜けていくのを感じた。

ボクは自転車の後ろに乗せられた。「しっかりつかんでいるのよ」と誰かが言った。頭がジンジン痛み出した。痛みが朦朧とした意識をかろうじて支えていた。ボクは必死にお兄さんにつかまった。

病院に着くと髪を切られ、患部を消毒され、何本も注射を打たれ、傷を縫い合わす手術が行なわれた。

「ハイ、おしまい。よくがまんしたわね。痛かったでしょう。普通はみんな大騒ぎするけど、坊やは偉かったわよ」と看護婦さんがほめてくれた。

（ああ、やっと終わった）

睡魔が襲ってきた。ボクは闇の中をさまよっていた。こちらのほう、あちらのほう、どこに行ってもただ暗闇の広い空間が無限に続いているだけだった。

そのうちトンネルが現われた。どこかに光がないかと探して、トンネルの中を行ったり来たりする。探しあぐねて途方に暮れていると、強いプラチナの光とともに、「お前はもう、ここに来てはいけない」という内容が伝わってきた。前に何度もトンネルの先で出会った、あの厳かな光の存在が現われたのだ。

どんどん押し戻される。熱い空間に放り込まれた。体が熱くなってくる。熱くて熱くて、服も体も何もかも脱ぎ捨てたくなって、思いきり背伸びをした。

目が覚めると枕もとに母がいた。

「あ〜よかった。やっと熱が引いた。ずいぶん長い間寝ていたわね。でも、本当によかった。熱がなかなか下がらなかったの。たくさん、うわ言を言ってたわ」

窓からはオレンジ色の夕陽が射して、部屋中を金色に染めていた。それはケガをした翌日の夕方だった。丸一日、寝続けていたらしい。

怒ってはいない母にホッとした。体もこころも何か束縛から解放されたようでスッキリしていた。頭の傷を縫い合わされて以来、頭からエネルギーが入ってくることはなくなった。

コイになった！

ボクは夢の中で池のコイになっていた。

さほど大きな池ではなかったが、真ん中に浮島のようなものがあって、その下はいい隠れ家だった。

ボク以外にもコイは何匹かいたが、周りにはそれよりもたくさんのフナやオイカワ、アカハラ（イモリ）が楽しそうに泳いでいた。生き物がたくさんいるわりには、エサになるものが少なかったので取り合いになった。

その池には子どもたちがよく釣りに来た。小魚たちやイモリはエサに食いついてすぐ釣られたが、ボクは彼らがエサの端に釣り針を忍ばせているのを知っていたので、針が見えるとだまされるものかとソッポを向いた。

あるとき、ピクピクしているおいしそうなミミズが落ちてきた。針は見当たらない。こいつはほかに取られる前にと食らいついた。そのとたん、あごがグイッと引っ張られ、強い勢いで釣り上げられてしまった。

あわてたボクは水面を叩きながら大暴れした。それを見て一人の子どもがボクを捕まえようと池に飛び込んだ。ボクは渾身の力で釣り糸を引っ張った。するとプッツーンと糸が切れて、ボクは解放されて間一髪のところで助かった……。

小学校がはじまってしばらくすると、分校暮らしのボクと母の生活にもう一人仲間が加わることになった。

町から離れた不便な在のほうから通っている生徒のみつこさんが、住み込みで勉強することになったのだ。一緒に住むかわりに食事を作ったり、簡単な雑用なども手伝ってくれる。梅雨の季節、雲がどんより垂れ込めていて出かける気にはなれない週末、ボクはいつものように一人で遊んでいた。

みつこさんが、うちの実家のほうは自然がいっぱいで楽しいところだから、一緒に遊びに行かないかと提案してくれた。久しぶりに実家に帰りたいみつこさんにとってはよい口実だったのだろう。

ボクも何かおもしろいことがないかなと思っていたので、「いいよ」と答えた。母も賛成してくれた。

ボクはみつこさんに連れられて、彼女の家族が住んでいる郊外の村にバスで向かった。デコボコ道をひた走る。周りは一面、見渡す限りの田んぼ。田植えが終わって、すくすくと育つ緑の稲葉の上を南風がそっと吹きわたる。橋を渡って小山の切り通しをいくつか越えると、村のバス停だった。

バスを降りると、広がった畑の中に家がぽつんぽつんと建っている。畑には高さの違う作物がたくさん育っていた。いちばん背が高いのがクワの木だった。雨上がりのクワの葉はまぶしく緑に輝いていた。

いくつもの畑を越えていくと正面に大きな農家が現われた。みつこさんの家だった。二階建てなのだろうか、屋根が高い茅葺の家だ。

広い前庭の真ん中に井戸があり、その周りを数人の老若男女が動き回っている。久しぶりに家族に会ったみつこさんは元気を取り戻していた。

荷物を家に置くと早々にみつこさんが、「ちょっと川に行ってみようか」と誘った。ボクはみつこさんと妹のさちこちゃんのあとについていった。二人は足早にどんどん先を行く。ボクは置いてきぼりにされまいと小走りに追いかけた。

みずみずしく生い茂るクワ畑をいくつも越えていくと小高い土手に出た。土手を越えると一面、背丈よりはるかに高いアシの林があった。アシの間を縫うようにして小道を分け入り、しばらく行くとぽっかりと目の前が開けて大きな川の縁に出た。

蔵王に源を発する清流白石川は、町の北縁を東に流れ、町を過ぎたあたりで北に向かう。この村落のあたりに来るまでにいくつかの支流が流れ込み、水嵩を増して川幅はぐんと広くなる。数10メートルから100メートル近くになるところもあった。

対岸まではかなり遠いが、人の動きくらいはわかる。そこから下流は、場所によって急に深みがあったり、流れが複雑なところがあったりして危険だといわれていた。

一面に広がる川面を見ていると石を投げたい衝動にかられる。平たい石を川面に平行に投げると、水面を切ってスキップしながら遠くまで跳んで行った。水切りという遊びだ。

適当な大きさの平らな石を探して、えいっと勢いよく低く放つ。小石は初めピョーンピョーンと水面を大きく跳び、徐々に間隔を小さくして小刻みに進み、最後には進む力が尽きてきて水の中に姿を消した。飽きずに何度も何度も投げた。

対岸の正面、アシの林の間から若い男女が現われた。そこに向かって水切りを続けた。うまくいっても10メートルか20メートル。もちろん届きはしない。

みつこさんとさちこちゃんも投げはじめた。誰がいちばんたくさんスキップできるか、遠くまで飛ばすことができるか競争した。次々に投げたが、二人はすぐに飽きてしまった。ボクはそれでも夢中で投げ続けた。

川向こうの男女は座って水切りを見ているようだった。一回でも多く水面を蹴り、少しでも遠くに飛ばせるように集中して投げた。そのうち、投げた石の向こうで二つの影が一つになって倒れたように思えた。

そのとたん急に後ろで、「キャー！　ヘビが出た！」と声がした。みつこさんとさちこちゃんがもと来た方向に一目散に走り出した。

ヘビに興味があるボクは、「ええ？　どこどこ？」と探そうとするが、砂利が敷き詰められた河原にヘビの姿は見当たらない。だいたい隠れるところもないようなむき出しの熱い河原に、ヘビなど出るわけがないのだ。

それにしても、ヘビがもっと出そうな草むらの方角に、なぜ彼女たちは逃げ出したのだろう？　そのときのボクは、〝大人の事情〟がわからなかったのだ。

このままだと二人からはぐれてしまう。しかたなくボクももと来た道へ駆け出した。やっとのことで追いついたところはクワ畑だった。

周りはボクより背の高いクワの木ばかりで見渡すことができない。二人に追いつけなかったら、クワの木の密林の中で危うく迷子になってしまうところだった。くわばら、くわばら。

みつこさんとさちこちゃんがクワを摘みはじめた。いつのまに用意していたのか、カゴを手にしている。屈めばすっぽり入ってしまいそうな大きなカゴだ。小さな手で大きなクワの葉を摘む作業はけっこう大変だった。

二つのカゴをクワの葉でいっぱいにして家に持ち帰ると、縁側にはクワの葉がぎっしり詰まったカゴがいくつも並んでいた。カイコの世話を手伝う人たちがたくさん来ている。

みつこさんが子どもたちだけで遊んで来いと言うので、子どもたちは草野球らしきものをはじめた。野球といってもバットもグローブもなく、地面にベースを描いてピッチャーが投げたボールを手で打つという、球遊びとでもいうようなものだった。

ボクは普段、男の子と遊んだことがないので当惑していた。野球どころかキャッチボールさえしたことがなく、もちろんルールも知らない。

「んだらば、おめは、あぶらっこ（みそっかす）にすっから。わがんねどごあったらば、みんなでおしぇるんだど」

いちばん年長の5年生くらいの女の子が仲間に入れてくれた。

小さい子どもたちでもゲームに慣れているらしく、とてもすばしっこく、俊敏な動きを見せた。ボクが不手際を繰り返してチームの足を引っ張ったせいで、せっかく勝っていたゲームは逆に負けてしまった。

「おめのせいで負けだんだど」

小さい子たちは口々にボクの不甲斐なさを責めた。

申しわけない気持ちでいっぱいになっているボクを、いちばん年長の女の子は、「おめらだって、やったごとねがったら、でぎねくたってしゃねべ」とかばってくれた。そして薄暮の中を家まで一緒についてきてくれた。ボクは、（こんなお姉さんのようにやさしい人になりたいな）と思った。

家に着くと、みつこさんが出迎えてくれていた。

「どうだった？」

「うん、お姉さん、とても親切だったよ」

みつこさんの家は、外から見たときはよくわからなかったが、中に入ってみると二階へ上がる階段があった。登ると中央は吹き抜けになっていて、周りはいくつかに仕切られた屋根裏部屋になっていた。

屋根の傾斜のため、天井は外壁に近づくほど低い。囲炉裏から上がる熱や煙のせいだろう、褐色に燻された太い梁や筋交いが艶を帯びて光り、生活の営みと時の経過を物語っていた。

各部屋にはところ狭しと何段にもカイコ棚が並んでいた。巨大な皿のような竹カゴにたくさんのカイコが入っている。取ってきたクワの葉を撒き広げるようにして与えた。

数え切れないほどのカイコが貪り食べるときに出す音は、大粒の雨のようだ。パチパチ、バリバリ、ザアザア。緑あふれる新鮮なクワの葉もカイコにかかっては瞬く間にボロボロになり、最後は葉脈の硬い部分だけが残る。

カイコは休むことはない。葉を四六時中食べ続けては排泄する。クワの葉の減りが早いので、頻繁に見回りながらどんどん足していかなければならない。

その晩、ボクはみつこさんと妹のさちこちゃんとで二階のカイコ棚のそばで寝た。戸外は静かな小糠雨。家の中では、カイコがクワの葉を食べるときに発する真夏の豪雨のような音が遠くに近くに聞こえる。

暗がりの中でボクの耳はひと晩中、夕立に襲われていた。クワの葉の香りと蚊取り線香の匂いが蒸した空気に入り混じり、なかなか寝つけなかった。

真夜中、おしっこに行きたくなった。隣に寝ているみつこさんを起こし、連れて行ってもらう。その隣ではさちこちゃんが、暑いのだろう、布団を蹴飛ばして寝ていた。その腰にはふんどしが巻きついていた。

（へえー、女でもふんどしをするんだ）

カイコが奏でる激しいスコールの曲を聞きながら、ボクはそのうちうつらうつら寝入っていった。

翌朝は音もなく霧雨が降っていた。天気がわるくても、農家の大人たちはクワの葉を取りに行かなければならない。みんなカッパを着てカゴを背負って出て行った。

ボクはすることがないので、縁側で霧雨に煙る庭や畑を見ていた。雨で清められて澄んだ空気を通して、汽笛の音、馬や牛の鳴き声、小鳥たちの声が意外に近くに聞こえる。湿り気を含んだ土と草と木々の濃い匂いが鼻をくすぐる。頭の中ではカイコが葉を貪る音がまだ鳴り続けていた。

そこにみつこさんの親類の子どもたちが三人やってきた。みんなボクよりも小さな子たちだった。その中で、５歳くらいのゲンちゃんと呼ばれる小柄な子はいちばん元気でリーダー格らしく、大人と対等に大声で堂々と喋り合っている。

釣りに行くのだと言う。大きなバケツと釣竿を持っていた。

「この子も連れて行ってあげてよ」

みつこさんがゲンちゃんに頼んでくれたので、ボクもカッパを着込んで子どもたちのあとについて出かけた。

途中、釣りに使うエサを集める。こんもりと積み上げられた牛のフンとワラの堆肥を木ぎれでちょっと掻くと、ピンクに肌を光らせた元気なミミズがいくらでも出てきた。

数分歩くと田んぼのそばの溜池に着いた。ここが釣り場だ。

小さな溜池の真ん中には草ぼうぼうの浮島があった。ボクたちは魚が集まる浮島めがけて釣り糸を投げた。

水面を小型の魚たちが泳いでいるのが見える。オイカワの群れだ。

「いっぱいいるね。たくさん釣れそうだね」とボク。

「あんな雑魚なんか、おもっしゃぐねえ。ここさあ、でっけえコイがいるんだ。そいづを狙え。雑魚なんかさかまうな」とゲンちゃん。

（せっかくオイカワがいっぱいいるのに……これがうちの前の川ならみんな喜んで取るのになあ）

深みにエサが届くように釣り糸を仕掛ける。すぐにウキがピクピクと浮き沈みする。あわてて釣り糸を上げようとすると、ゲンちゃんは「ああ、まだまだ。そいずはアカハラだからほっとけ。コイの引きはぜんぜんちがうべ」と言った。

それでも何かが食いつこうとしているはずなので、ボクは確かめたくて釣糸を引いた。水面から姿を見せたのは魚ではなく、ゲンちゃんの言ったとおりアカハラだった。

その後もアカハラばかりが釣れ、アカハラをつかめないボクはゲンちゃんに頼んで針から外してもらった。田んぼの畔にはアカハラの山ができた。

昼近くになってお腹も空いたし、そろそろ飽きてきた。

「そろそろ、やめっか」とゲンちゃんが言う。みんなも同意する。

「今度で、最後だど」ゲンちゃんが竿を振って、釣り糸を遠くに投げた。

ボクは最後の仕掛けにちょっと工夫をしてみようと考えた。それまでエサのミミズをいいかげんに針につけていたのを、針が完全にエサに隠れて見えないようにする。そして糸の長さを底に着くか着かないか、ぎりぎりのところにセットした。

そっと糸を垂らす。すると間もなく、これまでになかったものすごい手応えとともに、ズズーンとウキが沈んで見えなくなった。

ボクは力いっぱい釣竿を引いた。そのとたん、水の中から大きなコイが跳ね上がって空中を舞った。そしてまた水に潜ると左右に身を振りながら抵抗する。

あわてて引っ張ろうとするボクを見たゲンちゃんが、「ダメだ！　ゆるめろ」と叫ぶ。それでも興奮したボクは夢中で引っ張り続けた。コイはバタバタ水面を叩きながら逃げようと暴れる。

ボクはさらに必死に釣糸を引く。コイを捕まえようとゲンちゃんが池に飛び込んだのと、糸が切れたのはほとんどが同時だった。

「ちぇっ！　しゃあねえなあ」ゲンちゃんはずぶ濡れになって溜池から上がってきた。「あいづ、すごくでっかがったよな」と残念そうだ。

前に夢で見たコイはボクだったのだ……

「もう帰っぺ！」

誰かがそう言うとみんなが同意した。すでに靴も服もびしょ濡れだった。

バケツや釣竿を手にいっぱい抱えると、雨が頬を撫でる。村全体が霧雨に包まれ、森の緑がいっそう深みを増して感じられた。デデッポッポー、山鳩の寂しげに鳴く声が湿った空気の中に伝わってきた。

家に着くとおばあさんが、「あれ〜、こだにぬれっつまって〜」と乾いたタオルを持ってきてくれた。

土間で体を拭いて着替えると、階段を登ってカイコを見に行った。猛烈な勢いでクワの葉を貪っている。カイコは一瞬も寝ないのだろうか。家の中では相変わらずひっきりなしに夕立のような音が響いていた。

カイコの体は昨日よりまたひと回り大きくなって、はちきれんばかりになっている。カイコがクワを好き放題食べているのを見ているうちに、なぜかとても家が恋しくなってきた。予定ではあともう一泊することになっていたが、がまんができなかった。みつこさんはしかたなく、お父さんにボクを自転車で町まで乗せて行ってくれるように頼んだ。

ボクは自転車の後ろの大きな荷台に乗った。

「おらの腹さ、腕をぐるっと回すて、よっくどつかまってろ」

お父さんのお腹に腕を回して、ボクは必死につかまっていた。雨上がりのデコボコ道、自転車が水溜りに入るたびに、両足を上げて泥水がかからないようにした。

「どごさいぐの?」と、お父さんの知り合いが声をかけた。

「このわらしば、おぐっていぐんだ」

それを聞いたとき、みつこさんのお父さんに本当に申しわけなかったなという気持ちになった。

家に着くと母が出てきて、「もう帰ってきたの?」と言った。恥ずかしかったが、気持ちが晴れ晴れしてすっかり元気になっていた。

次の日の夜、寝入るとまた天井の角に浮き上がっている自分に気がついた。下には寝ている自分と母がいる。しばらく上から見ていたが、ふとカイコのことが気になった。するとヒューッとエレベーターで急下降するような感覚とともにめまいがして、目の前にカイコ棚があった。

カイコはもうクワの葉を食べてなかった。棚には格子状の仕切りがあり、そのスペース一つひとつにカイコが入れられていた。

カイコは格子の中で糸を張って巣のようなものを作っていた。クモのように格子の隅に糸をかけて、その中央に自分を確保し、糸を繰り出しながら体の外側に楕円形にマユを作っていく。

外側から作りはじめ、マユの中を上手に回りながら、ひと筆書きで糸を出し続ける。絶え間なく糸を出して、マユの内側を敷き詰めていく。壁は徐々に厚みを帯び、すでにカイコが見えにくくなっているマユもあった。

数日後、また夢の中でカイコ棚を訪ねた。そこにはもうカイコも格子も純白のマユも見ることはできなかった。ただ、大きな麻袋がいくつも縁側に置いてあった。

ついこの前まで大粒の雨音を出していた虫の姿はなく、気配もいっさい感じることはできなかった。

薄明かりに、カラになったカイコ棚ばかりがひっそりと並んでいた。

ユーちゃんのアルバイト

ボクは、よく姉とも一緒に二軒隣のお殿様の家に遊びに行った。

長男は高校生で16代目・片倉小十郎。ボクは彼のことをユーちゃんと呼んでいた。姉は四人姉妹たちと遊んでいたが、ボクはユーちゃんが学校から帰ってくるまで、棚にたくさんあるお殿様のコレクションを見たり、模型をいじったりして待っていた。

ユーちゃんが帰ると、よく相撲やレスリングをして遊んでもらった。もちろん敵うわけがない。

何度も何度も思いっきりぶつかっていく。振り払われても払われてもかかっていくボクをユーちゃんはうまくあしらってくれた。

最後はいつもユーちゃんが寝転がって仰向けの体制になり、二人で両手をつないで両足裏をボクの腹部に当て、空中に持ち上げて抵抗できなくなる形で終わった。ボクは宙に浮いている体勢が好きで、もう一回もう一回と何度もおねだりした。

家の中で遊ぶのに飽きると外に出た。女の子たちはお堀の土手の近くでしばらく石蹴りや縄跳びをして遊んでいたが、そのうち誰が堀を跳び越えられるか、ということになった。

屋敷の前を流れる川はそれほど大きくなかったが、子どもたちにとっては簡単に跳び越えられるほどでもない。

まず、橋の上でどれくらい跳べるのかを試してみることにした。ボクは問題外だったが、お姉さんたちはかろうじて川幅を跳び越えられそうだった。

しかし、橋の上で跳ぶのと実際に川を跳び越えるのとではだいぶ違うので、みんな躊躇していた。

すると、ユーちゃんが竹の棒を持ってきて川の真ん中に差し、棒高跳びの要領でひょいと向こう岸までいとも簡単に渡ってしまった。土手と道路の間を何度も行ったり来たりしてる。

さすがに男はやることが違うなと感心した。

お城山の麓を流れる内堀川は、町よりも高いところにあり、市街地や家並みはその外側に広がっていた。町には地域ごとに子どもの遊び友だちのグループがあった。普段はそれぞれのグループ内で仲よく遊んでいるが、何かの拍子で諍いが起こると集団同士のケンカになることがあった。

あるとき、たまたま対立しているところを通りかかったとき、グループの仲間だと思われて巻き込まれてしまったことがあった。見ると、片方のボスや子どもたちは近くに住んでいる子たちで見覚えがあった。ボスは二、三年年上の子だ。

別のグループは遠くのグループらしく、誰も知らなかった。その場を立ち去ろうとすると、別のグループのボスがボクを相手のグループの仲間だと勘違いして、制止しようとつかみかかってきた。

ボクは驚いて、そいつの胸を両手で思いきり押して突き放した。後ろは小川だった。ボスは後ろ向きに飛んでいって、見事に川に落ちた。これにはこっちのほうが驚いてしまった。するとそれまで興奮して一触即発だった子どもたちも急に静かになって、三々五々、自然解散になってしまった。ボスには気の毒だったが、大きな戦いにならずに済んでよかった。それにしても、どうしてそんなバカ力が出たのか、ユーちゃんに鍛えてもらったおかげなのかなあと思った。

ボクが小学校に入ったとき、ユーちゃんは東京の大学に行って会えなくなってしまった。ボクはユーちゃんに手紙を書いた。しばらくすると返事が送られてきた。飛行機の写真の絵はがきだった。

飛行機の写真をもっと見たくて、またすぐ手紙を出した。次に来た絵はがきは、それまで見たこともない二重プロペラの飛行機で、コンベアＸＦＹ‐１、通称〝ポゴ〟という垂直に離着陸できる珍しい戦闘機だった。それ以来、飛行機の絵はがき欲しさにユーちゃんと文通するようになった。

ボクはいろいろなもののカラクリが知りたくて、周りの壊れた時計や機械類を手当たりしだいに分解したり、組み立てていたが、その絵はがきをきっかけに飛行機や船の模型をたくさん作るようになった。

ユーちゃんは東京でどんなことをしているだろうなあと思いながら床に就いた。

気がつくと、町で見るのとは違う型のバスがたくさんある。あたりは暗く、バスには誰も乗っていない。足もとに踏みつけられた包装紙やタバコの箱などが落ちている。それを拾ってホウキで掃いていく。

バスの外側に水をかけ、ブラシでゴシゴシ洗った。バスに乗ったり降りたりしながら何台かきれいにしたら、やれやれ終わったという感じがした。

翌年のお正月、帰省したユーちゃんが訪ねてきてくれた。

そのとき、ユーちゃんはボクが作っていたパトロールカーと消防車のプラモデルを丹念に見ながら、「バリの跡がどこか全然わからないくらいきれいになっているよ。接着剤の跡もわからない。とっても上手にできているね」とほめてくれた。

話をしているうちに、ボクはユーちゃんが東京でバスを洗うアルバイトをしていることを知った。

ボクの親分

小学校1年のとき、祖母の学校に勤めている先生の甥で、近所に住むタケシお兄ちゃんと知り合いになった。

タケシお兄ちゃんは2学年上だったが、年のわりに背が高く、スポーツ万能。性格も明るく、社交的で親分肌、近所ではたくさんの仲間を従える番長でもあった。

家は角のたばこ屋で、ちょっとした日用雑貨や食料品、駄菓子などを置いていた。おばさんは、がらっぱちだが鷹揚でとてもやさしい人だった。

その冬の初雪はあっという間に積もった。タケシお兄ちゃんが家の玄関まで来て、一緒にスキーをしようと言う。見ると、後ろに20人くらい子分を引き連れていた。お父さんからでも譲り受けたのだろう、ノルディック用の大きなスキーを履いている。

ほかの子たちはみな竹スキーだ。ボクはゲレンデ用のスキーで行くことにした。雪が降りしきる中、タケシお兄ちゃんを先頭に大勢でぞろぞろと滑り歩いて行った。

向こうから10人くらいのグループが竹スキーでやってきて、お兄ちゃんの前で止まった。先頭のリーダーらしい子がお兄ちゃんにあいさつすると、行列のあとに加わった。何かの祭りかと見間違うほど長い行列になった。

出会う子出会う子がタケシお兄ちゃんにあいさつしたり、列に加わったりする。大勢で行進すると気持ちが高揚した。自分が強くなったような気になって、町内を睥睨しながらぐるっとめぐった。

普段、お兄ちゃんの家に遊びに行くと、よく仲間たちと相撲をしていた。誰もお兄ちゃんには敵わなかった。

ボクにも「来い」と言うのでかかっていった。吊り上げられたり、鯖折りされたりして、あっさり負けてしまったが、行くたびに相撲の相手をしてもらった。3年生になったころ、お兄ちゃんの技には簡単に負けないようになってきた。

ある日、粘りに粘った末、お兄ちゃんに勝ってしまった。畳に転がったお兄ちゃんは、信じられないといった様子であっけにとられている。こっちのほうこそびっくりしたが、以来、お兄ちゃんに勝つことが増えてきた。

「こいつ、強くなったなあ。とくに腕が強いよ。ベルトをつかんだら最後、離さないから、気をゆるめたとたん、こっちがやられてしまう。大したもんだよ」

（ヤッター！　お兄ちゃんにほめてもらえたぞ。小さいころからユーちゃんに鍛えてもらったおかげかなあ）

ボクはものすごくうれしかった。

母も小さいころは体力がなく、病弱だったという。しかし、体操をしてからどんどん健康になり、大学時代は全国大会に出るまでになった。ボクにも運動するように小さいころから言っていた。

ボクも運動は好きだったのでいろいろやってみた。でも、頑張りすぎるとかえって調子がわるくなったり、なかなかひと筋縄にはいかない。体調も徐々にましになり、力もついたが、中学を出るまでは腕相撲では母に負けっぱなしだった。

だからこのころは、将来テレビの腕相撲番組でチャンピオンになるなどとは予想もできなかった。

母の分校では、海外からの宣教師や塾の先生、青年団などにも活動の場所を提供していた。その中に祖父が教えている英語教室があって、タケシお兄ちゃんの従兄弟のケイジお兄さんが通っていた。

ケイジお兄さんはタケシお兄ちゃんよりさらに年上で、中学生だった。タケシお兄ちゃんより体が大きく、ガッチリしていた。運動は得意ではなさそうだったが、ボクに対してはとても威張っていた。

ある日、ケイジお兄さんがパンパン（メンコ）をしようと言ってきた。ボクが「お兄ちゃ

『勝ち抜き腕相撲』（テレビ東京）で優勝した筆者（左）（『月刊ボディビルディング』1975年9月号より）

んには到底、敵わないからいやだよ」と言っても、やろうと言って聞き入れなかった。

しかたなくやったものの、案の定、ボロ負けしてしまった。結局、ボクのパンパンはみな取られてしまった。タケシお兄ちゃんなら、勝っても弱いものから取り上げようとしないどころか、自分の持っているぶんまで分けてくれるのになあと思った。

ちょうどそのとき、タケシお兄ちゃんがやってきた。ボクのさえない様子を見て、「どうしたんだ。元気ないじゃないか」と言った、

「パンパンに負けて、みんな取られちゃった」

「おい、ケイジ、こんなちっちゃい子から取り上げたのか。そりゃねえだろう！」

「もちろん、本気じゃないよ。返そうと思っていたよ」

ケイジお兄さんはそれまでさんざん威張っていたくせに、手の平を返したように下手に出て愛想がよくなり、ボクにパンパンを返すとそそくさといなくなってしまった。

中学生のケイジお兄さんはタケシお兄ちゃんよりもずっと年上なのに、まったく頭が上がらないのは驚きだった。タケシお兄ちゃんの言われるままにパンパンを返してくれたことにもびっくりした。

あるとき、ボクは夢の中で立派な家にいた。

広い裏庭には鶏小屋や犬小屋があって、大きな犬が二匹いる。ここは以前、何度か行ったことがある。ケイジお兄さんの家だ。タケシお兄ちゃんとケイジお兄さんが言い争っている。

「ケイジ、俺の子分にちょっかい出したろう」

「いや、何もしてないよ」

「ごまかすな。俺は聞いて知ってるんだ。またやったら、ただじゃおかねえからな。覚えてろ」

タケシお兄ちゃんは夢の中でも強かった。

それからケイジお兄さんの態度が変わった。ボクにちょっかいを出すことはなくなったし、近くに寄ってくることもなくなった。タケシお兄ちゃんと一緒にケイジお兄さんの家に行くと、そそくさと逃げて姿を隠すようになった。

弱きを助け、強きを挫くタケシお兄ちゃんはボクのヒーローで、ボクの目標になった。

渓谷の観音様

蔵王麓の城下町・白石の北を流れる清流白石川は、山あいを分け入るように遡っていくにつれ、両岸は鋭く削られて深い断崖になる。その川沿いの峡谷をバスで1時間ほど行った小《お》原《ばら》に、母の友人の堀木さんが暮らしていた。

ときおり母に連れられて彼女の家を訪れることがあったが、それは母とゆっくり時間を過ごす数少ない機会でもあった。

途中の崖道は、対向車がやっとすれ違えるほどの狭い道だった。ときには、どちらかがバックして譲り合わなければいけないこともあった。カーブが多くて視界もわるく、よく事故が起きないものだとバスに乗るたびに思った。

険しい断崖にしがみつく樹木の緑と水の碧のグラデーションが、幻想的な絵画のようだ。白い流れと黒い岩のコントラストも目に沁みる。

清らかに澄み切った雪解け水を湛えた渓流は、せせらぎの音を谷間いっぱいに響かせて、岩や石にぶつかってしぶきを上げながら白い水となって走る。その景観に感銘を受けた明治の文豪・徳富蘇峰が、この渓谷を「碧玉渓」と名づけたといわれる。

上流には渓流沿いにたくさんの温泉宿があり、川のそばでは露天風呂と水浴を同時に楽しめる場所もあった。

さらに峡谷を奥に分け入ると、長い石の柱を縦にぎっしり並べたような岩壁が１００メートルにわたって続く景観がある。「材木岩」と呼ばれているところだ。

新湯という停留所でバスを降りた。片側に段々畑を見ながら狭い急な坂を降りて行くと、はるか下のほうに小さな平屋が見える。転ばないように足元に気をつけながら下っていった。

畑の向こうで堀木さんが家の窓から首を出して、「いらっしゃーい」と手を振っている。

「来ること言ってたの？」

「知らせてないけど、感じでわかるみたいよ。夢で見ることもあるんだって」

堀木さんは、世間でいうところの霊能者だった。大きな観音様が歩いているのかと思うほど立派な体格をしている。

母と堀木さんのおしゃべりはいつも長くなる。久しぶりに会うので話に花が咲くのだろう。

母は堀木さんのために特別サイズの服を作ってあげることがあった。

母は採寸をするとき、「これはくじら尺で何尺ね」などと言っている。

（へー、大きな人は測る単位まで違うんだ）

ボクは勝手に納得した。

でも、納得できないこともあった。堀木さんは、母のことはあれこれ心配してたくさんアドバイスをくれるのに、ボクのことになると「大丈夫、この子は運がいいし、幸せな子だよ」と言うのだ。

でも、当時のボクは家でも学校でもどこにも居場所がなく、卑屈でちっとも幸せだとは思えなかった。

二人が話している間、ボクは縁側が開け放たれた居間で自然に浸っているのが好きだった。家の脇には小川が流れていて、せせらぎの音色が耳に心地よい。周囲は耕された段々畑以外は樹木や草に覆われていた。緑のそよ風がせせらぎの音を乗せて頬を撫でる。

家のそばのお堂にはお不動様が祀ってあった。たまに庭のクルミの枝にリスがやってきては駆け回った。

小川のせせらぎと木々の葉のささやきが奏でる二重奏の中、下の谷底からは轟々と渓流の力強い迸りが聞こえてくる。自然の合奏にボクのこころも体も溶けていくようだった。

部屋の中は静まり返り、唯一動いているものといえば、食器棚のガラス戸の中の幸福の鳥だった。コックリコックリと音もなくお辞儀をし、定期的に水を飲むしぐさをする。ボクは見ていて飽きなかった。いつ水を飲むか、タイミングを当てるのがおもしろかった。

お辞儀が深くなり、やっとのことで水を飲む。どれくらい見ていただろうか。いつの間にか座布団の上で寝入ってしまった。

ボクは谷の間に浮かんでいた。

眼下には白く迸る渓流。渓谷の間をピューッと移動する。清流に突き出した岩や川面をかすめ、木々の間を通り抜ける。風になって急上昇、急降下、思うままに渓谷を飛び回る。思っただけで行きたい場所に移動できる。スピードに胸がキューッと締めつけられる。体と意識が大きく膨らんでいく。自分の体がどんどん伸びて、渓流の岩に、水に、土に、そして周りの樹木に入り込み、溶け込んでいく。

意識が谷全体を覆う。体の先の部分が、川、岩、樹木、動物だ。自分の中で鳥が舞い、魚が泳ぎ、畑の作物が育っている。

流れ広がる意識は、木々や緑の葉や作物をやさしく包み、水となって魚たちを泳がせる。太古の意識に戻ったような懐かしい気持ちがよみがえる。

喜びにあふれ、幸せな気持ちでいっぱいになる。ひとりでに涙があふれて、目尻から耳に伝わり落ちるのを感じる。

ふと、意識が現実世界に戻った。意識の中に、大地と水と緑のエネルギーの余韻がまだ深く染み込んでいた。

帰りは谷底にある堀木さんの家を出て、再びバス通りまで登る。バスが来るまで時間がだいぶあるので、温泉街にある次のバス停まで母と歩くことにした。

空は明るく、陽光が燦々と降りそそいでいる。山側の崖は高く、道は日陰になって涼しい。ヒバリの声がはるか高い空からかすかに聞こえてくる。

少し行くと道端に石碑のようなものが建っていた。母が、「ここは犯人を追いかけてきた警官がピストルで撃たれて死んだところなの」と言った。

お祈りをして、また歩き出した。

崖をくり抜いたトンネルに入った。足音だけがトンネルに響く。あたりの空気が急に冷たく重く感じられ、突然、頭から背筋に戦慄が走った。

翌朝、ボクはまどろみの中をさまよっていた。

夢の中で、必死に走って逃げる犯人を追いかけている。やっとのことで犯人に近づいたと思うと、銃口がこちらを向いていた。次の瞬間、銃が火を吹いた。衝撃があり、目の前が真っ白になって倒れた。

（まさか、自分はここで死ななければならないのだろうか。そんなバカな！）

徐々に気が遠くなっていく。ひたすら悲しい気持ちに包まれながら、目が覚めた。

初めての本

祖父母と本校で暮らす姉には毎年誕生会があったが、ボクにはなかった。うらやましいと思ったこともあったが、そもそも生まれたくなかったのだから、別にめでたくもなく、どうでもいいことだった。昼も夜も教鞭を執っている母には、そんなことをする余裕がないのもわかっていた。

母は、いつも一人でいるボクを不憫に思ったのだろう。2年生のとき、数人の友だちを招いて誕生会を開いてくれた。子どものころの記憶に残る、最初で最後の誕生会だった。

それまで友だちを家に呼んだことがなかったので、気恥ずかしく、落ち着かなかった。「おめでとう」などと言われても、当惑するばかりで何ともきまりがわるかった。

それでも母の手作りのカレーライスを食べて、トランプをして遊んだ。母に言われて、習い初めたばかりのバイオリンを弾く。照れながら「きらきら星」を披露して、初めての誕生会は何とか無事に終わった。

みんなが帰ったあと、気持ちが落ち着くとたくさんのプレゼントがあることに気がついた。ボクは友だちからのプレゼントなど初めてなので、ワクワクしながら一つひとつ紙を剥がしていった。

その中でいちばん惹かれたのは一冊の本だった。コナン・ドイルの『失われた世界』だ。古生代に絶滅したはずの恐竜が生き残っているという、アマゾンの奥地に探検に行く物語である。小学校に入ってから仲よしになった二人からのプレゼントだった。

小学校に入るまで読み書きを習う機会がなかったので、本を読みたいと思ったことはなかったが、この本だけは読んでみたいと思った。読み進むうちに夢中になり、話の中に入っていった。

臨場感あふれる内容に想像を掻き立てられ、ボクはそれが本当の話だと思ってしまった。一気に読み終えると、久しぶりに頭に心地よい疲れを感じて、ぐっすり寝入った。

夢の中でも『失われた世界』を読んでいた。

大胆な冒険家ロクストン卿がチャレンジャー教授たちを助けに行くと恐竜が出現する。自分がロクストンになったような気持ちになって読み進んだ。

途中から、本を読むのではなく、本当にアマゾンの恐竜のところに行ってみたくなった。本の地図を頼りに先に進もうとするが、入っていくことができない。目の前に太古の断崖が出てきそうなのだが、先に行こうとすると消えてしまう。

いくらやっても、断崖の上にある生きている恐竜の世界には行けなかった。地図のどの道を行こうとしても結局、本のページに戻ってしまうのだ。

(何だ、これは本当の話じゃないんだ)

そこで目が覚めた。窓の外からは恐竜の吠え声ではなく、小鳥のさえずりが聞こえてきた。本を好きになったのはこのときがきっかけだった。のちにコナン・ドイルの活動にも興味を持つようになったが、これが彼の著作との最初の出会いだった。

自転車の世界

何をやっても姉に劣るボクだったが、すっかりあきらめていたわけではなかった。学校の成績や稽古ごとではダメでも、何か一つ姉に勝てるものがあるといいなと思っていた。

チャンスは2年生のときに訪れた。

そのころ子どもたちの間で自転車に乗るのが流行っていて、従姉妹三人が練習をはじめたのをきっかけに姉もはじめた。

三人が自転車を両脇と後ろから支え、一人が乗って練習するのだ。最年少のボクは相変わらずあぶらっこだった。見ているだけで自転車には乗せてもらえない。もっとも、乗っていたのは大人用の大きな自転車だったのであきらめてはいた。

そのうち姉が祖父母にお願いして子ども用の自転車を手に入れたので、ボクもそれで練習できるようになった。練習する場所はたいてい祖父母の家の近くの中学校のグラウンドだ。ボクが住んでいる分校からは遠かったが、頑張って放課後に通うことにした。初夏の風が吹きわたるさわやかな校庭では、たくさんの子どもたちがクラブ活動をしていた。

ボクたちは邪魔にならないように、グラウンドの隅の土手に沿った場所で練習することにした。初めはお互い支えてもらいながらよろよろ乗っていたが、そのうち面倒になり、持ち時間を決めて一人ずつ交代で練習することにした。

何とかして乗れるようになりたい……ボクは毎日、朝から晩まで、授業中も自転車のことばかり考えていたら夢を見た。

夢の中では軽快に風を切りながら自転車に乗っていた。隣に知らないお姉さんが一緒に走っている。追いついたり追い越されたり、同じ方向に回ったり反対方向に回ったりしながら、夢の中ではボクは自転車を自由に操っていた。

数回目の練習の日、2、3歳年上の知らない女の子がいて、一所懸命にペダルをこいでいた。よろよろといかにも頼りなさそうで危なっかしい。スピードが遅くなるとグラグラして今にも転ぶのではないかとハラハラするが、倒れそうで倒れない。

（そうだ、これだ！　それまで倒れることを恐れて、バランスばかりを気にして前に進める努力を怠っていたのだ。速く進むようにすれば安定して倒れなくなるのではないか）

すると、頭の中で自分がスイスイ自転車を運転している姿が浮かんできた。そこに姉と従姉妹たちが来た。

「どお、乗れるようになった？」

すぐには答えられなかったが、もう一度聞かれたとき自分を励ますように、「うん、乗れるようになったよ」と答えた。

「うっそー、さっきまで乗れなかったのに。そんな急に乗れるわけないでしょ」

たしかに乗れるとは言ったものの、ボクも葛藤していた。

（大丈夫とは言っても、今まで一度も一人で乗れなかったのだから、ダメかもしれない。でも、この瞬間を乗り越えられなければ、いつまで経ってもできないのだ。そうだ、たった今できるようにしよう）

従姉妹や姉が見ている前で、ボクは勢いよくペダルをこぎ出した。

力を入れてペダルをこぐたび、車体が左右にゆれる。それでも力を入れてこぐとスピードが上がり、ゆれながらも前に進んで安定してきた。さらに加速すると自転車は真っ直ぐに走って行った。

（やった〜、乗れたぞ〜！）

従姉妹と姉が驚きの眼差しで見ているのを目の隅で感じていた。しかし目の前に突然、別の自転車が現われ、ボクは曲がるときのバランスの取り方をまだ知らないことに気がついた。どうしようもない一瞬があって、その自転車の前輪に突っ込んだ。

ガッシャーン！　両方とも倒れ込んだ。相手がすぐ「ごめんなさい！」と言った。彼女は先ほど、暗に乗り方のヒントを教えてくれた人、そう夢の中のお姉さんだったのだ。

ボクは「すみません」と言ったが、こころの中では小躍りしていた。

（やった〜！　とうとう、お姉ちゃんより先にできたぞ！）

ひとたび自転車に乗るコツをつかむと、あとは簡単だった。

短い間にいろんなことができるようになった。右に曲がったり、左に曲がったりはもちろん、ほどなく手放しでも走れるようになった。クラスではそのころ、まだ自転車に乗れる子は少なかった。

自転車のおかげでボクの世界は広がった。行動範囲が広くなり、しかも短時間で行くことができるようになった。学校から帰ると、自転車であちこち行くことが主な遊びになった。

学校にも乗って行きたかったが、小学校は自転車通学を禁止していた。でも、ボクはいいアイディアを思いついた。小学校の近くに温麺工場をしている本家がある。そこで預かってもらえばいいのだ。

本家の門をくぐると左手の築山を中心に日本庭園があり、その次に茅葺きの大きな母屋がある。母屋の奥にはなまこ壁の立派な蔵があり、ここには白キツネからもらったという家宝の短刀がしまわれている。

日本庭園と母屋の間には石畳の小道が続き、その奥の敷地内には川が流れていた。ボクは自転車を川のそばにある物置小屋に置かせてもらえることになった。川沿いをぐるっと戻ってきて橋を渡ると、ボクの自転車が置いてある小屋まで敷地を一周することができた。

ボクが入った女の子は？

夢の中で本家にいた。

でも、何か建物の様子が違う。ずいぶん前の年代だという気がした。水車小屋は幼いころの記憶にはあるが、今はもうなくなったはずだ。

ボクは小さな女の子になっていた。３歳くらいか。

川の周りで子どもたちが遊んでいて、川に続く石段を登ったり降りたりしている。川をまたぐように建てられた小屋の床の一部は開くようになっていて、そこから足を伸ばせば流れに触れることができた。

澄んだ流れは速いが、さほど深くはない。ときおり上流からいろんなものが流れてくる。多くは木の葉のようなゴミだったが、ときにはウメやスモモや野菜などが流れてくる。それらが行ってしまわないうちに、できるだけたくさんつかまえる遊びをしていた。

野菜や果物を手に入れると平気で食べてしまう子がいる。ほかの子たちが流れ着いたものを食べるのを驚いて見ている自分は、地元の子ではないという感じがした。

続けざまにアンズが流れてきた。子どもたちは争って拾った。自分も一つ手にしたが、食べようとはしない。地元の子がどうして食べないのかと言う。しばらく躊躇していたが、不承不承口に入れた。

数日後、また同じ夢の続きを見た。

女の子のボクは床に就いていた。お腹がチクチクしてとても痛苦しい。お医者さんが診察にきて、薬を飲ませてくれた。でも具合はわるくなるばかりだった。

女の子は苦しいやら寂しいやらで、お母さんを呼んで泣いた。やっとお母さんが駆けつけてきた。その人の顔を見て驚いた。ボクのおばあちゃんだった。そのとき、女の子のボクはすでに虫の息だった。

祖父母には三人の娘がいたが、みんな幼くして亡くなったと聞いていた。でも、どのようにして亡くなったかは知らなかった。

あるとき祖父母に何気なく聞いてみた。すると当時、祖父母たちは他県で生活していたが、本家に帰省したとき、次女が疫痢になって急死していたことがわかった。

あとの二人も亡くして、子どもがいなくなった祖父母は、20歳違いの妹であるボクの母を養女にしたことがそのときわかった。ボクがおばあちゃんと呼んでいる人は、実はボクの伯母だったのだ。

それまで本家の夢など見なかったのに、自転車を置くために出入りすることがきっかけになったのだろうか。

奇怪な話をする先生

ボクは、周りからはおとなしく内気なタイプの子どもだと思われていた。自分でも人が多いところやにぎやかなところは苦手だった。

どのグループにも所属感がなく、居場所がない思いがして、現実生活に積極的に参加しようという気にはなれなかった。おまけに精神的にも敏感で、思っただけで何かを引き寄せ、その影響を受けやすかった。

小学校3年生のときの担任は女性だったが、男っぽいというか、大雑把で繊細さに欠ける先生だった。奇怪なことが好きで、死霊やお化け、妖怪などの話を好んでする人だった。先生が話をはじめると、ボクの体とこころは共鳴して話の中の人物に入ってしまうのだ。

あるとき先生は、山に入って「神隠し」に遭い、行方不明になった女の子の話をはじめた。どんなに探しても見つけられず、結局出てこなかったという。

先生が話を続けていると、ボクは胃や体のあちこちがチクチクと痛み出し、首や肩が硬くなって頭痛がし、背中がズシーンと重くなり、吐き気がしてきた。全身が恐怖と寂しい気持ちに包まれる。山の中にいて、周りを草や木々に囲まれている気配を感じる。

（神隠しじゃないよ。私はここにいたのよ。探してほしかったの）

悲しい無念の思いがズーンと伝わってきた。今はこの世にはいないという感じがした。そこがどこなのかを知ろうとした。でも、わからなかった。知りたいと思いながらも、本当は怖くて知りたくなかったのかもしれない。

先生に気分がわるくなるから気味のわるい話はしないようにお願いしたが、先生はただ笑っているだけだった。

あるとき先生がまた奇怪な話をはじめたので、いやな気分になった。ボクは先生に気持ちがわるくなったと訴えた。

「じゃあ、便所に行ってきなさい」

(そういう意味じゃない。別に吐きたいわけじゃないんだ)

しかたなく便所に行った。だいぶ時間が経って落ち着いたが、誰かが様子を見に来るでもない。教室に戻ってみると、先生はまだ楽しそうに不気味な話を続けていた。

先生はおりに触れて気味のわるい話をしたが、少しずつ不気味な話にも慣れてきた。話のネタが切れて、作り話が多くなったせいもあったのかも知れない。でも、この先生のおかげで過敏な神経が幾分鍛えられたようだった。

ピクニックで見た夢

町を流れる白石川の上流に蛇淵《じゃぶち》と呼ばれている深い淀みがあった。その上の崖に大きな鉤爪で引っ掻いたような跡が残っている。

大昔、大嵐のときに上流から大蛇が流されてきた。そのころはヘビにはまだ足があった。

淵まで流されてきた大蛇は、最後の力を振り絞って断崖に爪を突き立てたが、力尽きて流されてしまったという話だ。

今でもその大蛇の爪痕とされるものが残っている。近くには砂防ダムの滝があり、その一帯は町の人たちの水遊びやピクニック、キャンプを楽しむ場所となっていた。白石城のお堀の取水源もその近くにあった。

当時、祖父母のところではユウ子お姉ちゃんという中学生の女の子を預かっていた。ボクはユウ子お姉ちゃんが大好きだった。居場所がなく、卑屈なボクの気持ちをよく理解してくれた一人で、困ったり失敗したときは、いつも援助の手を差し伸べて励ましてくれた。また、姉とケンカしたときも味方してくれることがあった。

ボクはユウ子お姉ちゃんに自分と同じ陰の部分を感じていた。ユウ子お姉ちゃんも小さいとき、辛い思いをしたのではないかなと思った。

小3の春、蛇淵まで飯ごう炊さんをしに行った。メンバーはボクと姉、中3のユウ子お姉ちゃんとその級友三人、そしてユウ子お姉ちゃんの担任の先生だった。その日は、やさしく気さくな人たちに囲まれてとても楽しい時間を過ごした。

蛇淵は町から少し離れているので、みんなで自転車で行った。食材や鍋、飯ごうを積んで自転車をこぎ、道が荒れているところでは降りて押して進んだ。

ボクはユウ子お姉ちゃんの担任の先生と並んで、周りの景色を楽しみながらゆっくり自転車を押していった。先生はなかなかのハンサムで、生徒をピクニックに連れて行くほど面倒見のいいやさしい人だった。

「いい先生が担任でよかったね」とユウ子お姉ちゃんに言うと、彼女はうれしそうに微笑んでいる。

「あの先生、あだ名あるんだけど、わかる?」とユウ子お姉ちゃんが聞いた。

「そうだなあ。何だろうなあ?」

「石鹸美男子っていうのよ!」

「どうしてそうなったの?」

「けっこう、いい男でつるんつるんしてるでしょ」

「そう言われるとそうだね」と二人で大笑いした。

ユウ子お姉ちゃんたちが料理を作っている間、姉と一緒に石を投げて水切りをしたり、川に入って水遊びをしたりした。

お姉さんたちが作るカレーのスパイスの香りが、川まで漂ってきて食欲をそそる。飯ごうで炊いたご飯は少し焦げてしまったが、戸外で食べたせいか、とてもおいしかった。たくさん食べたら眠くなってきた。

ユウ子お姉ちゃんが、「ジョー、眠いんならお姉さんの膝で寝な」と言ってくれた。川のせせらぎを聞きながら、ボクはユウ子お姉ちゃんの膝を枕に横になった。

夢で車を運転して国道を走っている。

大きな交差点を過ぎ、右に池を見ながらさらに進むと上り坂になった。アクセルをふかして登る。向こうから近づく車に見知った人が乗っている。すれ違いざまによく見ようとちょっと振り返ったが、確認できないまま過ぎてしまった。

正面に顔を戻すと、前の車が急にスピードを落としたため か目の前に迫っていた。あわててブレーキをかけ、ハンドルを左に切って避けようとしたがすぐには止まらない。

（まずい！　土手から落ちる！）と思ったときは遅かった。

戻そうとハンドルを右に切ったときと、左のタイヤが路肩を踏み外したのは同時だった。車は左に傾き、あとは天と地が引っくり返り、土手の斜面をごろごろ回転して落ちるのを感じた。

（まさか、これで死ぬのか。まだ、することがたくさんあるのに）という逼迫した思いが伝わってきた。運転している人はユウ子お姉ちゃんのことを気にかけているという感じも伝わってきた。

笑い声で目が覚めた。みんな楽しそうだ。清流のせせらぎの音は相変わらず続いている。

眠っていたのは短い間だったのかもしれないが、怖い夢だった。強い無念の思いが、余韻となってボクのこころに漂っていた。

数カ月後、ユウ子お姉ちゃんの担任が交通事故で亡くなったというニュースが入った。聞いてみると、石鹸美男子ではなく前年の担任だったそうだが、ボクが夢で見た事故の状況と同じだった。

この先生は、複雑な家庭事情のユウ子お姉ちゃんのことをとても気にかけていたということだった。

蔵王のスキー

蔵王の麓にあるボクの町は、冬はもちろん雪が降り積もる。しかし、奥羽山脈でも太平洋側なので日本海側よりははるかに雪は少ないし、頻繁ではない。深く積もったといっても、せいぜい30～40センチ。根雪になることはなく、数日で融ける。

雪は子どもたちの遊びに変化を与えてくれる。雪合戦、雪だるま、かまくら、スキーやソリ。市街地で遊ぶスキーは、ゲレンデで滑る本格的なスキーとは違って竹スキーだ。

太いモウソウダケを数センチ幅に割って、長さ50センチ前後に切る。竹の節が靴のストッパーの役割を果たすので、長靴のかかとの前縁が節の出っ張りに引っかかるように位置を調節しながら切る。

次に、先から10センチくらいのところを火で炙り、曲げて上に反らす。竹の外側の青い部分を削り取ったら完成だ。

滑るときは、スキーに乗って長靴のかかとを節に引っかけて雪の傾斜を滑り降りる。転ばないように、ひたすらバランスを取るだけ。ストックは使わない。平衡感覚を鍛えるのにとてもよい。

ソリは、座る板底の両サイドに脚にする厚板を2本取りつけ、その底に竹スキーを打ちつける。竹は青い表皮がついていると滑り止めになってしまうので、初めにナイフやヤスリで削るか、わざと砂利と雪が混じった粗い地面を滑って青い部分を削ぎ落とし、滑りやすくしてから使う。

冬になると、各家では父親やお兄さんが竹スキーを作ってくれる。ボクには作ってくれる大人がいないので、裏の竹やぶで竹を切って自分で作っていたが、曲げる部分がうまくきれいにできなかった。

でも友だちが、町の器用なお兄さんが作り置きして売りに出しているのを見つけてきてくれた。お兄さんはワンセット30円で売ってくれた。

竹スキーをランドセルに差し込んでおいて、学校帰りなどに雪が積もった坂道を見つけては滑って遊んだ。

滑っていると雪はしだいに固まり、ツルツル、テカテカになってしまう。大人たちがそこを通って転びそうになると、「この餓鬼めら！　道路の雪かだめだら、歩ってる人転ぶがらあぶねべ」と叱られることもあった。でも大人が行ってしまうと、めげずにまた滑った。

スキー場に行って、本格的なスキー板を履いたのは小学校1年生の冬からだった。それまでは竹スキーをしていたので、ゲレンデで本格的なスキーをしたときは何と楽かと思った。足を上げてもスキーが一緒についてきてくれるし、新雪で多少沈んでも動けなくなることはない。転ぶとき以外は外れる心配もない。

一方、ゲレンデでは竹スキーはまったく役に立たなかった。雪に触れる面積が少ないのでズブズブと沈んでしまい、靴から離れてまったく滑るどころではない。

感心したのは、ゲレンデの近くに住む山の子どもたちだった。長いシノダケを数本、横に紐で編んで束ねて簾《すだれ》のような幅広の竹スキーを作り、束ねた紐の先を手に絡めて手綱のように操って滑っていた。

これだと歩いて移動するときも、スキーについた紐を持って引きずっていけば担がなくても運べるので便利だ。

あるとき、高校の美術教師をしている長助伯父がスキーに連れて行ってくれた。伯父は、男性が少ないボクの親戚では貴重な男性の一人だった。

その伯父も、兄弟11人のうち男は長兄と伯父の二人だけ。祖母に言わせると、兄弟姉妹たちに大切にされ、甘やかされて楽天的に育った人だという。

祖母が勉強のため東京にいたころ、伯父はどうしても絵描きになりたくて、家出して祖母のところに転がり込んできたという。

女性の裸体画ばかり描いて部屋中に貼っているので、祖母が友人から絶交されたり、家から送られてきた家賃などのお金を高価なフランス製の絵の具に使い込んだりして、ずいぶん叱られたこともあったようだが、明るくめげない人だった。

白キツネが感謝のしるしにと本家に残していった家宝の白い短刀を、近所の子たちとチャンバラをして折ってしまったのもこの長助伯父である。

伯父の子どもたち三人もまた女の子ばかりだったので、伯父はときどき冗談ごかしに、「ジョーは、伯父さんのところの息子にならないか」と言ってボクを可愛がってくれ、機会があるごとにいろんなところに連れて行ってくれた。

酒好きで、酒を飲むとさらに絶好調になった。夏に海水浴に行っても一緒に泳いでくれるわけではなく、近所のおじさんとカニを肴に盃を傾けて気持ちよくなっているのだ。ボクはしかたなく従姉妹と海に入った。

その冬、伯父の高校教師仲間とその家族の一行で、蔵王の中腹にある峨々温泉に一泊した。子どもは伯父の娘とほかの先生の子ども三人で、みんなボクよりも年上だった。

バスの中、お兄さん二人とその妹は元気で口達者で、三人でやり合っている。ときどき親たちにも矛先が回った。

ボクは彼らの大人をも恐れない会話に圧倒されていた。宿に着くと大人たちは宴会だ。ボクはお兄さんたちと中座して宿の温泉に行った。

他の人たちがいないので、お兄さんたちは大浴場で水泳をはじめた。それがまた上手で速かった。ボクは泳げないし、彼らの勢いに心身ともに気後れしていた。

伯父さんは宴会で盛り上がって帰りが遅いので、ボクは従姉妹と先に部屋に行って床に就いた。

夢の中でボクはスキーをしていた。

小さなゲレンデだったが、たくさんの大人たちに混じって元気にスイスイ滑っている。斜面に平行に一列に並んで、登りながらゲレンデを踏み固め、上の人から順に滑る。竹スキーのような強引な滑り方ではあったが、ボクは誰よりも大胆に滑り降りていた。

一方では、（そんなわけないよな。立派な大人たちがこんなにたくさんいるし、子どもたちだってみな年上で上手そうだし、これはやっぱりただの自分の希望の夢なのだろう）と思っている自分がいた。

翌朝、宿の食事を終えるとみんなでスキー場に向かった。スキーを担いで雪道を歩くのは難儀だ。雪道を30～40分くらい登ってやっと着いた。

ゲレンデはわりと小さく、思いのほか傾斜が急だった。リフトもロープウェイもない。意外なことに大人たちはほとんどが初心者だった。

竹スキーをしたこともなく、初めて本格的なスキーを履いた人たちはうまく滑れないどころか、歩いて移動するのもままならないようだった。

昨日までは元気で威勢がよかったお兄さんたちも実は初心者で、思うようにいかなくて転んでばかりいる。しまいには兄弟ゲンカをはじめてスキーを止めてしまった。お姉さんは山酔いの頭痛？　で参加できずじまい。

ボクだけが初めから終わりまで軽快にスイスイ気持ちよく滑ることができた。長助伯父さんはと見ると、みんながスキーをしている傍らで樹氷の絵を描きながらウイスキーを傾けていた。

メガネガイコツの影響

新学期になるとクラス替えがあるので、子どもたちの間では誰と一緒になったとか、誰が担任になったかが話題になる。

小学校は二年ごとにクラス替えになり、二年間は同じ先生が担任をする。しかし4年生になったとき、なぜか担任の先生がかわった。しかも男の先生だった。男の先生は初めてだ。ボクは、女の先生に比べると男の先生は怒られたり叩かれたりして怖いんだろうなと思った。お殿様の家に遊びに行くと、お姉さんたちが学校の話をしていた。年長なので小学校の多くの先生についてよく知っている。

「ジョーの先生は誰だった？」

「うん、4年だから本当は去年の先生がそのままでかわらないはずなんだけど、今回はどういうわけか違って、新しく男の先生になったんだ。大室っていう先生だよ」

「えっ！　あのメガネガイコツ？」

それを聞いてちょっと怖くなった。男の先生でしかもあだ名がガイコツだなんて、不気味で恐ろしい印象しかない。

「怖い先生なの？」

「別に、ぜんぜん怖くないわよ」

「じゃあ、どうしてガイコツなの？」

「あの先生、やせて骨ばって、メガネかけてるからそういう名前になったのよ。真面目でとってもやさしい先生よ」

書斎からお殿様が出てきた。

「大室先生か。あの先生の専門は理科で、いろんなことを知っているし、見かけによらずユーモアのセンスもあるから、授業はおもしろいと思うよ。几帳面でとってもやさしい人だよ。よかったね」

やれやれ、ぼくはひと安心した。

新学期のことを考えていたら、授業の夢を見た。理科の実験で、イモをおろして水溶液を作っている。試薬を垂らすと色が青紫に変わって、溶け込んだ成分の反応があった。先生が「誰か、その水溶液を口に入れて、それをまた試験管に戻しなさい」と言う。試験管の溶液を口に入れるなど、みないやがって誰もしようとしなかった。

しばらくして一人の男の子が、「俺、やります」と言った。その子はクラスにいない知らない子だった。3年から4年になるときはクラス替えをしないので、知らない子がいるのは不思議だ。男の子は水溶液を口に含んだあと、もとの試験管に戻した。

「先生、やりました」

「よ～し、じゃあ、また試薬を入れて調べてみるぞ」

先生がその溶液に試薬を入れた。でも溶液の色は変わらない。

「あれ、今度は色が出ない。手品みたい」

「いや、これは口の中の唾液の働きだ。溶液の中の成分が唾液の酵素の働きで別なものに分解されたからだよ」

大室先生の授業はこれまでの女性の先生と違って、気持ちわるい奇怪な話などもせず、気分にもムラがなくていつも冷静なので、落ち着いて聞いていられる。

理科の授業ではよく実験をしてくれて、お殿様のように論理的・科学的に説明をしてくれるので興味深く、引き込まれるように話を聞くことができた。ボクはメガネガイコツ先生が好きになった。

まもなくクラスに転校生が入ってきた。同じ町の別の小学校からだった。その顔を見て驚いた。

（待てよ、この子は…？　そうだ、夢の中で進んで実験に参加した子じゃないか）

色白でスラッとしていて賢そうだった。

クラスにその子と近所の子がいて、彼と親しいと言う。そして、「新しく転校してきた子は頭はいいし、とても腕っ節が強いんだぞ。ケンカで負けたことないんだ。みんなだって全然敵わないよ」と言うと、クラスの子どもたちはみなカチンと来たようだった。

「そんなふうには見えねえな。じゃあ、誰かとやらせろよ」

「そうだ。そうだ」

「ジョー、お前やっつけちゃえよ」

みんなボクの名をあげて口々に急き立てる。

ボクはその子に対してわるい印象は持っていなかった。敵対心も恨みもないし、戦いたくない。その子も別に争いたくなさそうだった。でも、周りの子どもたちは決着をつけなければ納まらない雰囲気だった。

「下になって押さえつけられたら負けだぞ」

しかたなくボクはその少年と取っ組み合った。ボクは何度かその子を投げ飛ばし、最後はボクが上になり、相手が動けなくなって勝負がついた。

昼休み、ボクはその子に近づいて話しかけてみた。恨みに思っている様子はなかった。それ以来二人は仲よくなり、のちのちまでもよい友だちになった。

メガネガイコツ先生は、たくさんのおもしろい実験をして見せてくれた。ボクが自然科学を好きになったのは、お殿様とこのメガネガイコツ先生の影響が大きい。他の科目には無関心でいいかげんだったが、おかげで理科だけはいつもいい成績だった。

川からの脱出

小学校4年生の夏の昼下がり、ボクは祖父母や姉のいる本校に遊びに行った。姉はピアノの稽古に出かけていなかった。裏通りで子どもたちの遊ぶ声が聞こえるので行ってみると、近所の女の子たちとその従兄弟の晴樹ちゃんだった。

晴樹ちゃんはボクより1学年上だが、とても大人びていて、陽気で快活な性格。隠れんぼや石蹴りでリーダーシップをとっていた。ボクが行ったときは、ひとしきり遊び終えたところでひと休みしていた。

彼は親から小遣いをもらってきたらしく、農家のおばさんから買った卵に穴を開けてすすっていた。

卵を生で食べることには魅力を感じなかったが、日々小遣いがもらえて買い食いができる晴樹ちゃんがとてもうらやましかった。

晴樹ちゃんは、何かおもしろいことがないかと周りを見回して、次の遊びを考えているようだ。庭を見渡すとリヤカーが彼の目に留まった。さっそく、おばさんに使わせてくれるように頼む。おばさんは初めは何度も断っていたが、熱心なおねだりに降参した。

子どもにとっては大きくて重いリヤカーのこと、一人で動かしたり操ったりすることはできない。そこで力のない女の子三人を乗せて、晴樹ちゃんがリヤカーの前を引き、ボクが後ろを押すことになった。

三人を乗せて、坂を上がったり下ったりして二、三回往復した。坂を上がるのは二人でないとできないが、下るのはうまく舵取りさえすれば一人でもできる。

次に上まで登ったとき、晴樹ちゃんが「女の子たちと一緒に乗ってもいいよ」と言ってくれた。「やった～！」とボクは喜んでリヤカーに乗り込んだ。

リヤカーが動きはじめ、少しずつ速度が増していく。

「もっと速く！　もっと速く！」

女の子たちが催促する。彼もみんなの期待に応えようと必死にリヤカーを押す。坂道なのでどんどん速度が増していった。乗客が一人増えて勢いがついているが、制御するほうは一人減っているのだ。

（これはまずい）

そう思ったときにはかなりのスピードになっていたが、乗っているボクは手伝うことができない。

（そうだ、もう少し行けば坂が終わって平らになる。そこまでうまく制御してくれれば、あとは徐々にスピードを落とせばいい。そこまでがんばってくれ）

祈りが通じたかどうかは知らないが、リヤカーは何とか真っ直ぐ走っている。安心したのも束の間、行く先に目をやれば人と自転車がこちらに向かってくるではないか。

晴樹ちゃんは避けようとしてリヤカーを左に寄せたが、そこには川からすくい上げられた土砂が一列に積まれていた。

（あ、そっちに寄らないで！）

その瞬間、路肩側の車輪が土砂に踏み込んだ。リヤカーは車輪を取られて90度急回転し、反対側の車輪も土砂に突っ込み川と対面する形になった。

勢いのついたリヤカーは両輪を取られ、梶取り棒を上にして一気に立ち上がった。晴樹ちゃんは突っ立ったリヤカーの梶棒にぶら下がって必死にもとに戻そうとするが、勢いのついたリヤカーを戻すことはできない。

直立して一瞬止まったかと思ったが、次の瞬間グラッときた。彼がやむなく梶棒をつかんでいた手を離すと、リヤカーは裏返しになりながら川に落ちていった。

乗っていた4人は川に放り出され、上からリヤカーが降ってきた。幸か不幸か、リヤカーは4人をすっぽり覆うような形で落ちた。

ボクは暗い水の中、降ってきたリヤカーの箱の部分が4人に覆い被さるのを感じた。何とか体を立て直そうと試みたが、真っ暗の中、リヤカーごと流されていてうまくいかない。放り出される瞬間から、ボクは奇妙な感覚にとらわれていた。実際、落ちたのは2メートルほどの高さにすぎなかったが、長い間、空間を漂っていたような気がした。

川に落ちたとき、ボクは異次元の空間に入っていた。そこは水の中なのに苦しくもなく、重くも軽くもなく、暑くも寒くもない空間だった。暗闇に覆われて何も見えない。

ふと振り返ると暗闇の中、プラチナの光が目に飛び込んできた。幼いころ、池に落ちたときに見たあの光だと直感的にわかった。すると今まで固まっていた体が動けるようになった。ボクは体勢を変えると光のほうに手を伸ばした。何かの手応えを感じて、しっかりとそれをつかんだ。すると力が湧いてきた。腕にぐっと力を入れ、さらに全身に力を入れた。

気がつくと、梶棒のつけ根をしっかり支えてリヤカーを川から起こしていた。女の子二人が水から頭をもたげて泣き出した。

ボクは流れに抗してリヤカーを支えながら、「早く出て！　向こうに！」と上流を指差して叫んだ。二人は泣きながらも立ち上がり、岸のほうに向かって歩き出した。二人がリヤカーから出ると、水の抵抗がズーンとのしかかってきて耐え切れずに手を離した。

（待てよ、そういえばもう一人いたはずだ）

もう一度リヤカーのほうを見た。リヤカーはどんどん流されて離れていく。田植えの時期の水位は一年中でもっとも高く、流れも激しかった。

それは不幸中の幸いだったのかもしれない。もし渇水期であまり水がなかったなら、川底に落ちたときに大ケガをしていただろう。リヤカーの下敷きになり、ひどいことになっていたかもしれない。

リヤカーは道路の下をくぐるトンネルの中に入っていった。そうなると、リヤカーに手が届いたところで何もできそうにない。しかたなくボクは川上に向って歩き出した。

そのころには騒ぎを聞きつけて人々が集まり、周囲は騒然となっていた。リヤカーの持ち主も駆けつけて、いちばん年下の２歳の娘がいないのに気がついた。落ちた場所を探しても見当たらない。

もしや、まだリヤカーと一緒に？　しかしリヤカーはトンネルの中だ。幼女はまだリヤカーの中にいるかもしれない。

ボクは責任を感じていた。リヤカーがトンネルから出てくるまで、とてつもなく長い時間に感じられた。でも一方で、生きるべき人はかならず救われるはずだという、そんな確信もあった。

リヤカーがトンネルから出てきたとき、母親がすぐに川に飛び込んで裏返ったリヤカーを持ち上げた。幼女が仰向けになって浮かんでいた。助かったのだ！

誰かが見てる？

その日の午後はボーイスカウトの集まりがお城山であったので、家に戻ったときはもう夕方近くになっていた。

職員室に寄ると母と二人の先生がいた。着替えるために自分の部屋に行こうとしたとき、母が「そのまま着替えないで。写真撮るから」と言い出す。

「来週、ボーイスカウトの発隊式があるから、そのときにたくさん写真を撮るんだ。今はいいよ」

「いいから、いいから、早く門のところまで行って」

「門まで行かなくたって、玄関でも庭でも、近くにいいところがたくさんあるのに」

「早く、早く」

周りにいる先生たちまでボクを促し、連れて行こうとする。

「ママは撮らないの？」

「いいから、いいから」

二人の先生にむりやり門まで連れて行かれた。

ボクはしかたなく門の前に立つ。すると道を隔てた和裁の校舎の木戸が開いて、長助伯父が出てきた。

「やあ、写真を撮っているのか。いいね。たくさん撮ってもらいなさい」

その日は朝から変だった。登校や下校のとき、ときおり町の角で誰かに見られているような感じがするのだ。振り返っても誰もいない。

でも、姿は見えないが、人の目線をたしかに感じていた。家に戻れば、みんなの態度がわざとらしい。

（もしや、父が見に来ているのではないだろうか）

父は母と別れるとき、「以後、子どもたちにはいっさい会わないように」と祖父母に言われていたようだ。

でも、もし父が会いたくなったとしたら？　周囲の人たちには、祖父母と父の両方の気持ちがわかるだろう。

長助伯父なら父に同情して、ボクの元気な様子ぐらいはそっと見せてやろうとするかもしれない。

その日から数日間の夢は悲しく切なかった。

ボクは父の体の中から外の景色を見ていた。下校途中の角かどで、物陰からボクが歩く様子を見ている。

長助伯父に会って、ボクに直接会えないかと相談している。しかし、伯父は祖父母の手前、会わせることはできないと言う。

でも、何とか元気な姿を見せてやろうとのことだった。そして、通りを隔てた反対側の和裁教室の庭の木立に隠れて待つように言った。

塀越しに木陰に隠れて見ていると、二人の若い女性の先生とボーイスカウトの格好をしたボクが出てきて、門柱の前に立って写真を撮っているのが見えた。

（大きくなったなあ。元気そうだ。ここから出て行きたいが、できない。ああ、すぐ目の前にいるのに……）

うれしいような、悲しくて空しいような、後悔と切ない無念の気持ちが伝わってきた。それが何日か続いた。

それからボクは、父に捨てられた、見放されたという考えはもう止めようと思った。

白ヘビと黒ヘビ

蔵王連峰に発する白石川の清流は、白石城の内堀や外堀として引き込まれ、さらに南の丘陵地域から出る支流として町全体を潤し、動植物をも育んでいた。

戦後、祖父母が台湾から引き揚げてきたばかりのころは、裏山ではキツネが鳴いていたというが、ボクが物ごころつくころにはもういなかった。でも、タヌキはよく屋敷内に出没していた。

鳥たちの鳴き声は季節を知らせる。東北の遅い春、ウグイスが春の到来を告げるのは3月末の卒業式のころだ。5月末、若葉の緑が濃くなると遠い奥山からそよ風に乗って、今度はカッコウの声が夏の訪れを知らせる。秋には山鳥の声が村雨に濡れる紅葉にこだまし、ケーンケーンと寒空にキジが鳴くと冬を感じた。

ボクは応接間や縁側のガラス越しから、そんな季節を伝える鳥たちを観察しているのが好きだった。

このあたりにはヘビも多かった。田や畑、雑木林や近くの山などによく出没した。ヘビがたくさんいることから、ヘビ沼という名前のついている場所が近くにあった。ヘビが出て捕獲すると、ヘビ沼に行って放したりした。

祖父母の屋敷の近くにもヘビがたくさん住んでいた。サクラの季節が終わり、暖かい初夏のころになると盛んに出没する。青大将と黒っぽいシマヘビ、そして、地元ではアカヤマと呼ばれているヤマカガシが主だった。

屋敷内には「ヌシ」と呼んでいた立派なヘビが二匹住んでいた。

ボクが3歳の夏、みんなでお墓参りから帰ってきたときだ。屋敷の塀沿いにはノウゼンカズラが真昼の太陽に照らされてオレンジ色に輝いている。

（おや！　何か真っ白いものが門を塞いでいるぞ）

近づいてみると、それは太くて長い純白のヘビだった。幼いボクにとって、それはそれは巨大なヘビだった。ヘビが門を横切ると、門柱の両端まで届いていたので2メートルはあったと思う。

燦々と輝く太陽に体を露わにして、日光浴でもしているかのようだった。みんなが近づいても動こうとはしない。よく見ると、頭に近い部分が異様に膨らんでいる。どうやら、何か小動物を飲み込んで間もないようだった。

人気を感じたのか、ヘビはおもむろに動きだす。重そうな体をややもてあましながら、見てくれと言わんばかりにゆっくりと移動し、塀のそばのシノダケの茂みに姿を消した。

ヘビはこのあたりでは崇められ、大切にされていた。二軒隣のお殿様は、「ヘビは神様のお使いで、屋敷の主。家を守っているのだよ」と教えてくれた。

それからはヘビが怖くなくなったばかりでなく、親しみを持つようになった。白いヘビはもともとはアオダイショウで、なんらかの原因で色素がなくなったものらしい。

屋敷にはもう1匹、黒っぽいシマヘビがいた。たまに屋根の上や軒廂《のきびさし》のあたりを徘徊していた。廂の空気抜きの穴から天井裏に出入りしているのを見かけたことがある。白ヘビよりは少し細かったが、これも2メートル近くはあった。

アカヤマは庭で見ることが多かった。ツツジやハイマツなどの低木や草花の間を縫うように、赤い派手な横腹を見せびらかしてはときおり散歩を楽しんでいるようだった。

白ヘビや黒ヘビが屋根裏で動き回るとき、その重さに天井がミシミシと音を立てる。お殿様によるとネズミを獲るのだそうだ。

お殿様の屋敷では、家を守ってくれているお礼に年に一度、天井裏のヌシに御神酒を差し上げているということだった。

ボクが小学校4年生のときだった。梅雨も明けたある日、学校から家に帰る途中、祖父母のいる本校の屋敷に立ち寄った。寒くもなく暑くもない、生ぬるい感じの日だった。

庭を横切ってさらに斜面を登って行くとヤマブキが咲いていた。お稲荷さんの祠を抜けたところで、何かいつもと様子が違うことに気がついた。生ぬるく、ふわふわしらじらとした異様な雰囲気だ。

不気味だが、暗く寒くジメジメしているわけではなく、妙に明るい。初めはなぜかわからなかったので、周りをもう一度よく見回した。

そこには今まで見たことがないような花が咲いていた。モウソウダケの根もとから稲のような長い茎が伸び、穂の部分にふわふわした白い花がゆれている。竹の花だった。

竹林の低い部分が明るく、白く、ふわふわした花がゆれ動いて、不気味な雰囲気を醸し出していたのだった。

竹の花はめったに咲かないという。俗に「竹に花は凶のしるし」といい、よくないことが起こるとされる。

昔は竹に花が咲くと、その年は自然災害や飢饉、災厄が起こったとお殿様に聞いたことがあった。実際に見てみると、本当に何ともいえない不気味な花だなあと思った。

何週間か後、下校途中でまた本校に寄った。お手伝いさんが、「今日は、おっきなヘビが出できておったまげだ～」と言う。

祖父のところに飛んで行った。

「それで、ヘビはどうなったの？」

「庭師の棟梁が獲って殺して、川に捨ててしまったらしい」

祖父はこころなしか元気がなく沈んでいるように見えた。ボクは大急ぎで川に行ってみた。田植えも終わり、田んぼに水を送るために水嵩が増して深くなった川は滔々と流れていた。よく目を凝らしてみると、川底で大きな白い蛇が水の中で波打っているのが見えた。体の一部が何かに引っかかって半分に折れ、なびくように流れにうねっている。生きている気配はなかった。

（ヘビは何もわるいことをしてないのに。どうして誰か止めてくれなかったのだろう。そうしたら、こんなことにはならなかったのに）

とても悲しかった。

それから夢に何度も白ヘビが出てきた。真っ暗い中に白ヘビしかいない。こちらを見て狙いをつけると、体を低く構えてからはずみをつけて猛スピードで襲いかかる。こちらが退くまで何度も繰り返し襲いかかってきた。そして怒りと恨みの目でこちらを見る。

お殿様が、ヘビは気が弱い人に祟ると言っていたことがあった。昔、ヘビが殺されるのを見てかわいそうと思ったら、熱を出して病気になってしまった人がいたという。また、殺しても水に投げ入れると生き返るとも。

だから、「もし殺すなら、憎いと強く思って必ず頭にとどめを刺さなければならない」ということだった。

でも、ボクには罪のない白ヘビが気の毒に思えた。恨み言を伝えに出てきても、しかたがないと思った。

それ以来、白ヘビはときどき夢に出てきた。あの庭師の棟梁は大丈夫かなと心配になった。その夏の終わりころだった。庭師の棟梁が事故で急死したという知らせが入った。棟梁は働き盛りだった。

その後、祖父母の学校が火事になった。その夜はボクも現場にいた。午後8時ごろ、テレビを見ていると縁側のほうが明るくなり、バリバリと枝が折れるような音がした。出て見ると、校舎に来ている電線の根もとから2メートルほどの部分が真っ赤になってブーンと振動しており、碍子《がいし》を支えている支柱に火がついて燃えていた。そして瞬く間に校舎の軒に燃え移っていった。

すぐに消防署に電話をしたので、建物の一部を焼いただけで全焼はしないで済んだ。

何がどのようにかかわっているのか、はっきりしたことはわからない。でも、白ヘビはたしかに強い念の力を持っていた。

ヘビは龍神様のお使いで水を司るといわれているから、水の守りがなくなって火を防ぐことができなくなったのかもしれない。

B29の墜落

五月晴れの休日の朝、母が学校の職員と生徒有志で南蔵王に行くから、一緒に行かないかと言う。

南北に走る奥羽山脈、その中央に位置する蔵王連峰の中ほどから南に縦走するのだ。こんなにいい天気だし、何かおもしろいことはないかなと思っていた矢先である。行かない理由はない。

南蔵王のコースはあまり行く人がいないので未開の大自然が楽しめるが、それだけに森の中に入ると熊なども出るそうだ。

以前、先生と学生の一行が熊に出くわし、生徒を守ろうとして先生が犠牲になったことがあったという。ちょっと怖い気もしたが、みんなと一緒に行くのだから大丈夫だろう。

母を含め先生10人、生徒20数人ほどの一行は、白石駅からバスに乗った。2時間近くバスにゆられ、刈田岳近くで下車して登山道に入った。道の脇にハイマツやササなどが生い茂っている。

以前、蔵王連峰を北方面に登ったが、南のほうは1700、1800メートル程度のいくつかの峰々で、さほど急な上りや下りはなく、歩くのは難しくはない。だいたいは尾根近くの道で見晴らしもよく、天気がよければ遠く会津や出羽の山々も見える。

二つ三つ峰を越えたあと、両脇が切り立ってちょっと怖い絶景の尾根道を行くと、最後のピークがあった。不忘岳だ。小さいころから名前だけはよく聞いていたが、これが蔵王連峰のいちばん南の峰だ。ここでひと休み。

不忘岳の山頂のあたりを歩いて探検してみた。付近に無数の銀色の金属の塊りが転がっている。赤黒く錆びた金属部品がハイマツの間にも見え隠れしていた。大自然の山のど真ん中には似つかわしくない人工物だ。

そういえば大人たちが話していたことがある。第二次世界大戦の末期、アメリカのB29爆撃機が日本を空襲したとき、蔵王に三機が墜落した。その慰霊碑を建てるため、アメリカ軍の大型ヘリコプターが蔵王と白石の間を頻繁に往復していたと。

白石にアメリカ軍の大型の双発ヘリコプター、バートル44が飛来するようになったのは2年前だった。飛行機や船が好きでプラモデルをたくさん作っていたボクは、ヘリコプターの爆音が聞こえるとよく追いかけて見に行った。

着陸する場所は市営野球場だ。お城山にある高校のグラウンドの隅の土手に座って下の市営球場を眺めると、球場の真ん中の円の中にヘリコプターは着陸していた。

機体の両端に大きな回転翼をつけ、長い胴体の途中がちょっと折れ曲がった独特の形をしたバートルがグラウンドに着陸すると、乗っている人たちが降りてくる。軍人が多かったが、スーツやドレスを着た民間人も混じっていた。ヘリコプターのはるか向こうに蔵王連峰が見えている。

ヘリコプターは毎日のように現われ、市民球場に降り立っては燃料補給をした。そこから蔵王に向かって飛んでいく。目で追っていくと、蔵王連峰のいちばん南の峰の上にごま粒のように見えることもあった。

墜落したB29の乗組員の慰霊碑を建立するために来ていたのだった。民間人は遺族だったのかもしれない。

ボクは目の前にある小さな無数の金属片が、そのときのB29のものだとわかると興奮した。

(あの話は本当だったんだ。これがB29のジュラルミンなんだ)

実際の証拠が目の前にある。おそらく高温で焼け爛れたのだろう。リボン状の銀色の金属の塊りは、半ば土に埋もれて無数に散らばっていた。ボクはその中から一つ大きな塊りを掘り出して、握りしめるとポケットに入れた。

B29が墜落したのは、ボクの小学校の担任が不忘岳の麓の山村に住んでいた小学生だったころで、先生は、「雪の日の夜、山が真っ赤に燃えるのを子どもごころに恐怖に怯えながら見ていたんだよ」と語っていた。

金属板の慰霊碑は、大きな石にしっかりとはめ込まれて空を仰いでいた。

不忘岳を越えると、あとは下りだった。樹木帯に入り、登山道以外は森が無限に広がっている。シラカバなどの樹木やクマザサがどこまでも密生して続いている。

降りていくほどに、早く歩く者と遅い者にいくつかグループが分かれてしまった。ボクはクマが出てきたらいやだなと思いながら、ときどきみんなと声をかけ合って下りを急いだ。

峰々の道よりも、最後のピークから麓までの距離がいちばん長く感じられた。歩くのに飽きてきたころ、やっと道路に出た。クマの恐怖と歩き疲れから解放されて、ボクはホッとした。

拾ってきたジュラルミンの塊りを見て思った。いかに戦争とはいえ、30数名の命が一度に失われてしまったのだ。搭乗員はどんな気持ちだったのだろう。

その晩、ジュラルミンを枕の下に入れて寝た。

夢の中、ボクは飛行機で夜の空を飛んでいた。レーダーを見ながら海岸線を飛んでいる。内陸に入り、川や鉄道線に沿って飛んだ。どうやら自分は飛行機の位置や進路の情報を収集する役目の搭乗員のようだ。

前の座席だったが、ときどき後ろの座席をのぞきに行った。後部座席では仲間が機銃を構えて敵機を警戒している。また前の座席に戻った。

川沿いの町を越えて山に差しかかったとき、機体が大きくゆれ出し、エレベーターが急下降するように落ちていく。どんどん高度が下がり、体は浮いて心臓がつかまれたようないやな感じと恐怖に襲われる。パイロットが機体を立て直そうとして格闘している。

(このまま落ちるのか。こんな知らないところで俺は死ぬのか。これでおしまいなのか)

恐怖と絶望感が伝わってきた。次の瞬間、ものすごい衝撃に襲われ、白い世界に入って目が覚めた。枕のそばにはジュラルミンの塊りがあった。

運命って決まってるの?

人が生きた足跡は、体験の記憶として残る。

でも、未来に起こることはどうだろう。シナリオがあらかじめ準備されているのだろうか。あるとしたら、前もって知ることはできるのだろうか。そして、その通りに導かれるのだろうか。あるいは運命などというものはなく、自分で選んで白紙の上に描くものなのか。

あるとき、本校の祖母から電話があった。

「ちょっと話したいことがあるからいらっしゃい」

それまで祖母から直接呼ばれることなどなかったので、いったい何だろうと恐る恐る行ってみた。話とはこんなことだった。

「さっきね、おじいちゃんが門のほうを見ていたらね、白い装束を身にまとった修験者のような人が正門の前に立っていたんだって。しばらくじっと手を合わせていて、それが終わると、われに返ったように門のほうに向き直り、満開のツツジの間を通って、奥の玄関に訪ねてきたんだよ。一度も会ったことのない人だよ」

そして思いもよらぬことを言ったのだった。

「この家の前まで来たら、門の上にきらきらとまばゆい光が輝いており、いろいろなことを見せていただいた。ご一緒には住んでいないが、小学生の男の子がいるでしょう。その子の将来をすっかり見せてもらった。よかったら、話をしたい」

世のため、人のために役に立たねばという熱血漢で、好奇心旺盛。不思議な話も大好き。俗世を離れ、異次元を探求する人たちにも寛大な人たちだ。二人は喜んで、その修験者を家に招き入れたそうだ。

「その子は、小さいときは体が弱く、感受性も強く、敏感で繊細なので、少年時代は大変な苦労をする。でも、それはあとでとても役に立つ。高校を卒業すると家を出て西に行き、次に東に行って、そこに数年留まるだろう。そこでいろいろな人々と出会う。人生の上で大事な人々との絆が生まれ、幸せな結婚をする。それから海を渡ってアメリカに行き、長年暮らすだろう。40歳のころ、一時とても豊かになるが、それは本当の豊かさではなく、続かない。その後は経済的に大変だが、いつでも必要なだけは入ってくる。いつも周囲にはたくさんの女性がいて、その人たちに支えられる。のちには日本に戻ってきて、どのような分野というのは難しいが、何かしら講義をしたり教えるような人になる。とても幸せな子だ」

その行者の話を聞いて、祖父母は気をよくして大喜び。そのことをどうしてもボクに話したかったようだ。

しかし、当時のボクは不幸の真っただ中。体調は思わしくなく、体は思うように言うことを聞いてくれない。おまけに何ごとにも要領がわるいときている。

学校は試練と忍耐の場。肩身が狭くて卑屈な日々。しょっちゅう頭痛や腹痛、胸や背中の苦しさや不安に悩まされ、ひたすらがまんの日々だった。

そんなボクにとって幸せな子の話、ましてや将来海外に行って長年住むことになるなどと言われても、絵空ごとにしか思えなかった。

第二章

文武両道の修業時代

——中学から大学入学まで

ボディビルの衝撃

小学校も上級生になるにつれ、ボクの健康状態は徐々によくなり、呼吸器系や胃腸の弱さもさほど生活に支障をきたすことはなくなった。

しかし、体が弱かった幼少期の経験から、より健康になりたい、より強くなりたいという気持ちを潜在的に宿したようだ。

家のすぐ隣に男子高校があり、正門を入った左側にプールがあった。通りかかると、よく水泳部員たちが練習している風景を目にした。気持ちよさそうにさっそうと泳ぐ姿や、シーズンごとにみるみるたくましくなっていく彼らの姿は憧れの対象だった。

中学に入ると、ボクは水泳部に所属することにした。その中学の水泳部は県大会で総合優勝するほど多くの名選手が育っていたが、ボクは水泳を通して体力作りをしたいという思いが強く、水泳競技自体より補助トレーニングのほうが好きだった。

東北は夏が短い。シーズンを終えた水泳部は、次のシーズンに向けて陸上での基礎体力養成の期間に入る。部員たちはジョギングやうさぎ跳び、腕立て伏せ、腹筋運動などに汗を流した。

熱心な顧問の指導によるクラブ活動のトレーニングは、朝、授業がはじまる前と放課後に課されていた。先輩の号令のもと、永久に続くと思われる腕立てや腹筋に他の部員が音を上げて脱落していく中、ボクはいつも最後まで残った。

そうしていくうちに自分の体が確実に変わっていくのを感じるようになった。特に普段の限界を超えて頑張ったあとは、少しずつだが筋肉と力がついていくのを実感した。

（これだ。楽なペースでトレーニングを行なうときはさほど効果が得られないが、限界まで追い込めば、はっきり効果が出る）

ボクは自分を追い込むトレーニングのプランを作り、家に帰ってからももっともっとと、きついトレーニングに励むようになった。

ある日、本屋で月刊誌を見ていると見慣れない薄い雑誌が目に入った。何気なくグラビアを開いて、ボクの眼は釘づけになった。

そこには筋肉隆々の人物の写真が2枚載っていた。1枚目は、両腕を曲げて首の後ろに回して立っている写真。もう1枚は、横向きで大理石のコラムに腰かけ、片腕で体を支えながらもう一方の腕を曲げ、力こぶを誇示している写真だった。

頭をガーンと殴られたような気がした。同時に体中に血が湧き上がり、脳を突き上げるような興奮を覚えた。

（これって、本当の人間だろうか。人間はこんなにすごい体になれるんだ。自分もなれるだろうか）

脳内で衝撃と疑問が交錯した。それは『ボディビルディング』という月刊誌だった。

当時は電気やラジオ、テレビこそあったが、町にはどこにもボディビルジムなどはなかったし、バーベルやダンベル、ベンチさえ見たことがない。雑誌の写真はどこか別世界の話だが、脳裏に深く焼きついたことはたしかだった。

スモモの木の前で

品行方正、成績抜群の姉と違って、ボクは科目によって成績のムラがひどかった。理科と社会と、好きな先生の担当科目はいいのだが、それ以外はまったく聞き流しており、授業は退屈だった。

授業の退屈さや成績低迷による卑屈さにも飽きてきたころ、中3の新学期がはじまろうとしていた。

ボクはどうしたらそこから抜け出し、楽しい学校生活が送れるのかを考えてみた。そして一つの悪循環に気がついた。

好きな科目以外は、自分は学校生活にしっかりと向き合って参加していない。興味がない授業は真面目に聞いていない、したがって成績がわるくなる、おもしろくないからますます興味が持てなくなる、という負のスパイラルになっていることに気がついたのだ。

道理で真面目に勉強している姉は堂々としている。まったく卑屈な様子はないし、みんなからも畏敬されこそすれ、バカにされたり、軽く扱われることはない。ボクもちょっと真面目に勉強をしてみることにした。

ボクは記憶力はわるいほうではない。そこで中2最後の春休み、姉の参考書を借りて1年と2年の総まとめを復習し、重要だと思われることはみんな覚え込んだ。

基礎的な知識や用語が頭に入ったところで新学年の授業がはじまった。するとそれまでと打って変わって、授業がすんなりと頭に入ってくるのである。気分をよくして、ボクは真面目に授業を聞くようになった。

できるだけ授業中に授業の内容を理解し、覚えるようにしたら効果てきめんだった。中3の一学期の終わりには、ボクの成績はクラスでもトップを争うようになった。成績がよくなると気が楽になり、卑屈さからも解放されて毎日の生活が楽しくなった。

興味の対象が広がり、授業科目以外にもいろいろなジャンルに興味を持つようになり、本もたくさん読むようになった。

さらに、健康と体力作りにも努力を傾けるようになった。登校前に近くの市営球場に行って走り、学校が終わると家に直行し、腕立てや腹筋など自分で決めた運動スケジュールに汗を流した。毎回、一回でも多くこなせるようにする。腕立てでは、足のほうを徐々に高くして傾斜をつけたり、腹筋は重りを抱いてよりハードにする工夫をした。

中3の夏、補習の授業が終わると、生徒たちはこぞって校庭の隅にあるプールに集まり、火照った体を水泳で冷やした。

「ジョー、このころ筋肉ついてきたよなあ」

友人たちの言葉に気をよくして、ボクはますます家でトレーニングに励んだ。

夏も終わりに近づいた昼下がりだった。強い陽射しが庭に差し込み、草木や花を焦がそうとしている。

ボクは窓を開けて寝転がっていた。すると、声はしないが誰かが話しかけてくるような波動が伝わってきた。それは丘に続く庭の斜面の中腹あたりから発信されているようだった。

ボクは靴を履いて庭に出て、波動を感じる斜面のほうに行ってみた。両側にシダが生い茂る大谷石の階段を登って藤棚をくぐり抜けた。発信元は、大きなスモモの木だった。いつもはたくさんの虫の社交場になっている木が、今日は自分を呼んでいた。

表皮から樹液を迸らせているスモモの木としっかり向き合って、目をつぶった。

意識が木の幹の中に入っていく。木を構成している微細な管の細胞の中に自分がいる。水を吸い上げ、葉が作り出した養分を幹に伝え下ろし、樹液を表皮に送り出している。

幹には何匹ものセミが止まっていた。セミは必死に樹液を吸っているが、木にとってはどうということはない。むしろセミに吸われることで、それが呼び水となって樹液が木の中をどんどんめぐるようになり、木の生命を躍動させている。

ヴィジョンが浮かんできた。未来の映像だという感じがした。場面は祖父母の洋裁学校の職員室だ。祖父母と母、そして姉が学校の経営について言い合っている。

結局、発展的な解決法は見い出せずに学校は解散。竹林や雑木林、シダや草花はすっかり取り払われてなくなった。大きな石や松など、たくさんの樹木で造園した庭も一部を残してなくなり、更地に変わった。

そこに家族は誰も住んでいなかった。校舎は跡形もなくなっていた。お稲荷さんを祀る大谷石のお堂だけがポツンと建っている。

しばらくすると、二つの箱を重ねたような四角い建物が、斜面に食い込むようにして建っているのが脳裏に浮かんできた。それは見たこともない風景だった。

ふと、われに返って眼を開くと、お気に入りの大きなスモモの木が目の前にあった。なぜか寂しげだった。

ボクは大きくため息をついた。

考えてみれば、これから繊維産業や洋裁学校というのは斜陽産業になることは間違いない。男の自分にとっては、役に立てそうな仕事はここにはないだろう。たとえ留まったところで経済的に破綻していくのは時間の問題だ。

ここにいられる間は、できることをして十分に楽しみ、争いや問題が起こらないうちにここを出よう。そうだ、高校を卒業したらこの町を出よう。

そのときボクはそう思った。

「高校は中学じゃねえ」

高校は家の向かい側にある地元の男子校を受験し、無事合格した。おかげで通学はとても便利になった。

思えば、距離からすると小学校がいちばん遠かった。次に中学。高校は家のほとんど隣のようなものだ。ベルが鳴ってから走って行っても、十分に間に合うほど近い。実際、寝坊してベルが鳴ってから家を出て、担任が職員室で準備に手間取っているうちに教室に滑り込んだことが何度もあった。

廊下の前を歩いている先生のあとをつけながら、後ろの入り口から教室に入って涼しい顔で先生が出欠を取るのに答えたりした。

戦後の日本では男女共学が施行されるようになったが、当時の宮城県では相変わらず男子と女子の高校は別々で、男女共学の高校は戦後に創設されたほんの一部の高校だけだった。ボクが入った高校も古くからの県立男子高校だった。

高校の校舎は当時、お城山の上に建っていた。高校のキャンパス以外は公園になっており、子どものころによく遊びにきた馴染みの場所だ。公園の奥は神社の杜に続き、深い緑が鬱蒼としている。新入学の季節になるとサクラが咲き、教室の窓の外からはウグイスの鳴き声が聞こえるような、のびのびとしたキャンパスだった。

高校に入学した初日。

（やれやれはじまったか。中学のときのように一応、真面目に授業を聞いていれば何とか無難にやっていけるだろう）

そんなことを思いながら、担任のホームルームも終わり、一時間目の授業の準備で教室中がリラックスしているときだった。突然、上級生が10人あまりなだれ込んできて、リーダーらしき上級生の声が壇上から響きわたる。

「みんな、立て！」クラス中が起立した。

「机の横に立って一列に並べ！」新入生が緊張して机の横に整列する。

するると、それぞれの列の前に上級生が一人ずつ立った。教室中に緊張した空気が張り詰めた。リーダーがおもむろに号令をかける。

「はじめ！」

列の先頭に立った上級生が、前から順に新入生一人ずつに平手打ちを開始した。

いちばん後ろに立っているボクのところに、前のほうからビシッ、バシッ、バッシーンと平手打ちが響いてくる。打たれてフラフラしながらも、また気をつけの姿勢に戻らなければならない。中には打たれた拍子に飛ばされて、床に倒れ込んでしまう者もいた。

全員への平手打ちが終わり、倒れた生徒も列に戻るとリーダーがまた口を開いた。

「これは、俺たちからの愛のムチだ。わかったか！」

（わかってたまるか。何が愛のムチだ！　何と乱暴な先輩たちだ。偉そうに先輩ヅラして粋がって……。やれやれ、とんでもないところに来てしまったぞ……）

するとまた壇上から声が響いてきた。

「お前たちはついこの前まで中学生だった。小学校、中学校と名前が変わるだけで、中身は変わりばえのしない、同じようなものだっただろう。高校も中学の延長で、先生の言うことを適当に聞いていれば、無難にやっていけると思っているんじゃねえのか？」

（あれ？　そうじゃないの？）

上級生は続けた。

「いいか、高校は中学じゃねえんだ。中学までは先生の言うとおりにしていれば、いい生徒だったろう。だが高校は違う。お前らはもう子どもじゃねえんだ。いいか、これからは大人なんだ。ここは昔、お城だった。お前らの年にはとっくに元服して、戦さにだって行ったんだ。この学校では何でも俺たちが自分で決める。俺たち生徒が主体となって物事を決め、実行し、先生はそれをサポートするのが役目だ。お前たち一人ひとりも大人なんだから、これからは自分ですることは自分で決めて、自分で責任を取るんだ。わかったか！」

「お前はもう大人なんだ」と言われて困惑したものの、むず痒いようなうれしさでいっぱいになった。

もう子どものように人に決めてもらう生き方ではなくなる。自分で決めていいんだ。自由になると同時に、責任や独立する孤独など、さまざまな考えや感情が頭をめぐりはじめた。大人になるうれしさと、その意味の重大さを感じていた。

「生徒が主体となって物事を決めて実行する。先生の役目はそれを助けること」

ボクはその言葉が気に入った。

（そうだ、今までのような受動的で引っ込み思案の態度を脱ぎ捨て、彼らの仲間に入って積極的に活動に参加しよう）

クラスにやってきた上級生たちが応援団の幹部だと知ると、単純なボクは応援団に入りたいと思った。

応援団員は学級委員と一緒にすでにクラスから一人ずつ選ばれていたが、ボクはダメもとで幹部たちが集まっているところに出向いていき、団員にしてくれるように直接話してみた。するとと団長はいともあっさりボクを迎え入れてくれた。

応援団には個性豊かな人がたくさんいた。ヒゲの濃いクマのような先輩は、初めは先生かと思った。本が好きでやたらと人に読書を勧め、人生いかに生くべきかを説く先輩もいる。また、かつては他の学校の番長で、人生経験豊富な義理人情あふれる年を食った同学年生や、内輪の練習やトレーニングのときは不甲斐なくても、一般学生の前に出ると張り切って大声で叱り飛ばす先輩、ひたすら真面目でやさしく、お人よしの先輩等々、さまざまな人たちがいた。

運動部が他校と試合をする場合、１年生といえども応援団員は上級生を指揮しなければならない。

ボクは、やるからには徹底してやった。声を出すのも、旗振りも、数カ月でほとんど誰にも負けないくらいうまくなった。

副団長への道

応援団は生徒会活動にもかかわっていたので、スポーツの応援ばかりでなく、生徒会幹部の合宿など生徒会執行部の行事にも参加した。

1年生の夏休み、ボクは毎日プールで存分に泳ぎ、あとの時間は読書に当てた。特に夜は暑さがやわらぎ、静かなので読書には最高だった。夜明けまで夢中になって読みふける。

夜中の3時を過ぎると、地上はまだ闇だったが、遠くの高い空が明けてきて、深い透明なブルーになる。暗い林の薄明かりの中でヒグラシが一匹二匹と鳴きはじめる。はるか向こうの闇からはカッコウの声。そよ風がササダケの葉や木の葉を擦る、かそけき音。

無限の宇宙につながる、深いダークブルーの空が醸し出す夜明け前の雰囲気の中に、生き物の営みを耳と肌で感じる。まだ明けやらぬ暗闇の中で精妙に変化する空を眺めていると、神聖なものの存在が直観的に感じられるのだった。

ある日の夕刻、プールで泳いでいると何かが起こるという予感がした。何かはわからない。ボクはいったん水から上がって、プールサイドの階段に腰をかけ、みんなが泳いでいるのを眺めていた。ますます何かが起こる感じが強くなる。泳ぎは早めに切り上げて家に帰ろうと思った。しかしプールの中では、練習を終えた水泳部の友人たちが楽しそうに遊んでいる。ボクは何かに呼ばれたような気がして、プールに戻って泳ぎはじめた。何度か往復し、もう帰ろうと最後に勢いよくターンした拍子に、誰かに呼びかけられたように思って体を捻ったとき、プールの角に思いきり足のかかとをぶつけてしまった。

しまった!と思ったときには遅かった。水の中でぶつけたかかとを触ってみると、ズルッとずれる感じがした。水から上がって見ると、かかとがざっくり裂けており、どっと血が出てきた。

幸い卒業したばかりの先輩が車で来ていたので、すぐ車で病院に連れて行ってくれた。傷は深く、9針ほど縫合することになった。

自分の不注意から起きたケガなので誰を恨むでもないが、問題は次の日から関西方面に行く修学旅行だった。

靴が履けないので、分厚い包帯を巻いたままサンダルで行くことにした。ボクのグループのほかの三人はラグビー部の屈強な仲間だったから、行く先々でみんなに助けられてとても幸運だった。

京都では丸一日、自由時間があった。神社仏閣をたくさんめぐる欲張った計画だったが、仲間のおかげで長時間の市内めぐりも無事に楽しく過ごすことができた。

古文の舞台に出てきた場所を実際にめぐったとき、昔の人たちの生活を身近に感じるような感動を覚えた。神社仏閣の神聖で厳かな雰囲気。心に訴える仏像の魅力。

ボクは京都が大好きになり、住んでみたいと思った。かかとの出血は修学旅行最後の日まで止まらなかった。

二年目の応援団の活動は事情が違った。1年のときは上級生や団長、副団長の指令に従っていればよかったが、今度は自分たちが立案し、指令を出して全体をまとめていかねばならない。

しかし、人間はただ号令を発したからといって単純に従うものではない。仲間といえども違った意見を持った者もいて、全体をまとめるのはひと筋縄ではいかない。

同学年の団員の中では、ボクは号令をかけて旗を振って指揮を取るのは誰よりもうまくできたし、人気もあった。運動部の県大会のシーズンも終わりのころになると、周りもボクが次の団長になると予想していた。

でもボクは、トップの地位になることにまったく価値をおいていなかった。

強い祖母のもとで、母が二番手の生活に甘んじている姿を刷り込まれて育ったせいなのか、それともその昔、町のお殿様・片倉小十郎が伊達政宗を支える名参謀として、人々に誉め讃えられているのを聞きながら育った影響なのか、あるいはただ単に天邪鬼な性格だったのか、それはわからない。

いずれにせよ、ボクにはあえてトップにならない二番手の実力者のほうがカッコよく思えたのである。

運動部の一連の大会が終わり、仲間の一人がボクのところに寄ってきて、「もう次の団長は君に決まったね」と言われたとき、応援団長選挙には出馬しない決意を固めた。ボクは立候補せず、ほかの生徒が団長になった。でも、新しい団長がボクに副団長になってくれるように言ってきたときは、快く受け入れた。

胡蝶の夢

高校の漢文の授業は、中国の思想や古い物語が出てきてけっこうおもしろかったが、荘子の「胡蝶の夢」を読んだときは鳥肌が立った。そこには自分が以前、何度も体験したことと同じことが描写されていたからだ。

荘子は夢の中でチョウになって飛んでいたところ、目が覚めてみて思う。いったい、自分がチョウになった夢を見ていたのか、チョウが夢の中で自分になっているのか。

ボクが幼いころ、庭の池を見ているうちにコイになってしまったこと、少年時代に自分が石や木や虫になったり、小原《おばら》の渓谷で自然と一体になったことなどが次々と想い出された。

（そうだよ、気持ちを合わせればみんな一緒になれるんだ。自分だけじゃない。コイになった和尚さんや、チョウになった荘子がいる。夢は向こうの世界との〝ゲイトウェイ〟なんだ）

チョウと一つになれた体験をすばらしい文学的表現で描写した人がいたことを知って、ボクは感激した。

「無為自然」「万物斉同《ばんぶつせいどう》」などの荘子の考えや、この世のものは人間が自分勝手な視点から定めた、相対的な見せかけの価値で成り立っているということには、まったく同感だった。

（実際、どっちがどっちになったっていいじゃないか。チョウやコイでも、石や木でもみんな意識はつながっているのだから。みんな一緒、結局すべては一つなのだから。荘子！　あなたなら、ボクのことわかってくれるよね）

自然に涙があふれてきた。

この世のカラクリとは？

高校に入ると体の不調もだいぶ少なくなり、肉体的にも鍛えられてきた。健康で体力的にも充実してくると、人間というのは次の段階への欲求が芽生えてくるものらしい。

あるとき、久しぶりに体調を崩して学校を休んだ。

一日中、読書と思索のために時間を自由に使えることに味をしめたボクは、頭が痛いとか何とか理由をつけて学校をサボることを覚えた。家の人たちはそれぞれに忙しく、ボクのことなどあまり気にかけないことも幸いした。

それからは学校にも行かず本ばかり読んでいた。歴史、伝記、科学、哲学、宗教、心理学など、この世界と人間の生き方に関する本なら片っ端から読んだ。

ボクは思った。この世には生きるだけの意味や価値はあるのだろうか。生きるための理由、絶対的な価値が知りたい。でも、この世には絶対的な価値など一つもないのではないか。すべて物質は生々流転、物事の価値も時や状況によって変化する相対的なものだ。

自分自身にしても、宇宙にとって価値があるとも思えない。そもそも自分のことが好きではない。

考えるたびに厭世的になり、生来そういう傾向はあったが、ますます自己否定的になっていった。

ときには、自分を消してしまおうかとさえ思った。でも、痛くて辛い惨めな死に方はいやだなあと、つい低次元のことを考えてしまう。そんな自分がますますいやになった。

しかし肉体の生命活動を停止させたところで、体を離れて向こうに行っても、ただあてもなくさまようことになるのでは解決にはならない。結局、最終的に思いとどまらせてくれたのは、「母を悲しませたくない」という思いだった。

蔵王を眺めながら気持ちを落ち着けていると、子どものころに体から出てさまよったり、トンネルの向こうで光の存在に出会ったりしたことを思い出した。

あの世界は何だったのだろう？　目の前の現実の世界はいったい何なのだろう？　何のために生きているのだろう？　自分とはいったい何者なのだろう？

あれこれ考えをめぐらす日々が続いた。トンネルの向こうには、たしかにもう一つの世界がある。たしかに何らかの存在がいる。

ボクは目をつぶってこころの中で叫んだ。

（光の存在よ、出てきてくれ！）

しかし目の前は暗いだけだった。

暗さの中をどんなに進もうとしても先には行けなかった。瞑想らしいものも何度も試してみた。こころの中で日々、葛藤が続いた。考え疲れて寝入ってしまい、目が覚めると虚しく惰眠を貪っていたことに気がつく。

ときどきは学校に行った。でも、授業は耳に入らず、別世界をさまよっていた。一応、授業に出ていれば文句は言われない。思うことがバレバレの〝向こうの世界〟とは違い、こちらの世界では何を考えていようが他人にはわからないので都合がいい。

久しぶりに学校に出たボクは、先生に呼び止められた。小言でも言われるのかと構えていると、先生はボクがなぜ休んでいるかなどまったく意に介していない様子で、「お前ちょっと休みすぎだ。あと一日休むと出席率が足りなくなって留年だ。もう一年同じ学年をするんだぞ」と言った。

本気でボクのことを心配しているようには思えなかった。あと一日で留年というところまで放っておかれたわけだ。かえって気が楽になった。

（そうか、誰も他人のことなんか、さほど気にしてはいないのだ。自分は自分、他人は他人。自分をしっかり見つめて、自分の正体を知り、自分なりの生き方を見つけなければならない）

受験には納得できないことがたくさんあった。だいたい世の中には星の数ほど職業があるのに、大学の勉強の分野は少なすぎる。第一に大学の学部の選択だ。理科系の学部はそれぞれの専門があるので理解できる。しかし文化系は経済学からはじまって、法学、政治学、商学、社会学、文学など、分野が少なすぎる。

世の中で仕事をするのに、どれだけ大学の知識が必要になるのだろう。経済学部や法学部を卒業する人たちは何10万人もいるだろうが、サラリーマンの仕事にいったいどれだけ経済学や法学の専門の知識が必要なのか。経済学者や弁護士になるのはほんのわずかな人たちにすぎないのに、それにしては学部の生徒の数は異常に多い。

また、人生を考えるときに大学の勉強がどれほど役に立っているのだろうか。同級生の中には、経済学部は難しそうだから商学部にしようかという友人もいた。偏差値が判断の基準になるのか。何を勉強するかより、どこの大学のどこの学部に入れるかが問題になるとは、いったい何のために勉強をするのだ。

いい大学に入り、いい会社に入り、いい給料をもらう、それがエリートコースであり、当時は価値のある人生と思われていたし、子どもたちにも求められていた。しかし、そんな実利的な目的のためだけの勉強は、ボクには受け入れ難かった。

当時の高度成長の社会状況は、お金、衣食住の豊かさ、就職、結婚、名声などを追い求めるのはよいことで、それが社会的成功だった。

しかし、そんな社会が生み出した欲望は、果てしない競争を煽り、満たされることはない。

人々は働きバチで会社の歯車。際限のない労働が求められ、際限のない欲望に不満は募るばかり。自由競争といいながら、実は弱肉強食の世界だ。

自由を突き詰めれば格差が広がり、一部の者だけは豊かになるが、大多数は取り残される。そして欲望は尽きることなく、豊かな者でさえ決して満たされることはなく、そこに幸せはない。

就職するといっても、多くの仕事は商売だ。この世の商売は、相手によくして商品を安くすると自分が損をする。自分が利益を得ようとすると、相手に損をさせてしまう。

何と不便な世の中だろう。相手に与えると自分も豊かになり、与えれば与えるほど自分も相手も全体も豊かになる方法はないのだろうか。

向こうの世界はそうだった。相手に与えるほど幸せや喜びは増えて、自分にももっと幸せと喜びが返ってくるようになっていたのに。

周りの人の考えも聞いてみようと思った。ボクは応援団に所属していたので、学校では生徒たちや先生たちの間でもよく知られていた。それを好都合に学校が終わると、これと思しき先生方を訪ねては話し相手になってもらった。

学問とは？　人間とは？　人生とは？　生きる意味とは？　受験とは？　そして、哲学、宗教、天下国家や国際問題に至るまで、あらゆる疑問を先生にぶつけた。

ボクの話を聞きながら、食事を振る舞い、盃を酌み交わし、自分の体験や意見を述べてくれる先生もいた。担任やクラブの主任から校長先生に至るまで、先生宅をめぐり歩いた。のちに都会に出たとき、田舎でのそのような体験は、ほかではあり得ない貴重なことだと知った。そんな大らかな環境に育った自分は何とラッキーだったのだろう。

授業がおもしろくないといっても、何も教科の内容だけが学びではない。高校生としての日々の体験にこそ、もっと大切なことがありそうだ。勉強などはその気になればいつだってできる。こころの中で浪人を決意した。

（今は高校時代にしか体験できない生活をしっかり味わおう）

ボクは、先生たちを訪問してそう結論づけた。

受験についても、ただ受験体制を批判したところで、受験を乗り越えられなかった人間の意見など誰も聞いてはくれない。ただの負け犬だ。受験を乗り越えてこそ、「受験など、そんなにありがたがるものではない」と証明できるではないか。

卒業までは高校生活をしっかり体験し、浪人して受験を乗り越え、大学で自分の疑問を追求してみよう。

この世のカラクリや真理、生きる意味を学ぶには何を専攻すればよいだろうか。それはすべての学問の学問、哲学かもしれない。そうだ、大学で哲学を勉強しよう。

京都で勉強三昧

以前、スモモの木に将来、家が破綻する様子を見せてもらったことをおりに触れ思い出していたので、高校を出たら家を出ると決めていた。

できるだけ遠くのほうがよい。誰も知らないところで自分を見つめてみよう。家から独立するためにも地元にいてはいけない。そこで、1年のときに修学旅行で行って気に入った京都で浪人することにした。

母も祖父母もボクが大学に行くことや、そのために予備校に行くことに異論はなかったし、専攻を何にするかについてもいっさい口を挟まなかった。自由に勉強をさせてくれる祖父母や母に感謝した。

京都の予備校事情を調べると、有名予備校は事前に入学試験を受けに行かなければならなかった。試験だけのためにわざわざ京都を往復するのも大変だ。調べると、私立系なら試験を受けなくても済むという予備校があったので、ボクはそこに行くことにした。

幸いにも京都伏見には台湾時代の祖父母の教え子の田杉さんが住んでおり、予備校の登録から下宿探しまで、すべて手配してくれた。

ボクが到着すると、田杉さんは待ってましたとばかり京都の町をあちこち案内してくれた。ちょうど春の「都をどり」の季節なので、祇園に連れて行ってくれた。

田杉さんのご主人は京都大学経済学部の教授と聞いていたので、会うのに気が引けていたが、実際は尊大さの微塵もないやさしい方だった。彼はボクとは違って勉強が大好きで、勉強をしすぎて体を壊し、しばらく休学する羽目になってしまったというくらいだ。

京都に到着して三日後、さっそく予備校の授業がはじまった。

講義がはじまってみると、高校とはまるで違う授業に驚いた。かねてから知りたいと思っていた、受験のための選り抜かれた内容が講義される。当たり前だが、受験情報のエキスばかりだ。先生の語り口がまた京都らしくていねいで上品だった。

英語の講義では単語一つからはじまり、それに関連したストーリーからイディオムや類語、文法まで一気にカバーしてくれる。予備校教師の教えたいという気持ちも伝わってきて、話に引き込まれて時間を忘れてしまう。知れば知るほどもっと知りたくなる。授業とはところによって何と違うのだろう。

そうだ、受験に合格するには、これらの知識をほかの人たちよりも早く自分のものにすればよいのだ。

受験問題のほとんどは知っているか知らないかをテストするものだから、知識を積めば積むほど難関大学の合格ラインに達することができるはずだ。それだけの情報をみな覚えてしまえばいいのだ。

習ったものを全部覚えるつもりで勉強すれば、いつかあるレベルに達して合格できる。そう目標が定まると、ボクは猛烈に勉強をはじめた。

勉強ができる環境は整っていた。予備校は東大路通りと二条通りの近くにあった。交差点を渡って東に行けば京都市立図書館、向かい側や隣には京都市美術館や国立近代美術館。その先には岡崎公園や平安神宮、動物園や南禅寺があった。

予備校が終わると図書館で勉強し、帰りの電車の中でも勉強、下宿に着いてまた勉強。食べるときと寝るとき以外は、ボクはテキストや辞書、資料や年表と首っ引きになっていた。たくさんのことを短期間に知ることができてうれしかった。知るほどに、覚えるほどに勉強がおもしろくなった。寝る時間と食べる時間以外は夢中で本に向かった。

勉強が終わったときは、激しい運動をしたあとのようにエネルギーをすっかり使い果たした感じだった。図書館を出ると、体もこころも軽くなった。こんなに勉強をしたのは生まれて初めてだ。

予備校では毎月、全校で模擬テストをしていた。成績は急上昇した。3度目のテストの結果を見ると、ボクの名前が上から三番目にあった。それまで勉強がおもしろいと思ったことのないボクにとって、意欲をそそる予備校の教育システムは効果てきめんだった。この調子で続ければ、来年はうまくいきそうだ。

どんな教科でも、そもそも知らないから勉強するのだ。知らないのに質問されても、すぐに正しい回答が出てくるわけはない。時間を取っているわりに効率のわるい高校の授業は、何と無駄だったのだろう。

しかし、都会の学生たちを見ているうちに、もしかすると高校のあのイジメのような授業体験があったからこそ、予備校の合理的な授業がありがたく思われ、やる気が出るのかもしれないとも思った。

高校では、がまんすることや忍耐することを学ばせてくれたのかもしれないと気づいて、ボクは理不尽な要求を突きつけてきた先輩や教師に感謝した。

予備校がはじまったときは、クラスは満杯で立ち席も余地がないほどだったが、一週間、二週間と過ぎていくうちに生徒がだんだんと減っていった。

来なくなるのは地元の生徒たちだった。夏近くにはクラスの半分も埋まらなくなってしまった。周りを見ると、残った生徒の多くは地方から出てきた人たちである。

ボクは、都会ではこんなにすばらしい合理的な授業は当たり前で、しかもそんな授業でさえも都会の人たちは飽きてしまうのかな、もったいないなと思った。

ときおり伏見の田杉さんのところに遊びに行った。行く前に電話をしておくと、料理をたくさん作って待っていてくれた。

食事のあと、優雅な気持ちになって好きなお寺や仏像の写真集などを見ていると、田杉教授がどこそこのお寺の仏像がおもしろかったの、あそこの神社のお祭りはどうだったのとよく話をしてくれた。教授と話をしていると、頭のよさが伝染して自分まで賢くなったような気になった。

夏が終わるころには受験勉強にも余裕ができ、予備校の帰りにあちこち回るようになった。寺社や博物館、美術館はほとんど平日に行ったので、いつもゆったり鑑賞することができた。お寺や神社に行くと気持ちが落ち着いて勉強もはかどる。浪人中の一年間でめぐった神社仏閣は200以上にもなった。

早稲田と慶応ってどっちがいいの？

予備校の体系的な授業に感激して、よく勉強したことで自信がついたので、翌年の受験はいちばん偏差値の高い大学を受験することにした。

哲学科のある文学部に行きたかったが、幼いときに別れた父は法学部だったと誰かが言っていたのを思い出し、法学部も受けることにした。法学部に合格したら、どこかにいる父に認めてもらえるかもしれないという淡い期待もあった。

結局、早稲田の第一文学部と第一法学部、慶応の文学部を受けて、全部合格した。うれしくはあったが、気持ちは半分しらけていた。なるほど知識は増えたし、物事を処理する要領は多少うまくなった。

しかし、その程度の知識であれば人工頭脳に適うはずもなく、この一年で自分の人格が向上したとも思えない。

受験で選ばれる人材とは、ただ社会の生産力を伸ばすためだけに有用な人ではないのか。それ自体わるいことではないが、生産力の向上が社会を幸福にすると考えているところが問題だ。金持ちだからといって、人格者でもなく幸せでもないというのはよくあることだ。とはいえ、今はあれこれ考えるのは止めようとボクは思った。大学生活がはじまってみないことには、この先どんな体験が待っているのかわからない。

初めは早稲田に行こうと思っていた。ボクの高校の創設者が早大出身だったので、親近感があった。応援団ではバンカラで鳴らしていたこともあり、自分は早稲田タイプだと思っていた。

そんなとき、受験のときに東京でお世話になったおばさんに会った。彼女も祖父母の台湾時代の教え子だった。東京の事情がよくわからないので、おばさんに聞いてみた。

「早稲田と慶応って、どっちがいいの？」

「そりゃあ、慶応に決まっているでしょ」

疑う余地のないことを何を今さら聞くのだという強い口調だった。

（あ、そうなんだ）

ボクはすっかり信じてしまい、急きょ入学手続きを慶応に変更した。

入学式のとき、母が田舎から上京してきてくれた。高校の同級生が同じ文学部に入ったので一緒に出席し、式のあと母と三人でキャンパスをめぐって写真を撮った。母はとてもうれしそうだった。

しかし、キャンパスを歩いている学生や父兄を見ているうちに、どうしても一抹の不安のようなものが湧いてくる。

（この学校って、やっぱり自分のカラーじゃない。失敗したかな）

一瞬、そう思った。

（でも、タイプの違う人たちと一緒にやっていくのも新しい体験になるかもしれない）

ボクはそう思い直して、未知の世界に自らを託すことにした。

初めてのテツ学

ボクは哲学を学んでいけば、そのうちにこの世界の成り立ちや存在のカラクリ、この世に生まれた意義がわかるかもしれないと思っていた。

待ちに待った初めての哲学の授業がはじまると、ボクの胸は期待にときめいた。ところが講義を聞き終えたとき、ボクの期待は散り散りに砕け、哲学に対する壮大な想いは雲散霧消し、ただ呆然としていた。

慶応は東洋哲学より西洋哲学に重きをおいていた。当時の西洋哲学は実存主義全盛時代。戦後、既存の価値観がゆらぐ中で、人間の在り方や向き合い方を追求した狭義の哲学が主流だったのだ。実存主義以外でいえば、唯物論や科学哲学。いずれもこの世の範疇を出ることはない。

これでは、自分が知りたかったあの世のカラクリまで要求するのは無理だろう。大学が提供する講義の内容を詳しく調べもしないで、何と浅はかな選択をしてしまったのだろう。これなら興味にまかせて自分で本を読んでいるほうがまだマシだ。さて、これからの４年間、どうしたものか……。

途方に暮れながらキャンパスの中庭を歩いていると、中央のロータリーではいろいろなクラブやサークルがにぎやかに新入生の勧誘をしていた。背後から声がかかる。

「ねえ君、これやって見ない？　君、運動やってたの？　骨格がガッチリしているから向いてると思うよ」

「俺たち、同好会だから厳しくもないし、好きな連中が楽しんでやっているんだ。君も一緒にやろうよ」

どうやらこの学校では、相手のことをやたら「君」呼ばわりするのが習わしらしい。そういえば掲示板の教科についての連絡事項にも、普通なら「○○教授」と書くところが「○○君」と記されている。

学ぶ者は教授も生徒も上下のない同じ学究者だということらしい。上下関係がハッキリしていて、扱いにも大きな差がある早稲田とは対照的だ。

「何をするんですか？」

「ボディビルの同好会なんだけど、バーベルやダンベルでトレーニングをして体を鍛えるんだよ」

脳裏に、中学時代に雑誌で見たたくましい肉体の写真がひらめいた。

（そうか、あれのことだ）

ボクは彼らについていくことにした。

その先輩は、ボクをキャンパス南端の丘にある学生寮近くの建物に連れて行った。ところどころに錆びた鉄筋が剥き出しになっているコンクリートの廃屋だ。そこがボディビル同好会の部室だった。もとは大浴場とボイラー室だったそうだ。

部室に入るとバーベルやダンベルなど、トレーニングの機器があちこちに散在している。器具類は錆びていて鉄の輝きを失っていた。こんなにたくさんのトレーニング器具を見たのは初めてだった。

先輩たちに促されて、まずはベンチプレスを試みた。

（この鉄の感触！　あの憧れの写真の世界にとうとうめぐり合った！）

「君、初めてで30キロを何回も上げられるなんてスゴイよ。もっと重くしてみようか」

話のうまい先輩のおだてに乗って、ボディビル同好会に入ることを即決した。〝哲学〟から〝鉄学〟へと専攻を替えた瞬間だった。

それから毎日、部室通いがはじまった。

ベンチプレスをしていると、心臓から押し出された血液が胸と腕の筋肉に集まって充血してくるのがわかる。パンプアップだ。すると筋肉がウェイトに反発して持ち上げようとますます力を発揮する。

そのうち筋肉が重さに耐えきれなくなって、上がるか上がらないかのせめぎ合いになる。そのとき意識を集中して気持ちを込めて抵抗すると、ゆっくりとウェイトが上がり出す。

運動後の筋肉は体中の血が集まってパンパンに腫れ、鉄のように硬くなる。その充実感を味わっていると、まるで違う生き物に進化していくような気がした。

そのうちバーベルでの筋肉作りのコツがわかってきた。中学生のとき、自己流でトレーニングをしていたのと同じ要領だ。

持ち上げる限界に近づくと動きが止まる瞬間が来る。それに打ち勝って上げるためには、さらにほんの少しの力、1キログラム、いや500グラムの力を余分に出せればよいのだ。そのせめぎ合いが好きだった。激しい興奮を覚えた。

ボクは、いつも限界まで自分を追い込んでは気合いを入れ、1キロでも多く、同じウェイトなら一回でも多く上げるようにした。中学時代に実践していたやり方は正しかったのだ。もちろん、そんな激しいトレーニングのあとには筋肉痛が起きた。トレーニングが効いたという証拠だ。より重い重量、より多くの回数、より追い込むハードな鍛錬、筋肉痛を追い求めてトレーニングをした。筋肉痛をもたらさないトレーニングには満足が得られなくなっていた。

体は日に日に変化していった。三カ月も経ったころには、体重は4キロ、胸囲は10センチ大きくなり、ベンチプレスは１００キロも上げられるようになった。同時に弱かった胃腸の具合もよくなり、健康度も増したように感じられた。

その秋、ボディビルの大会があった。自分にとっては初めての大会だ。1年生と2年生が参加する関東学生大会の新人戦だった。ボクはその初めての戦いで優勝した。

第三章

こころの旅立ち

――日本列島縦断「気づき」の日誌公開

オートバイ旅行へ出発！　～「３１１」の幻視

１９７２年、２年生の新学期がはじまったころ、京都でお世話になった田杉さんから、「東京に行くので一緒に食事でも」との誘いがあり、新宿で会うことになった。

待ち合わせのレストランに行くと、田杉さんの隣に若くて髪の長い女性が座っていた。

「姪の愛子ですよ。ホラ、前にお話したことあるでしょ」

（ああ、この人が早稲田のオートバイ娘か。すごくアクティブな人だと聞いていたけど、想像していたのとはだいぶ印象が違うな。何か落ち着いているし）

田杉家では愛子さんの話をさんざん聞かされていた。小、中、高と生徒会活動をしていたこと、高一からグライダーに夢中だったこと、合気道は植芝盛平先生の本部道場で朝の一番稽古にバイクで通っていたこと、早稲田では体育会自動車部に入り、女性４人でインドからトルコまでのシルクロードを４カ月かけて走破したこと、等々。

そんな話を聞いていたので、彼女が昨年、パナマからロサンゼルスまで単独オートバイ旅行をしたというオートバイ誌の連載記事はずっと読んでいた。写真から、女性にしてはカーフ（ふくらはぎ）が発達しているなと感心していた。今はそのカーフはパンタロンで隠されている。

ボクもオートバイは大好きで、大学入学と同時にカワサキW1・650を買っていた。その年の夏はロクハンで日本一周する計画も立てていた。

彼女もその夏、また旅に出ると言う。ダイハツの軽のバンをキャンピングカーに仕立ててもらって、ケニアとタンザニアを一人で4カ月回ってくるという。学生なのにスポンサーがたくさんついていて、雑誌の連載もいくつか持っている。

（へえ～、さすが東京だ。こんな人もいるんだ）

オートバイや旅のこと、京都の神社仏閣のこと、カメラのあれこれ、トレーニング法など話は尽きない。こういう話題で盛り上がる女性がいるとは思わなかった。どういうトレーニングが特に効果的かと興味津々で聞いてくるので、ボクはいつになく饒舌になっていた。

二日後の電話では、おかげでよいトレーニングセンターを見つけたのでさっそく会員になり、ウェイトを使ったトレーニングをはじめたということだった。

さすが行動力がある。ボクはこれからのオートバイ旅行について、先輩のお姉様としていろいろ教えてくださいと手紙を認めた。彼女からの返事には、「あなたのお姉様になる気はありません」とあった。どういう意味かよくわからなかった。

ボクは関東学生の大会を控えていたので、毎日トレーニングに励んだ。梅雨の合間に体を焼きながら臨んだ大会では、何と並みいる強豪の先輩たちに勝って優勝することができた。愛子さんにそのことを知らせると祝勝会をしてくれるという。渋谷の居酒屋でよく飲み、よく食べ、よく喋った。これが二人の初デートだった。

彼女は一カ月後、キャンピングカーによる東アフリカ一人旅を控えていた。ボクは二週間後にオートバイで日本一周旅行に出発する予定だった。

夏休みの間、二カ月かけて日本を一周する。全行程一万数千キロ。主に日本の外周、海岸線を走る。通行が難しい場合や、友人からお呼びがかかったり、特に訪れたいと思うところがあれば内陸にも入るつもりだ。

以下、ボクの日本一周オートバイ旅行を日誌ふうに記していく。

○7月1日

日本一周の初日。早朝から雲一つなく、今日は暑くなりそうだ。

まずは世田谷の愛子さん宅に出発のあいさつに行く。ご両親も弟さんもいて、一家で温かく迎えてくれた。

ご両親は台湾生まれで、台北で学校経営をしていた祖父母とは家族ぐるみの交流があったという。朝食をともにしながら、日本が統治していたころの台北の華やかな生活を懐かしそうに話してくれた。戦後、引き揚げてきてからはご苦労なさったようだ。

愛子さんは、お守りにとトルコで買ったという青いギョズ（トルコ語で目玉の意味）のペンダントをかけてくれた。目玉が邪悪なものを睨み返すのだそうだ。

ボクは愛子さん一家の見送りを受けて東京をあとにした。

バイクはカワサキの650W1スペシャル。OHVのエンジンはスロットルを回してふかすとバリバリと独特の低い排気音を響かせ、体が置いていかれそうになるくらい力強く引っ張られる。

初日は木更津から館山、房総半島を回って勝浦、御宿と走った。交差点で停まったとき、隣に並んだバイクの高校生に聞くと、浜通りの道を少し行った松林にキャンプ場があるとのこと。外房の夷隅町《いすみまち》というところだ。

（よし、今夜はそこにテントを張ろう）

夜になって、キャンプ場を教えてくれた高校生たちが訪ねてきた。清々しい潮風と潮騒を楽しみながら、夜遅くまで語り合った。

オートバイに乗って自由奔放に見える彼らだが、とても真面目な青年たちだった。進路について、親や先生と自分たちの考えの違いからくる葛藤を打ち明けてくれた。いずこの高校生にも悩みは多いようだ。

○7月2日

九十九里から犬吠岬を通り、鹿島の付近で見晴らしのよい直線を走っていると大型バイクに出会い、しばし並走。大洗、日立と茨城の海岸線を抜けて福島のいわき市に到着した。先輩の家を訪ねた。その前の年にも、クラブの夏合宿から郷里に帰る途中で立ち寄ったことがあった。先輩はまだ東京にいて留守だったが、彼の両親が迎えてくれた。先輩の家は大きなスーパーを経営しており一年中忙しいところだったが、快く迎えてくださり、豪華な夕食で大歓迎してくれた。

○7月3日

翌日、午前中はスーパーの荷物運びなどを手伝って、昼に出発。福島の海岸線を北上し常磐線に沿って宮城県に入り、岩沼から折り返して東北本線沿いを南に向かって走り、蔵王の見える故郷の白石に着いた。三日分の洗濯だけをして早々に寝る。

○7月4日

早朝、暗いうちに白石を発ち、仙台から松島を抜け、牡鹿半島を目指す。半島の先端のほうに鮎川という漁港がある。昔、捕鯨の基地として栄えていたところだ。

牡鹿半島コバルトラインの終点から両側を緑の森に囲まれた谷あいの道を下っていくと、正面に湾が見え、鮎川の町並みが湾に沿うように広がっていた。

海岸沿いの道を右に曲がって登ると、クジラ博物館があったので中に入ってみる。狭い建物の中に巨大な鯨の骨格の標本が展示してある。

見ると2メートルほどもあるだろうか、ボクの全身がすっぽり入ってしまいそうな、白くて長い大きな袋状の物があった。袋といっても柔らかくはなく、円筒形で先に行くほどテーパー状に細い固い殻になっている。

何だろうと説明のプレートを読んでみると、鯨の性器だった。巨大な鯨のモノはさすがに巨大だ。

ここの土産物売り場ではクジラの骨の加工品をいろいろ売っている。ボクはギョズのお返しにアフリカに旅立つ愛子さんに渡そうと、細かい彫りの入ったハート型のペンダントを買った。

昼食後、町をあとにして半島の根もとに戻り、女川《おながわ》から雄勝《おかち》を通って北上川に向かう。

雄勝を出ると山中に入り、道がどんどん細くなって両側から雑木林が迫ってくる。坂も急になってきた。そのうち道はますます狭くなって、坂も極端な上りになり先が見えない。車を停めたり、Uターンするスペースもなく、まるでモトクロスのコースのようだ。本当に道は向こう側にも続いているのだろうか。もしかして行き止まり?

スピードをゆるめるわけにもいかず、ボクは行くしかないと決め、スロットルを回して坂を上り切った。上り詰めて先を見やると細いながらも道は続いていた。ほっとした。

エンジンブレーキをかけながら降りていくと、目前に大きな川が見えてきた。北上川だ。大きな橋も見える。

そのとき、別の世界に入ったような雰囲気を感じた。

小さな子どもたちが整列しているヴィジョンが浮かんだ。しかし、目を凝らして前を見ても、西に傾いた陽の光を浴びた大きな川と橋のあたりは静まり返っていて、人っ子一人見当たらない。

それでもボクの脳裏には、小学生らしい子どもたちが先生に指示されて整列している様子が、フラッシュバックのように何度も浮かんでは消えた。同時にどっと疲れを感じた。

大きな橋の手前を左に曲がり、北上川上流に向かって川沿いを数分走った。しばらく行くと川を隔てた右側に小高い土手が長く続いている。

ボクは本道を外れ、土手の先のほうへ行ってみた。人気はなく、周囲には草が密生し、土手が終わるあたりには松の木が数本生えていた。バイクを松の木の根もとに停めた。そこはボクが入ってきた土手の小道以外に道はなく、周囲を川と川に囲まれた島のようになっている場所だった。

誰もいないし、来そうもない。今日はここに泊まろう。ボクは平らな草むらを選んでテントを張った。川を吹く風が気持ちいい。横になるといつの間にか眠りに落ちていた。

子どもたちが小学校の校庭に整列して並んでいる。先生の指示を待って、行進をはじめようとしていた。ボクはこころの中で叫んでいた。

（何をしているんだ！　早く逃げないとダメだ。早く動け！　走れ！）

そこに盛り上がった真っ黒い水が襲いかかった。

（しまった！）と思ったときは遅かった。逃げ惑う子どもたち。引率している先生を含め、生徒たち全員があっという間に濁流に飲み込まれた。校舎も黒い水に埋まっていく。

黒々と高くなった海の水は橋を乗り越え、ものすごい勢いで川を遡ってきた。ボクは逃げようとしたが、体が利かない。金縛りにあったようだ。黒い波はボクのテントまでやってくると、あっという間に飲み込んでしまった。

ボクは息を詰まらせながら目を覚ました。体中、汗でびっしょり濡れていた。周囲を見回すと、斜めに射す陽光がテントを照らし、外はまだ明るかった。テントから出ると、川面をかすめてくる浜風が火照った肌に心地よかった。

（あれは何だったんだろう。今はまったく穏やかだ。でも、この海もいつかはそんなことに

なるのだろう）

数10年後、近くの大川小学校に東日本大震災の大津波が押し寄せるとは知る由もなかった。未来のことを見せられるのは何もボクだけではない。他の国にも、世界の未来の出来事を見たという人たちがいる。

１９７５年、アメリカのダニオン・ブリンクリーは電話中に落雷が電話を伝ってきて焼け焦げになり、心臓が止まった。20、30分後に蘇生するが、その間の臨死状態の中で自分の過去の行状をはじめ、百数十もの地球の未来のパノラマ映像を見せられた。

そこには東西冷戦の終結、ベルリンの壁の崩壊や湾岸戦争、そして東日本大震災までもが含まれていた。

ボクは雷に打たれたことはないが、夢で未来を見ることはよくあった。ダニオンのように世界の出来事ではなく、その土地に関するものやボクの将来など身近な物事ではあったが。

何が原因で見るようになったのか、本当のところはわからない。しかし、そのような夢、あるいは映像は歴史や人生の転換点を示唆するといえそうだ。

○7月6日

今日は雨だ。テントをたたみ、ビニールの上下の雨具を着込んでオートバイにまたがった。

雨の道は走りにくい。未舗装の道ではなおさらだ。

北上川河口から気仙沼までの海岸線は、地図によると未舗装が大部分だったので、そこを避けて一度内陸に入ってから、また東に向かって気仙沼に入ることにした。

しばらく川沿いを走るとドライブインがあったので、朝食をとった。あとからオートバイのカップルが入ってきた。オートバイは一台で、相乗りで旅行をしているようだ。聞いてみると北海道を回ってきたという。

「北海道の道はどうでしたか？」

「だいたいはよかったけど、ところどころまだ舗装されてない。工事中のところは大変だったよ。特に稚内《わっかない》から網走に抜けるオホーツクの道路はダートが多く、ガスがかかって走りにくかったな」

道路地図でオホーツク海に面した道路を見ると、たしかに実線ではない未舗装の部分がかなりあった。

食べ終わったときには雨はすでに止んでいた。お礼を言って、彼らと別れて北に向かう。

一ノ関から陸中海岸の気仙沼へと向かう山中のくねくね道は、両側から深い緑の木々に囲まれている。奥深い山の中に分け入った気持ちだ。気仙沼まで大きな町はほとんどなく、ひたすら爆音を響かせて前進するのみ。気仙沼に着くと、大自然の中から文明の世界に戻ってきたようだった。

気仙沼と釜石の海のそばを走ったとき、また北上川の河口で体験したような感覚に見舞われた。黒い海が盛り上がり、町を飲み込んでしまうというヴィジョンが脳裏に浮かぶ。右に海を見ながら、左に10メートルはあろうかという巨大な防潮堤の脇を走る。こんな大きな防潮堤があるのだから、それを乗り越えるようなことが起こるはずがないと理屈では思うのだが、打ち消そうとしても打ち消そうとしても、町が波に飲まれてしまうヴィジョンが脳裏に現われてくる。

夕刻、宮古に入り田老《たろう》を経て、浄土ヶ浜のキャンプ場に着いた。

高台にある道路から砂浜に向かって草原が続いている。草原の両側はせり上がっていて、ちょうど丘に囲まれた谷のようなキャンプ場だ。下の平地の部分に水場や煮炊きをする場所、キャンプファイアーをする場所、トイレなどがあった。

手続きを済ませ、中腹にテントを張ろうとして海を見たら、またしても海が盛り上がって黒い大波が襲ってくる情景がこころに浮んだ。

キャンプ場はまだシーズン初めのせいか、下のほうにいくつかのテントがあるだけで、平地に場所はいくらでもあったが、ボクは少し高めのところにテントを張ることにした。

すると、「オートバイで旅行してるんですか」と一人の青年が近づいてきた。ボクのバイクをしきりに見ている。そして今晩、一緒にテントに泊めてくれないかと言う。彼も旅の途中で今日、東京から宮古に着いたらしい。

聞けば、慶応付属の高校生だった。高校はまだ夏休みではないはずだ。見ると、夏とはいえ旅にしては身の周りにこれといった持ち物もなく、彼はいたって軽装だった。何かわけありかなとは思ったが、これも何かの縁、特に詮索はせず、快く泊めてあげることにした。

高校生はテントの中に入ると間もなく寝てしまった。よほど疲れていたのだろう。ボクもうつらうつらしているうちに寝入ってしまった。

目覚めたとき、あたりはすでに夜の帳が降りていた。下の砂浜ではキャンプファイアーが炎を上げ、テーブルに向かい合って数人が話している。

地元の人たちだろう、ときどき耳に留まる東北訛りが懐かしい。口調から穏やかでやさしい人柄が伝わってくる。

夜空は快晴、さわやかな潮風が肌をかすめる。ボクは浜に降りて行って話の仲間に入った。彼らは快く迎えてくれ、ビールや料理を勧めてくれた。

話をしているうち、田舎での少年時代や高校生活が思い出された。そして、彼らのやさしさに触れ、東北で育った自分がとても幸運だったとあらためて思った。彼らは最後に、これから行く先々の様子や道路状況など役に立つ情報を教えてくれた。

北海道　～伯母さんの家、バイク仲間、噴火の夢

○7月8日

朝イチで大間からフェリーに乗り、北海道に渡った。

フェリーに乗り込むと、係員がバイクが動かないようにロープで甲板にしっかりつなぎ留めてくれた。いちばん安い客室は床に座るようになっていた。初めは人もまばらだったが、出港するころには身動きがとれないほどギュウギュウ詰めになった。

空はどんよりと曇っており、今にも雨が降り出しそうだ。沖に出ると海も時化《しけ》ていて、波が荒くフェリーがゆれ出すので、ボクは函館に着くまでまんじりともできなかった。気分がわるく吐きそうだったが、何とか耐えることができた。

乗客のほとんどは地元の人たちのようで、こんな荒海にも慣れているのか、みんな平気な様子だ。

函館に到着すると、今にも降り出しそうな気配。フェリーの甲板からオートバイで走り出て、再び大地に降りたときの安堵感は格別だ。やはり、ゆれのない陸上では生き返った心地がする。

そのまま国道に入って北に向かう。走りはじめて間もなく、雨が降りはじめた。皮ジャンとズボンの上に雨具を着込み、走り続ける。大沼公園のあたりでどしゃ降りになった。せっかくの湖沼の景色がよく見えない。

国道を走っていると、土木工事でもしているのだろうか、たくさんの大きなダンプカーが猛スピードでボクを追い抜いていく。

雨が雨具の中にまで滲み込んできて体温を奪う。夏だというのに寒い。長万部《おしゃまんべ》まで来ると衣服はビショビショになり、体は寒さでブルブルと震える。ボクはとうとう駅の前でバイクを停めた。

駅の横に公安所があったので、近所に適当な宿がないかどうかたずねてみた。係りの人はとても親切で、近くの安い旅館に電話までしてくれたので、すぐに予約がとれた。

宿は駅のすぐそばだった。風呂に入り、落ち着いたところで雨の上がった表通りに出てみると、目の前にカニ屋さんがあった。長万部は毛ガニで有名だったことを思い出したが、まだ旅も初めなので無駄遣いは禁物と自粛した。

宿に戻ってひと眠りし、目覚めるとすでに夕方だった。宿の夕食の膳には、何と食べたいと思っていた毛ガニが乗っていた。身の詰まった美味しいカニを堪能できた。終わりよければすべてよしである。

◯7月9日

宿の朝食を済ませ、さっそくバイクにまたがる。今日の目的地は札幌だ。洞爺湖、室蘭、苫小牧《とまこまい》、支笏湖《しこつ》を抜けて、札幌に入る予定。

洞爺湖に着いたころには、空もすっかり気持ちよく晴れていた。

湖の周囲を回っていると、湖畔の畑の平らな場所に突然、鮮やかな赤茶色のごつい岩山が聳え立っている。昭和19年にできた昭和新山だ。今も山肌から湯気のような噴煙が立ち昇っているのを見て、畑の中からいきなり火山が出現したという当時の人たちの驚きがわかる気がした。

目の前の山に対して眼をつぶっていると周りの空気が変わり、別の山の鼓動が感じられた。昭和新山ではなく近くにある火山が噴火をしはじめ、あたりが暗くなるほど多量に火山灰を噴出して、その地域じゅうが灰まみれになるヴィジョンだった。昭和新山まで灰で覆われている。

将来、ここでそんなことが起こるのだろうか。眼を開くと昭和新山は何も変わらず、新鮮な山肌に湯気が上がっていた。

気分がよかったので、このあたりが火山灰で埋もれないうちに見ておこうと洞爺湖の周りを一気に二周回った。湖の真ん中に浮かぶ島が生き物のように緑に光って印象的だった。

洞爺湖をあとに伊達市に入る。北海道の地名は本土から移住した人たちの出身地から取ったものがしばしばあるが、伊達市もそうだ。

明治になって武士は失業したため、北海道の新天地に移住して開拓に携わる者たちが多かった。そうしてできた町の一つが伊達市。仙台伊達藩の分家である亘理《わたり》伊達氏の人たちが移住して開拓した町である。

もう一つは札幌の白石区。ボクの郷里の白石市の片倉氏は伊達政宗の軍師として活躍し、一国一城の時代に例外的に白石城を許されて藩の南を守っていた。

幕末、幕府に味方したが戊辰戦争に破れ、白石の領地は南部藩のものになってしまった。一万八〇〇〇石は五五石に減俸、藩士は氏族の身分を解かれ、土地屋敷はすべて没収された。そこで新天地を求めて家臣団は開拓を決意し、北海道に移住したのだ。

これから行く札幌の白石区には、宮城県白石市から嫁いだボクの伯母が住んでいる。札幌の白石という地名は、中学時代に学校新聞の係になっていたときに知った。

宮城県白石市と北海道札幌市白石区の関係の記事を載せる企画が決まったとき、編集会議でボクに白羽の矢が立ったのは、ボクが白石の旧城主と親しそうなので適当だと思われたからのようだ。

たしかに片倉のお殿様は、ボクにとってはお馴染みのヒゲのおじさんだ。しかし、このときは学校新聞の取材のためなので、勝手知ったるおじさんのところに行くとはいえ、緊張していた。

ボクが玄関で用向きを伝えると、ヒゲのおじさんは笑顔で甲冑が飾ってある居間の座敷に招き入れてくれた。ヒゲのおじさんは奥の間から資料を携えてくると床の間を背にして座り、おもむろに話しはじめた。

おじさんの話によると、白石城下の人々の北海道移住の際には、かの有名な咸臨丸《かんりんまる》も人や物資を北海道へ輸送する船として使われていたことがわかった。

咸臨丸は、片倉の旧臣たち数百人を函館から小樽に送り届けようとして暴風雨に遭い、木古内《きこない》のサラキ岬沖で座礁して沈没してしまう。それが咸臨丸の最期だった。

幸い乗っていた人たちは助かり、あとの船に乗って小樽へ行った。そこから最月寒《もつきさっぷ》（現在の札幌市白石区）、さらに手稲《ていね》（現在の札幌市手稲区）を開拓した。白石片倉藩の藩士たちが開拓した町は、ほかにも幌別（現在の登別）があった。

洞爺湖に別れを告げ、しばらく走って室蘭に入る。室蘭は製鉄の町だ。

ボクはこれはと思われる坂を走り登っていき、町の広い範囲が見渡せる場所に着いた。製鉄所や町並みを高みから見物しながら、パンとミルクで軽食をとる。

室蘭をあとにし、海岸線を白老から苫小牧に向かう。途中でホタテ飯の看板に目がくらみ、ドライブインに立ち寄った。しかし期待した料理にはプリプリした貝柱はどこにもなく、かわりにヒモがひと筋だけあった。

たしかに貝の一部ではあるが、詐欺にあったような思いだ。でも、文句を言ったところでいいことはない。ボクは気を取り直して苫小牧に向かった。

苫小牧からは海と別れて内陸を目指す。上りが続き、山がちになるほどに木々も緑も多く涼しくなった。気温も5、6度は違うだろうか。

一気に走り上がると目の前に湖が現われた。支笏湖だ。せっかくなので一周めぐってみる。湖の周りは高い山々に囲まれているが、風は強く波立っている。水の色は濃く、とても深そうだ。よく見ると吸い込まれそうでゾッとした。ボクは強度の高所恐怖症だが、水の深さを見て怖さを感じたのは初めてだった。

一周したあとはさっさと湖を離れ、札幌を目指す。眼下には、どこまでも一直線に伸びる舗装路を一望できた。走っている車が極端に少ない。

こういうところにはよく白バイがいるものだと用心しながらも、ついスピードが出てしまい、ジェットコースターのような勢いで軽快に走り下った。やがて前方に都会の町並みが見えてくる。札幌だ。

白石区に入ってしばらく行くと川があり、土手で子どもたち数人が遊んでいる。ボクはバイクを停めて、子どもたちにたずねた。

「このあたりで、○○っていう家知らない？」

「わからないけど、お母さんなら知ってるかもしれない」

一人の子が近くの家に走っていくと、家から女性が出てきた。

「その家ならここをもう少し行って、ボーリング場を右に曲がったところだよ」

ボクが説明を受けている間、子どもたちは珍しそうにバイクを見ている。

このとき、また周りの空気が変わったのを感じた。すると、この子どもたちの一人が将来、自分の先生になるという思いが強く浮かんできた。

将来のことは調べようがない。ボクはすごく興味を惹かれたが、確かめる術もないので子どもたちと別れてまた走り出した。

ボーリング場はすぐ見つかった。道を曲がった次の家が目的地だった。家の人が二、三人庭に出て何かをしている。移植ベラやハサミを持っているので、庭仕事の最中のようだった。

ボクが宮城県の白石から来た旨を告げると、みんながこちらを見た。話しかけた女性は伯母の娘、ボクの従姉妹だった。

伯母は北海道にお嫁に行って大変苦労したと聞いていたので、ボクは勝手に厳しい怖そうな人を想像していたが、会ってみるととてもお茶目でキュートな人だった。

伯母は何と、ボクのオートバイに乗ってみたいと言い出した。動かさないから、乗るだけでいいからと言うが、当たり前である。高齢の女性が、こんなに重い大型バイクを操作できるわけがない。

結局、伯母はボクの皮ジャンと皮ズボンまで身につけて、うれしそうにオートバイにまたがった。とても楽しそうだったので写真を撮ってあげた。

その晩は、もう一人の従兄弟夫妻も駆けつけてきてくれた。みんなで夕食をとりながら、親戚の消息に話が弾んだ。何せボクの母方は11人兄弟で、母はその末っ子だ。彼らの子どもたちもたくさんいるから、ボクを含めると従兄弟は27人いる。ボクはその中でいちばん年下だった。

伯父伯母のうち、戦争で亡くなった愛子伯母以外はみんなに会っているが、従兄弟の中には会ったことのない人もいた。今回の従兄弟たちもそうだった。

話をしてみると、親戚縁者のほとんどは東日本にいる。ボクは浪人中に京都に住んだが、西日本に住んだのは一族で初めてのことだと知った。

○7月11日

札幌の白石をあとにして、さらに北に向かう。

石狩川を横に見ながら、降ったり止んだりの濡れた道をひたすら走り続け、旭川に着いた。そこからさらに大雪山系の層雲峡に向かう。層雲峡に着くと谷の駐車場に関西ナンバーのオートバイ三台が並んでいた。そこから先は歩きだ。

ボクもバイクを停めて、歩いて奥に向かった。ひとめぐりして駐車場に戻ると、オートバイの持ち主だろう、学生ふうの男性が三人いた。大阪からツーリングに来ているという。今夜は旭川の先の塩狩峠のユースホステルに泊まるのだそうだ。方角が同じなので、ボクもそこまで一緒に行くことにした。

ユースに着くとすでに多くの宿泊客でひしめいていた。ボクが彼らと別れようとすると、一人が「ちょっと待ってくれ。君も泊まれるか、交渉してみるから」と言う。

当時、三浦綾子氏の『塩狩峠』という小説が話題になっていたので、観光客が詰めかけているだろうから期待はできないなと思いながら、ボクは外の景色を眺めていた。

窓の向こうに林が続いており、その間を宗谷本線の蒸気機関車が汽笛を鳴らして煙を吐きながら走り抜けていく。

先ほどの男性が戻ってきて「何とか泊まれることになったぞ」とのことなので、ボクは彼らと一緒に泊まらせてもらうことにした。

大阪からの三人は近畿大学の学生だった。彼らはこれから稚内、網走、知床、美幌を抜けて、根室、釧路、阿寒から帯広を通り、襟裳、そして苫小牧から太平洋側を走って函館へ戻ると言う。そしてフェリーで本州に渡り、日本海側を走って大阪に帰るというコースだ。

ボクのプランも苫小牧まではおおむね同じルートだったので、しばらく一緒に走ることにした。オートバイ仲間は楽しいし、いざというときには何かと心強い。

○7月12日

朝から快晴。さわやかな緑の大地を4台のオートバイを連ねて走る。いちばん前がホンダのナナハン、川本くん。次がボクでカワサキのロクハン。ヤマハ250は半田くん、そしてスズキ250の下田くんと続く。

士別、名寄《なよろ》、音威子府《おといねっぷ》を通り抜け、左に天塩川と白樺の林を見ながら北に向かう。晴天の下、緑の樹木の間を滔々と流れる川のそばを新鮮な空気を胸いっぱいに吸って走るのは気分がいい。

サロベツ原野は、人工物はほとんど見当たらず大きな自然だけが広がっていた。水辺を眺めながらしばらく行くと、先頭の川本くんが腕を振ってサインを出した。徐行して停まれという合図だ。

何かあるのか？　二番手を走っていたボクは徐々に速度を落とした。もうすぐ停まるかと思ったとき、後ろから衝撃を感じてバイクごと一瞬、宙に浮いた。どうやら事故を起こしてしまったらしい。

当てられてたほうのボクのバイクは、後ろのサイドバッグのフレームがちょっと曲がっただけで、ほかには特に変わったところはない。

背後を見やると、ヤマハの半田くんが倒れていた。すぐに立ち上がったところをみると、深刻なケガはなさそうだ。しかし、バイクの前の部分はフォークが湾曲し、かなり曲がっている。起こすとフロントが異常に立ち上がって、映画の『イージーライダー』のバイクのようだ。ハンドルもねじ曲がっている。

見たところエンジンにはダメージがなさそうだった。スタートすると一発でかかる。でも、いったい走れるのだろうか。

すると川本くんが正面からヤマハの前輪にまたがり、両足で車輪を挟んで固定するとハンドルの両端を握り一気にねじった。あさってのほうを向いていたハンドルが、ほとんど正面を向くように戻った。試しに走ってみると、バランスはわるそうだが走ることができた。

「あとはマシーンショップでもあればフォークを真っ直ぐにできるんだがなあ」

川本くんはそう言うと、次の町でパイプを曲げる工具があるところを探して直そうということになった。

ボクは内心、悲観的だった。このあたりはどんなに走ってもなかなか町にはたどり着けないだろう。そんな大がかりな工具を持っていそうな町工場や修理屋があるとは、とうてい思えなかった。

しかし、何ということだろう。次の町にマシーンショップがあって、修理に必要なパイプを曲げる油圧式の機械が備えつけられていた。

川本くんは機械を借りると曲がったフォークを手際よく伸ばし、もとどおりの真っ直ぐな状態にしてしまった。それをバイクに再び取りつけると、何とかもとの姿に近くなった。

聞けば川本くんの家は鉄工所で、機械の扱いには慣れていると言う。このような友だちが身近にいるととても頼もしい。

再び4台連ねて北へとひた走る。稚内の町に入ったのは、太陽もだいぶ傾いた薄暮のころだった。バイクで稚内公園の丘を駆け登る。

バイクを高台に停めて北の海を見渡すと、薄暗い海面の遠くに漁火がきらきら輝いて見える。イカ釣りの漁船だろう。

7月中旬、真夏とはいっても、日本の最北端の町は陽が陰ると急に寒さが襲ってくる。野営の準備で荷物を下ろすとき、みんなの吐く息が白く見えた。夜半から夜明けはさらに冷え込み、寝袋の中でも寒く感じた。

○7月15日

晴天。まずは近くの川湯温泉を見物。「川湯」の名は文字どおり、川に湧き出た湯が町中を流れているからだそうだ。町の向こうに連なる丘のあちらこちらから白い煙が立ちのぼり、硫化水素の匂いが充満していた。

川湯を見物したあと美幌峠を越え、摩周湖への道に入る。「霧の摩周湖」というが、ボクたちが到着したときは幸運にも霧はなく、湖がきれいに見えていた。さっそく湖を背景にして写真を撮る。

ところが、そのすぐあとに瞬く間にどこからともなく霧が湧いてきて、あっという間に湖全体をすっぽりと覆い隠してしまった。

根室方面に進路を取る。別海、厚床《あっとこ》を経て根室に入った。せっかくなので足を伸ばして根室半島の先端、納沙布《のさっぷ》岬まで走る。

岬の先端から黒くゴツゴツした小さな島が見えるのは、歯舞《はぼまい》群島の一つ、水晶島だ。岩に白いペンキで「千島を返せ」と書いてある。もう、向こう側は日本ではない。目の前の海が国境なのだとあらためて思った。

根室半島に入ってからやたらと霧っぽくなり、視界がわるく、走っているうちにビシャビシャに濡れてしまった。

早めに切り上げ、今日は根室に泊まることにした。根室のユースホステルも大盛況だったが、まだ早かったのでゆっくり落ち着くことができた。

外からは調子のよい笛や太鼓の音が聞こえてくる。どうやら根室は夏祭り。近くで盆踊りが開催されるようだ。

仲間の三人と一緒に行ってみることにした。広い通りでは、大きな輪になって民謡に合わせて地元の人たちが踊っている。

「一緒に踊ろう！」

いつも明るく陽気な半田くんが言う。でも、あとの二人は「俺たちはいいから、踊りな」と恥ずかしそうにしている。

ボクも恥ずかしがり屋だが、旅先でお祭りと出会う千載一遇のチャンスを見逃すのはもったいない。半田くんとは事故以来、特に仲よくなっていた。

（よし、一緒にノってやろう）

ときおり海風が吹き、煙のような霧が踊りの列を襲うが、真夏なので寒くはない。霧で人々の姿が見え隠れする。煙の中で踊っているような気がした。

そのうち、ボクは笑いが込み上げてきた。踊りの輪の人たちも半田くんも楽しそうに笑いながら踊っている。二人でノリノリになって、ひとしきり狂ったように踊った。

○7月16日

起きてみると、あたりは霧。根室・釧路地方は夏でも霧が多いと聞いてはいたが、本当にそうだった。

みんなで雨具を着込んでバイクにまたがる。昨日来た道を厚床まで戻り、さらにその先の厚岸《あっけし》を通って釧路に向かう。釧路からは阿寒湖に向かった。原野を覆っていた霧がいつの間にか霧雨になり、やがて本降りになった。ここから先はひたすら忍耐のツーリングだ。

直線が多い北海道の道は、その単調さに飽きがくる。寒さや疲れも重なり、意識が朦朧としてきたとたん、ババババッという音とともに体に振動が伝わる。

センターラインの鋲を踏む音でわれに返ると、いつの間にかバイクは道の真ん中を走っていた。人は眠くなると無意識に道の中心に寄る習性があるようだ。

阿寒の町外れの宿が見えてきたときには、疲れと寒さとひもじさが極まっていた。町に近づくと、最初の宿から傘を差したお女将さんが出てきてボクたちを呼び止めた。

「あなたたち、まだ宿が決まってないんだったらここにお泊まんなさい。安くしとくよ」

こちらとしては早くホッとしたいところだが、甘く見られてはいけない。

「値段しだい。一泊いくら?」

聞けば、まずまずの値段だ。泊まると決まったとたん、雨にドップリ濡れた衣服が急に鬱陶しくなる。装備を外して濡れネズミから解放され、風呂で温まり、乾いた服に着替えたあとの食事のおいしいことといったらない。

乾いた浴衣で布団に寝るありがたさをつくづく感じながら眠りについた。

○7月17日

太陽が眩しい朝。

マリモを見る観光船に乗るために桟橋に行くと、すでに観光客でごった返していた。船でコースをひと回りする。

マリモというくらいで、たしかにマリのように丸い藻だ。ゴルフボールからテニスボールくらいの大きさの丸い緑藻が水の中に見えた。このように丸く成長する緑藻は世界でも珍しいそうだ。

小学生のころ、たくさん緑藻がある池で「マリモだぞ」と言って、緑藻をボールのように丸く固めて遊んだことを思い出した。

コースを一周して桟橋に降りると、次の乗客たちが向こうからワンサカ押し寄せてきた。すれ違いざまに一瞬、一人の女の子が目に留まった。

（もしかして、あれはクラスの子？　いや、日本狭しといっても、北海道のこんなところに

来ているわけがない）

そのときは確かめる機会がなかったが、二学期がはじまって彼女に聞いてみたら、実際に本人だった。

○7月18日

ギラギラに晴れた夏の太陽の下、荷造りをして宿を出発。

国道へ向かおうと砂利道を横断して一時停止しようとしたとき、ズズズッと滑ってボクは転倒してしまった。バイクで転ぶのは初めてだ。幸いスピードが出ていなかったのでケガはなく、バンパーにかすり傷がついただけだった。

この日は列車と追いつ追われつしながらひた走るうちに、苫小牧が近くなってきた。近畿大学の三人は、苫小牧から海岸線を函館まで行き、フェリーに乗って大阪に帰ると言う。ボクは彼らと別れて、札幌の伯母のところにもう一度寄ることにした。

札幌に着くと従姉妹の家族が週末のキャンプの準備をしていた。

小樽方面の海岸で、夏によく遊びにいくところがあると言う。ボクも同行させてもらうことにして、家族5人が乗った車のあとをバイクでついていく。

積丹《しゃこたん》半島のキャンプ場は、砂浜と岩浜が混じり合った海水浴場だった。人々が泳いでいる先の沖のほうには、ロウソクのような岩が一つ力強く立っていた。

テントを二つ張って野営の準備をしたあと、火を起こして食事の支度にかかった。従姉妹夫妻が大量の食材を持ってきていた。マトンの肉にエビ、イカ、野菜類が山ほどある。夕日を浴びて自然に浸りながらビールを酌み交わし、ご馳走を頬張る。北海道のビーチバーベキューは病みつきになりそうだ。

「私は家にいたほうが気楽でいいよ」と言っていた伯母をふと思い出した。

明治の初めに船でこのあたりに着いて、札幌開拓に従事した白石の人々や伯母たちの苦労があってこそ、北海道の今の豊かさがあるのだと思うととても感慨深かった。先人たちに感謝した。

東北日本海から蔵王越え　～地震と津波の白日夢、ダンプの追い越しで肝を冷やす

○7月24日
朝から雨がしとしと降っている。雨具を着て、テントをたたんで出発。

ここまで来たのだから、本州に渡る前に北海道唯一の藩だった松前のお城を見てみようと、

福島町の西20キロほどにある松前を目指す。

室町時代以来、いつも和人とアイヌの闘争の最前線にあった舞台だ。春はたくさんのサクラで見事に彩られるという松前城。その日、城門は雨に煙って静かに建っていた。

小糠雨が肌寒い松前半島の福島からフェリーに乗る。北海道ともお別れだ。陸の上では静かに雨が降っている程度だったが、台風が近づいている海上の水は暗く濁り、思いのほか波が高く荒れていた。沖に出ると海は澄んでくるが、波は激しくなるばかりだ。

気分がわるくなりながらも何とかがまんしているうちに、フェリーは津軽半島突端の港、三厩《みんまや》に到着した。

船着場はカンカン照りの蒸し暑い夏模様だった。皮ジャンをデニムのジャケットに着替えて、ボクはフェリーから埠頭に走り降りた。

津軽半島を東海岸沿いに南下して青森に入り、そこから黒石を抜けて十和田湖に向かう。湖に着いたのはちょうど夕暮れどきで、子ノ口キャンプ場ではキャンパーたちが夕食の準備をしていた。

それぞれによい場所を取って混み合っていたが、ボクはその間の適当な場所を見つけてテントを張った。ありがたいことに、蚊やアブなどの厄介な虫が一匹もいない。そこは旅をしていてもっとも居心地のよいキャンプ地の一つで、ぐっすり眠ることができた。

○7月25日

スッキリした気分で起床。

十和田湖を出発。今日の旅は長い。予定としては、十和田湖から大館、能代を回って男鹿半島の入道崎まで行き、そこから日本海沿いの道を秋田、酒田、鶴岡へと向かう。

夜半に少々雨が降ったとみえ、道は打ち水をしたようでさわやかだ。すれ違う車もなく、ボクのロクハンだけが緑の山々に爆音を響かせて軽快に走る。

上り坂をルンルン気分で走っていき、調子よく上り下りの坂が続いたあと、道が波打って先が見えにくくなるところがあった。

上りの頂点を通過したときだった。突然、左の路肩が崩落してアスファルトの舗装部分までえぐられている箇所が現われた。

ボクは、アスファルトがかろうじて残っているところを通過したために助かった。左足の下は土がえぐられて何もないのが見えた。あと10センチ外側を走っていたら谷に落ちていただろうし、あの谷に落ちたら発見されるのは難しい。そう思うと鳥肌が立ったが、ラッキーだったことに感謝した。

能代を経て八郎潟のだだっ広い干拓地を抜け、男鹿半島の先端を目指す。入道崎近くで、緑の丘陵に湖沼が点在するめずらしい景観が現われた。

岬に着いたが、広大な景色を見てもなぜか楽しくなれず、ボクはすぐにバイクに戻って先を急ぐことにした。

左は急斜面の崖、右は日本海を臨む海岸線だ。陽射しは明るく、雄大な景観ながら、なぜかものさみしい、しんみりした雰囲気が漂っていた。

そのとき周囲の空気が変わって、脳裏にヴィジョンが映し出された。小学生たちと先生がいる砂浜に海水が上がってきて、周囲を飲み込んでしまう光景が展開する。

こんなに美しい場所でそんなことが起こるわけがないとこころの中で否定しても、同じヴィジョンが何度も浮かんできた。

秋田、本庄を抜け、象潟《きさかた》を通るころに左に鳥海山が見える。右は日本海だ。日本海に落ちようとする太陽と競うようにひたすら走った。暗くなる前に姉のいる鶴岡に着こうとボクは焦っていた。

鶴岡の町に近づくと、どこかで工事中なのか、大きなダンプカーが引っきりなしに通る。何度か抜きつ抜かれつしたあと、前のダンプカー二台がカーブになっている道の真ん中で急にスピードをゆるめた。

ボクはしめたとばかり、ダンプカーをごぼう抜きにして先に飛び出た。そこは交差点で、しかも赤だった。一瞬ブレーキをかけたが、交差点の真ん中で停まるわけにもいかず、またアクセルをふかして交差点から脱出した。交差する車がいたらもろに衝突していただろうと、ボクは肝を冷やした。

それからは何かから逃れるかのようにひたすら走り続けた。鶴岡で泊まろうと思っていたのだが、気がついたときはもう山形まで来ていた。

故郷の白石は目の前の蔵王を越えたすぐ向こうだ。夜の9時をはるかに過ぎているが、ボクはもうここまで来たのだからと行く決意をした。

近道のエコーラインで蔵王を越えようと、登り口の上山から山道を登りはじめたのは10時過ぎ。料金所のゲートにはもう誰もいない。明かりだけが煌々とあたりを照らしている。

料金所を越えたとたん街灯などの照明はいっさいなくなり、漆黒の闇となった。この世を離れ、冥土の世界に入ったようである。見えるのはバイクのヘッドライトが照らす範囲だけ。

霧も一段と濃くなり、闇がすっかり山を覆いつくしている。小さな一条の光と、バイクの爆音だけが無限の闇と静寂に吸い込まれていく。

山を登るにつれ霧がさらに濃くなり、本降りの雨に変った。どこまで走っても人も車も見ることはない。

まるで大自然の中に自分だけが放り込まれた感じだ。自分が自然に対していかにちっぽけなのかが感じられた。

峠を越えて山の反対側のゲートを通過したとき、ボクは再び下界に戻ったとホッとした。

今日は長旅だったにもかかわらず、白石の家にたどり着いたときは不思議と疲れは感じていなかった。むしろ蔵王の自然から強烈なエネルギーを受けて、新たな英気を養ったように思えた。

全行程の中でこの日に走った距離がいちばん長く、650キロだった。

○7月26日

明け方、不思議な夢を見た。

夢の中で、どう対処すればよいのかわからない見えない相手と戦っていた。東南の海の方角から、とてつもなく恐ろしいものが襲ってくるのを感じるのだ。ボクのいる白石から東南というと、福島の海沿いあたりになる。

それは光のように照射しながらやってくるが、光ではない。目には見えない。五感ではとらえられない何かなのだ。でも、それは命を脅かすほど恐ろしいものだとこころに伝わってくる。

母がいる白石にそんな脅威が襲ってくる。どうすればよいのだ。ボクは葛藤を感じながら、「うっうー！」と叫びながら目を覚ました。

そのときは、40年後に東日本大震災が起き、福島第一原発の事故で放射能の脅威に見舞われるなどとは想像もできなかった。原発からの距離では福島と白石はほぼ同じである。

西日本へ向かう　～バイク仲間との再会

○8月3日

西日本の旅の大雑把な計画としては、東海と近畿の海岸を走って大阪方面へ行く。そして四国の太平洋岸を走ってから豊後水道を渡り、九州に入って一周し、北九州から日本海側を京都まで行く。

そこから北陸の海岸を通って新潟から会津に抜け、8月末には郷里の宮城県白石に戻るというものだ。

まずは東京から横浜を抜け、藤沢、平塚、小田原、三島と国道1号線を走った。残念ながら交通量が多く、風景にもあまり変化はなくて感激がない。

沼津を過ぎたあたりから自然の景色が多くなった。峠を越え、清水に通じる海沿いの道はなかなかのスリルを感じた。

左ははるか下に太平洋、右が崖のヘアピンカーブに差しかかったとき、周りの空気に変化が起きた。何かが入り込んでくる気配を感じた。バイクが崖側に導かれるようにカーブの外に出ていく。

あわててブレーキをかけてハンドルを戻そうとするが、体は自分の意志とは別の動きをしようとする。直感的に、何らかの別の意識がいたずらをしていると感じた。このあたりでかつて事故でもあったのだろうか。寂しいような、残念なような、混乱した気持ちが浮かんできた。

ボクはバイクを停めて、こころの中でひとしきり黙祷すると気持ちが落ち着いてきた。

清水、焼津を越えてさらに海岸沿いを走ると、御前崎の少し手前に相良《さがら》という町がある。今日の目的地であり、ボクのアパートの隣に住んでいる今田くんの故郷でもある。彼の実家はお寺だった。

昼前に到着した。お寺の境内では御前崎が目と鼻の先に見えた。さわやかな海風が吹き抜ける。町を歩き回ってみると、とてものんびりしていてのびのびした印象だ。

その昔、この町は田沼意次の所領だった。彼は産業の振興、年貢の軽減、インフラの整備などを実施して、地元ではとても評判のよい殿様だ。もちろん今田くんの実家のお寺も庇護を受けていたという。

お寺では、ときを同じくして訪ねてきた友人たちとの楽しい共同生活になった。ここでは何も強制されることもない。海で遊んだり、散歩をしたり、麻雀やゲームをしたり、お互いマイペースの時間を過ごせる。ボクはゆったりと2泊させてもらった。

○8月5日

のんびりとリフレッシュしたところで西に向けて再出発。太平洋を見ながら東海地方の海沿いの道を西へ西へと駆け抜ける。

浜名湖から渥美半島を通り、伊良湖岬に到着。傾きかけた真夏の太陽が霞んだ伊勢湾を眩しく照らす中、フェリーに乗って鳥羽に渡り、鳥羽の船着場から志摩半島の大王崎に向かう。

道の終点は海に向かった下り坂だった。その先に防潮堤、手前にはキャンプ場が広がっている。高い防潮堤の向こうを見ようと登ってみると、砂浜に波が打ち寄せていた。

防潮堤の内側には、夕日を浴びて無数のテントが立っている。合間に何とかスペースを見つけ、バイクを停めてテントを張った。

一夜を過ごす支度を整えたあと、暗くなった防潮堤に再び登って海を見やると、新月なのか、月明かりもなく漆黒の闇が広がっている。

しかしよく目を凝らして見ると、堤防の上にはたくさんのカップルの影がひしめいていた。

ここが喫茶店ならさぞや騒々しいことだろうが、人間の話し声などものともしない潮騒が、大音響でリズミカルに自然の曲を奏でていた。

潮風で火照った肌をしばし冷やそうと思ったが、逢引の会場はごった返していて、落ち着いて涼めそうもないので早々に退散した。その夜は腹まで響いてくる波の音を子守唄に眠りについた。

○8月6日

志摩半島の太平洋沿いをぐるりと抜けて、紀伊長島あたりで右手の山のほうから下ってくる東熊野街道に合流した。

尾鷲、熊野、新宮と熊野灘を駆け抜ける。このあたりの海岸線はマグマがそのまま固まったような真っ黒い岩がゴツゴツ突出していて、男性的な自然の厳しさや荒々しさが印象的だ。

本州最南端の潮岬《しおのみさき》でバイクを停めた。青い海と緑の草原、紺碧の空に映える真っ白な灯台。テーブル状の台地のような草原には太平洋から強烈な風が吹きつけ、広い緑の野原はもう一つの海のように激しく波打っている。

吹き飛ばされそうな激しい風だが、潮の香を含んだ空気はとても心地よかった。草はらに寝転がって五感をフルに駆使し、自然を感じる。

目の前には宇宙に続く蒼穹が大地を覆うように広がり、暖かい風が肌を撫でる。草の香り、土の香り、潮の香りが交互に鼻をくすぐる。両手でしっかりと草の束をつかんで眼を閉じると、体が地の中に深く沈んでいくように感じた。

串本を過ぎて白浜の海岸通りまで来ると、こじんまりした入江を見つけた。海に向かって背後は小高い山だ。両側には小さな岬が突き出ている。

道の横にささやかな平地があり、一面にアシのような背の高い草が密生しているが、草のない開けたところもあるのでキャンプをするにはもってこいだった。陽はしばらく落ちそうにないが、ボクはテントを張った。

アシの林が囲いのようにテントを取り巻き、道路からもあまり見られず居心地がよい。横になって日記をつけたり、地図を見ながら次の計画を練っているうちに日が暮れてきた。

○8月7日

田辺、御坊、有田、和歌山と海岸線を走り、さらに南海本線に沿って泉佐野、貝塚、岸和田と過ぎる。

今日の目的地は堺市だ。堺では、北海道を一緒に走った三人組の一人、半田くんを訪ねることになっている。

昼前に堺市に近づくと、道路と海の間に大きな公園が出てきた。停まって地図で確認し、堺市が思いのほか大きな町であることがわかった。

自分で半田くんの家を探すよりは、目印になるこの公園のあたりから彼に電話をかけることにした。電話に出た半田くんに周囲の様子を伝えると、「わかった。そこはよく知っているよ。今すぐ行くから、そこで待ってな」と言う。10分ほどして、半田くんが懐かしいヤマハの250に乗って迎えにきてくれた。

さすが大都市大阪の隣り町である。堺市では何もかもスケールが大きく、道も広い。そういえば日本一大きな仁徳天皇陵も堺にある。

ボクたちは大きな交差点を何度か曲がり、軽快に走って彼の家に着いた。

ひと休みしたところで、北海道バイク旅のもう一人の仲間、ナナハンの川本くんとも合流した。ボクは大阪市内を二人に案内してもらうことにした。

市街地は車でごった返しているが、スピードと機動性でバイクに適うものはない。寄せくる大型車をかわしながら、三台のバイクは大阪の町を抜けて千里丘陵へと向かう。

二年前は人の波で埋め尽くされていた万博会場も今ではほとんど人影がなく、その敷地の広さがあらためて感じられた。会場に通じる広い道路にも車は見かけられない。

数10メートル先にバイクが二台、ポツンと停まっている。二人の若者がしきりにエンジンを見ている様子だ。何かトラブルが発生したのだろうか。

ボクらは彼らに近づいてどうしたのか聞くと、エンジンがかからなくなって困っていると言う。彼らはメカにはあまり詳しくないようだ。

川本くんがバイクを点検する。

「これはタイミングがわるいな。誰か、ヤスリのようなものを持ってないか?」

彼らは自分たちの工具を点検したが見つからない。そのとき、ボクはパンク修理のためにヤスリを入れてきたのを思い出し、川本くんに手渡した。彼はバイクに向かって数分ほど何かをしていたが、「よし、いいぞ」と言った。

キックするとブォーンとエンジンがかかった。北海道でもそうだったが、川本くんはまたもや緊急事態を解決してしまった。ボクも将来、何らかの分野で人の役に立てるようになりたいと思った。

オフロードバイクの二人と別れ、ボクたち三台も千里から大阪へと戻って、ナナハンの川本くんの家に寄った。彼の家は守口市で鉄工所を経営している。

彼は近くのガソリンスタンドで、何とわれわれ二人のタンクを満タンにしてくれた。感謝、感謝。

川本くんと別れて堺の半田くんの家に戻り、その晩は泊めてもらった。

四国　～無意識の水ごり、新しいバイク仲間との出会い

○8月8日

堺を出ると、大阪府最南端の岬町の深日港《ふけこう》からフェリーで淡路島の洲本に渡った。少しでも淡路島を走ってみたかったたからだ。

淡路島のど真ん中に連なる山を横に見ながら、西南に島を突っ切り、福良港《ふくらこう》からフェリーで四国に渡った。鳴門市から南行し、吉野川を越えて徳島に入る。

徳島市にはボディビルクラブの一年先輩の内山さんがいる。ボクはクラブの友人二人と日を合わせ、先輩を訪問しようと約束していた。

先輩の家に行くと彼らはすでに到着していた。その晩は再会を祝ってみんなで乾杯した。気前のいい内山先輩は、飲みねえ食いねえの大盤振る舞いをしてくれた。ボクらは調子に乗って、それぞれの体験や将来の抱負を夏の夜が白むまで語り合った。

ボクは先輩が生まれ育ったという山奥の村の話をかねてから聞いていて、とても興味深く思っていたので翌日連れて行ってもらうことにした。ボクはバイクで、ほかの三人は汽車で向かった。

その村は、徳島から海岸線を南に向かって走り、高知との県境近くの港町をさらに10キロほど奥に入った山間にあった。笹無谷《ささむ》という小さな谷間の集落だ。

先輩の生家のそばを海部川《かいふ》が流れている。海部川には谷間の支流が集まり、大きな本流となって太平洋にそそいでいる。先輩の生家は支流の一つが本流に合流するあたりにあった。先輩が家の裏手に支流があると言うので行ってみると、ゴッゴッした石ばかりの河原があるだけで、水の流れはどこにも見当たらない。不思議に思いながらも河原をたどっていくと流れが出てきた。

川は、途中から堆積した石の下を流れる伏流になっていたのだ。川を遡るにつれて豊かな清流が現われ、ところどころに設置されている砂防ダムにはたくさんの滝があった。

昼食を食べたあと、先輩に連れられてみんなで魚獲りに出かけた。柄の先に三つ又の銛がついた道具を使って、魚を突いて獲るのである。

川に足を浸けてみたが、雪解け水かと思われるほど冷たく痛い。それでも、しばらくすると少し慣れてきた。

何とかがまんして水メガネをつけて滝の下に潜ると、いるわいるわ、素手でもつかめそうなくらいたくさんのアマゴが目の前を過ぎていく。ボクは冷たさも忘れて、魚を目がけて力一杯に銛を突き出した。

ところが何度試してみても獲れない。突いても一瞬でかわされ、かすりさえしない。目の前にいくらでもいるのにどうしたことだろう。

先輩はというと、潜るたびに一匹また一匹と射止めた魚が銛の先でビクビク踊っている。先輩にどうしたらそんなにたやすく獲れるのか聞いてみた。

「僕も、小さいころは何度やっても一匹も獲れなかった。6年生のとき初めて一匹射止めるのに成功した。それからは、ほとんど百発百中になったよ」

簡単そうに見えるが、獲るにはかなりの年季を積んでコツを身につけなければならないようだ。残念ながらボクは秘訣を会得することはできなかった。先輩が獲った数多のアマゴはその場で火を起こし、塩をつけて焼いた。最高においしかった。

ほかにも筒《どう》と言って、竹を円筒形に編んで作った罠にえさを入れて、ウナギを獲る方法も教えてくれた。いくつかの筒を川底に仕込み、次の日見にいくとウナギがかかっていた。

内山先輩は、中学までは山川草木、百花繚乱のこの山村でのびのびと育った。高校は高知の受験校に入学して寮に入り、大学受験を目指して猛勉強、見事、慶応大学に合格した。故郷を出るとき、おばあさんが彼を激励する言葉を色紙に認めて贈ってくれたという。

「男子志を立てて郷関を出る限り、必ずや成功して出世すべし。帰ってきた暁には、錦の御旗を立てて迎える」という内容だった。

「だから帰郷するときは恥ずかしくて、気が重いんだよな」

人間、軽視されるのも残念だが、過剰に期待されるのも辛いものがある。

このあたりは剣山の南山麓だ。海岸から山の中腹まで道が続き、その道沿いに集落が点在している。オートバイの後ろに先輩を乗せて、川沿いの道を登ってみた。

しばらく行くと、前方に浩然の気に満ちたいくつもの美しい滝が見えてきた。バイクを停めて滝に近づく。何段もの華麗な滝がこちらに向かって流れ落ちてくる。その様は、躍動する龍のように生き生きと力強く輝いて見えた。

そのとたん、体中にビリビリっと電気のようなものが走った。別の空間の波動を感じた。体が勝手に流れに向かって進んで行く。自分でもなぜだかわからない。龍が何匹も勢いよく滝壺に飛び込んで行くのが見える。

後ろのほうから先輩が「おーい、おーい」と呼んでいる。気がつくと、ボクは滝の真下で落下する太い水の柱を受け止めていた。

滝の水は魚獲りのときのように冷たくはなく、全身が温もりで包まれたような心地よいやさしさを感じた。子どものころに、母に抱かれたような懐かしさと喜びが込み上げてきた。茫々と涙が流れ、嗚咽している自分があった。しばらく滝に打たれたまま、この感情を噛みしめていた。気持ちが落ち着いて周りを見ると、先輩も隣に座り込んで滝に打たれていた。

帰りは体もこころも清々しく、先ほどまでの疲れはウソのようだ。力があふれ、意識は澄みわたっていた。

帰りがけに先輩の伯母さんの家に寄った。先輩は、ボクが衝動的に滝に入ってしまった話をした。

「あそこは神聖な場所だから、本当は人が入っちゃいけないんだけどね。でも、女の神様だから、若い男の子が入ってきて喜んだかもしれないね。呼ばれたのかもね」

伯母さんはホッホッホと笑った。伯母さんの言葉は何の抵抗もなくボクのこころに入った。

○8月13日

笹無谷で4日間を過ごし、自然を満喫したボクは次の目的地に向かった。海部川を下り、河口から海沿いの道を室戸岬を目指す。そして安芸《あき》市から高知に向かった。

街道沿いの小さな町を走っていたときバイクが急に力を失くし、やがて停まってしまった。スロットルを回すとエンジンはブルンと吹き上がるが、まったく力が伝わらない。

(何だろう?)

調べてみても、特に破損した箇所は見当たらない。さらに内部をよく見ると、チェーンがないのに気がついた。これではエンジンが回っても動力が伝わらないわけだ。

（はて、チェーンはどこかな？）

下を見ながら、今走ってきた道を数10メートルたどっていく。すると、舗装工事中の砂利道に真っ直ぐに伸びたチェーンが横たわっていた。走っているうちに切れてしまったのだ。チェーンをつなぐ部品や工具などは持ち合わせていないが、とにかく修理ができるところを探すしかない。

ボクは両腕でハンドルを握り、バイクを押した。駆動力を失った200キロのバイクはただの厄介者だ。

雲一つないカンカン照りの真っ昼間、一歩一歩バイクを押すごとに体中から汗が吹き出てくる。頭や顔から滴り落ちた汗が座席とタンクを濡らす。

手が使えないので、首を犬のように振り回して汗を飛ばしながら進んでいると、自転車屋の看板が目に入った。自転車もバイクもチェーンで動くことには変わりがない。何とかならないだろうか。必死にバイクを押し進め、やっとの思いで店にたどり着いた。

「ごめんください！」

奥に向かって声をかけると、主人が重そうな腰を上げてゆっくり出てきた。切れたチェーンを調べながら、「合う部品があるかなあ」と頼りなげにまた中に入っていった。

しばらくして主人は工具と部品らしきものを持って出てきて、バイクのチェーンをいじりはじめたと思ったら、あっという間につないでしまった。

自信がなさそうだったわりには鮮やかな手さばきだ。瞬間、店の主人が天使に見えた。

「おいくらですか」

「んじゃあ、500円ももらおうかな」

「えっ、それでいいんですか」

バイクを生き返らせてくれたのだ。ただただ感謝して先を急ぐ。

これまでエンジンやタイヤ、ブレーキ、ガソリンやオイルなどには注意を払っていたが、チェーンのことはいっさい念頭になかった。これからはチェックリストに入れておかねばなるまい。

高知から西南に伸びる道を7、8台の車列に続いて無心に走っていると、ある分かれ道で突然、前の車がみな右に曲がってしまった。ボクもつられて右に曲がっていた。

高知からは太平洋の海岸線を足摺岬に向かうはずだったが、車列に導かれた方向は海から離れた内陸の山を目指している。

予定していた道とは明らかに違うとすぐ気がついたが、想定外の何かおもしろいことが起こるかもしれない。気を取り直して成りゆきにまかせることにした。

海を背にして登り坂をどんどん山に入っていく。そのうち道沿いの谷に大きな川が流れているのが目に入った。四万十川だ。

名前は学校の授業やニュースなどで聞いていたが、見るのは初めてである。日本最後の清流といわれる四万十川は、四国ではいちばん長い。

川に並行して鉄道が走っていた。ときおり川と線路が交差する。しばらく行くと、川を横切るように大がかりなコンクリートの橋か堰堤のようなものが見えてきた。

地図を見ると、先ほどつられて曲がったあたりは窪川という町だった。この先は宇和島に通じる山越えの道だとわかった。このまま行っても山奥になるばかりで宇和島はまだまだ。谷では日暮れが早く、すでに日陰になっている。それならこのあたりで野営をしようと、ボクは堰堤のほうに降りてみた。

川床は大きなゴロゴロした石が敷き詰められているばかりで、テントが張れそうな場所はなさそうだ。どうしたものかと思案していると、高校生くらいの少年が二人、オフロードバイクに乗ってやってきた。

「旅行してるんですか?」

「そうだよ。このへんにテント張れるところないかな」

聞けば、やはり野営ができるような適当なところはないそうだ。

「僕の家、この近くなんです。うちに泊まっていきませんか」

「家の人たちに聞かなくてもいいの？　大丈夫なの？」

「大丈夫ですよ」

ボクは彼の言葉に甘えることにした。

バイクで彼のあとについていくと、彼の家は道路のすぐ向こう側にあった。立派な門構えの家だった。家に入るとお父さんからお母さん、おばあさんまで出てきて、みんなで歓迎してくれた。

お風呂に入れていただき、さっぱりしたところでまずは冷たいビールでお父さんと乾杯。肴は四万十川で獲れたアユの塩焼きをはじめ、山海の珍味が盛りだくさんだ。出てくるわ出てくるわで、思いのほか大歓待を受けてしまった。

この人たちはボクのようなよそ者に何と寛大なのだろうか。四国を舞台にした獅子文六の小説『てんやわんや』に出てくる、この上なく親切で大らかな四国の人たちのことが思い出された。

「夜は川で火を灯して、珍しい漁をしているから見てくるといいよ」

お父さんにそう言われたので、ボクは散歩がてら夜の谷を見に行った。

眼下には夜の帳が下りた闇に横たわる大河があった。舟の上に灯る松明の火。水面を叩く櫂の音がこだまする。灯火と音に驚いて逃げるアユを追い立て、網にかける漁法だ。真っ暗な谷に灯火がゆれている。

やがて、どこからともなく霧が谷間に流れてきて、あたりは山水画のようになった。うっとり見ているうちに、自分も山の闇の中に溶けていくかのようだった。

○8月14日

明るい陽射しで目が覚めた。頭が重く、体がだるい。昨夜、調子に乗って勧められるままに飲みすぎたようだ。でも、それは自業自得でしかたのないこと。

この家の人たちはみなやさしく、夏の山間の空気は清々しく、気分はさわやかだった。見下ろす谷と四万十川は絶景だ。旅立ちにこれ以上、望むものはない。出発の準備ができたところで、門の前で家族と記念撮影をした。

オートバイでさらに山また山を分け入る。途中まで予土線に沿いながら四国山地を越え、宇和島に抜けた。そこから南下して宿毛へ向かう。

宿毛では、徳島の内山先輩に彼の級友を訪ねるように言われていたので、連絡するとお兄さんが車で迎えに来てくれた。

家に着いて軽装に着替え、宿毛《すくも》から土佐清水、中村をぐるっと回る足摺岬ツーリングに出かけた。足摺岬は海に侵食された断崖絶壁の岬だ。見下ろすと荒波が岩にぶつかっては白波となって砕け散っている。

崖下を眺めているうちに、空気が変わって意識の中に何かが入ってきた。体に何かが乗り移ったかのように重い。悲しく寂しい思いが伝わってくる。無念の思いで亡くなった人かもしれない。

周りで旅行者たちが楽しそうに写真を撮っている中、ボクは岬公園の片隅で自分に入ってきたスピリットと向き合う羽目になった。成仏するように相手に語りかける。

どれくらい経ったのだろうか、それまで重く張りついていたものがなくなり、気持ちも楽になった。

○8月15日
快晴。宿毛をあとにして宇和島、八幡浜を経て佐田岬半島の先端の港町、三崎まで走った。

フェリー乗り場に着くと、岸壁にはトラックや乗用車が海に向かってずらりと並んでいる。その横に大小4台のオートバイがあった。スズキの水冷750、ヤマハのXS650、スズキのバンバンが二台だった。プレートを見ると、それぞれ違う地方のナンバーだ。どうやら三つのグループらしい。

しばらくしてライダーらしい5人がやってきた。

ヤマハのXS650に乗っている二人組は、横浜から相乗りで旅行をしていると言う。横浜から西へと旅して京都をめぐり、四国、九州に入って故郷の長崎に帰る予定だが、途中、比叡山のカーブで転倒事故を起こしてしまったそうだ。その彼は体の側面を地面に擦ってできたという、真っ赤な皮膚や血の塊りが生々しくも痛々しい大きな傷跡を見せてくれた。

ダンディーなナナハンの彼は大阪から来ている。四国を回って、これから九州を一周するとのことだ。バンバンの二人も九州への旅だった。

みんなはすぐに打ち解け合い、同じルートは一緒に走ろうということになった。乗船準備も整ったので5台と6人でフェリーに乗り込み、佐田岬半島から九州に向けて出港した。

九州　～天変地異の夢、強烈なデジャ・ヴ

傾きかけた太陽を浴びながら、5台のオートバイと搭乗者6人を乗せたフェリーは、愛媛の佐田岬半島先端にある三崎港を出て豊後水道を渡る。

大分の佐賀関に着いてフェリーを降りると、そのままボクたちは隊列を組んで佐賀関半島から大分市を走り抜け、今夜の宿泊地である別府に向かった。

途中、猿山でひと休み。猿の群れの動きに気を取られているうちに、仲間の一人が猿に帽子を取られるハプニングがあり、みんなで大笑い。

猿山を出ると、また一列に行儀よく走って別府の宿に着いた。風呂に入って夕食を食べたあとは旅の話。その晩は6人一緒の部屋に泊まった。

○8月16日

快晴。5台そろって別府を出発。湯布院からやまなみハイウェイに向かう。

登り道が延々と続き、カーブが多い。前を走っているバンバン二台が蛇行した道に難儀している。エンジンが小さく、力がないせいでもあるが、タイヤの径が小さいわりには幅広なのでカーブが切りにくいという。

しばらくは他のバイクも彼らに合わせてスピードを落としていたが、結局この難所を一緒に走るのは難しいと判断し、大型車三台は二人と別れて先に行くことにした。

ナナハンが先頭でヤマハXSがその次、ボクはしんがりだ。車体を左右に倒しながら、クネクネした急な坂を勢いよく登っていく。

前を行くヤマハのロクハンは二人乗りにもかかわらず大きくバンクして、フットレストが道路を擦るギリギリのところでカーブをすり抜けていく。夜の比叡山でこけてしまったと言っていたが、二人ともバイクと一体になった見事なハンドルさばきだ。

そうこうするうちに、やまなみハイウェイに到着。阿蘇山の外輪山から一望に見渡すカルデラ盆地の風景は圧巻だった。

緑の丘陵の彼方に山並が延々と続き、ところどころで牛の群れがのんびり草を食んでいる。牧草の薫る風が清々しい。

大型バイク三台は、それぞれユニークな爆音を響かせながら緑の大草原を貫くやまなみハイウェイを疾走した。

阿蘇山を下る途中の分かれ道でヤマハXSロクハンの二人組、内村くんと杉田くんと長崎での再会を約束して別れ、ボクとナナハンの畑中くんは熊本市街に入った。その夜は市内のユースホステルに泊まった。

○8月18日

早朝からカンカン照りの真夏日。

畑中くんと相談し、南に下って鹿児島、宮崎そして再び大分に入り、お気に入りのやまなみハイウェイをもう一度走ってから、長崎に帰ったロクハンの二人と再会しようということになった。

熊本をあとにすると右に島原湾、八代海《やつしろかい》、太平洋を眺め、川内《せんだい》市を通った。串木野から枕崎に向かう途中、畑中くんは一時停止をしなかったため白バイに切符を切られてしまった。違反金の支払いには期限があり、数日中に支払わなければならないという。彼は気の毒なくらいに落ち込んでいた。ナナハンの走りもこころなしか元気がない。夕陽にボーッと霞む開聞岳や池田湖は陰を増し、悲しさを漂わせているように見えた。

その日は指宿《いぶすき》まで行ってユースホステルに泊まった。夏休みの真っただ中、到着したときはすでに学生宿泊客でごった返していた。どの部屋もほとんどゆとりがないようで、ボクと彼は別々の部屋をあてがわれた。

でも、それはお互いにとっては幸いだったかもしれない。落ち込んだ彼の姿を見るのは忍び難かったから。

○8月19日

「親父に頼んで違反金を送ってもらえることになったので、もう少しここに滞在することにした。長崎には先に行っててくれ」

畑中くんは、地下の駐車場からボクを見送ってくれた。

錦江《きんこう》湾を右に見ながら鹿児島市、始良《あいら》、隼人《はやと》、国分《こくぶ》、福山を通って桜島に渡る。全島、真っ黒な溶岩で覆われた島だ。一部から噴煙が昇っている。山がまるで生きているようだ。実際、ときおり噴火するという。

島を一周してから桜島に別れを告げる。しばらく走ったあと、ボクはひと休みしようと木陰にバイクを停めた。ヘルメットを外してジャケットを脱ぎ、海を見ながら横になった。猛烈な眠気に襲われる。

夢を見ていたようだ。

このあたりは昔、大きなカルデラがあって海に沈み、高い山の一部が陸の部分や周りの島として残ったのが今の形であることがわかった。

そして、これからは未来のヴィジョンという感じになり、大規模な地震が起こって家々が倒壊する様子が見えた。その後、大噴火が起こる。でも、これは桜島ではなく阿蘇山だ。

さらにその後は、大豪雨による川の氾濫から山崩れや土砂崩れ、大規模な地震や地殻変動を繰り返し、北の一部を残して九州はほとんど海に沈んでしまうという、何とも恐ろしい光景だった。

目が覚める直前までは、ボクは過去も現在も未来も一度に見える自由な世界を行き来していた。でも、目が覚めたとたん、狭い檻に押し込められたようだった。自分の体がひどく窮屈に感じられる。

さっき見たヴィジョンがいつか起こるのかはわからない。起こらないのかもしれない。ボクは木陰に寝転んで遠くに桜島を眺めながら、地球は本当に生きているんだなとつくづく思った。

ひと眠りして元気になったので、再びオートバイにまたがって大隅半島を横切り、串間で給油してから都井岬《といのみさき》に入った。

灯台近くの海岸沿いの道端で10数頭、頭が大きくてたてがみが毛深い小型の馬が草を食んでいた。国の天然記念物に指定されている日本在来種の御崎馬《みさきうま》だ。広い夏空と南国の海を背景に、何ともゆったりした眺めにこころがなごむ。そういえば、ガソリンスタンドのおばさんたちもどこかのんびりしていた。土地柄なのだろうか。

海を右に見ながら日南、青島、宮崎、日向と日南海岸を北上する。この先、延岡を過ぎると山に入ってしまう。陽も傾きかけているので、そのへんでボクはテントを張ることにした。コンクリート塀の陰に設営する。途中で買い込んだパンとソーセージと缶ジュースで簡単な夕食をとる。

塀の向こうを車がしきりに走る音がする。抑揚のある車の通過音に、誰もいない寂しい山奥よりはいいかと思っているうちに、ボクは眠りについていた。

○8月20日

早朝の出発。

延岡から大分に入り、緑の丘陵やまなみハイウェイを再び飛ぶように走った。阿蘇を駆け降り、熊本市から宇土《うと》半島三角《みすみ》港のフェリー乗り場に到着する。そこから島原に渡ると長崎県だ。島原半島を一周し、諫早《いさはや》を通って長崎へ向かう。

長崎の市街から、愛媛の佐田岬で会ったヤマハXSの内村くんに電話をした。内村くんはすぐにバイクに乗って来てくれた。まずは彼の家に行く。急な狭い坂を登り、高台にある彼の家に着いた。

そのとき周りの空気が変わり、時代を遡った。走っている目の前の狭い道や急な坂がこよなく懐かしい。周囲の家も、見下ろした町の風景にも見覚えがある。

「一日中走ってきて疲れたでしょう」

内村くんのお母さんが皿うどんを作ってくれた。それを口に含んだときの味、舌触りのやさしさ、のどごしといったらなかった。遠い昔に馴染んでいた味にめぐり逢えた気がした。

長崎の町も皿うどんも初めてのはずなのに、なぜそう思うのだろう。

ひと休みしたあと、内村くんのバイクについて市内をめぐることにした。

（やっぱり、ここは初めてではない。前から知っていた）

行くところ行くところ、その先がどうなっているかがわかる。

（この坂の向こうは左にカーブしているんだよな）

本当にそうなっていた。あちこちで懐かしさや愛おしい感情が込み上げてきた。デジャ・ヴとでもいうのだろうか。ボクは静かにオートバイを走らせてはいたが、こころの中は穏やかではなかった。

内村くんのヤマハＸＳに相乗りしていた杉田くんが合流してきたころには、夕日が落ちて町も暗くなりかけていた。

夜景がきれいな稲佐山に登ってみようということになったが、「稲佐山」と聞いたときも、ボクはなぜか耳に快く響いた。エンジンを吹かして登りはじめる。

（この場所、知ってる。この坂も知ってる。この石垣、この景色……）

頂上に着くまで、ボクは興奮で胸がいっぱいだった。

頂上の広くもないスペースも親しみのある感じでうれしかったが、市街や港を見下ろしたとき、頭をガーンと殴られたような激しい衝撃を覚えた。山の上から見た町の地形、湾や港が、自分の中のどこかにある想いとぴったり重なったのだ。

頭に血が駆けめぐり、涙が滂沱とあふれた。一方で、なぜそうなるのか混乱しているもう一人の自分がいた。

ボクの父は長崎生まれで、父方の祖父も長崎生まれだったと祖母から聞いていた。その祖父は造船関係の仕事をしており、船が大好きだったそうだ。のちに東京に出て材木商になり、成功したという。

ボクは小学生時分からプラモデルを作るのが好きで、特に船の模型は何10隻も作っていた。それを見た祖母が、「血は争えないねえ」と言っていた。

「おじいさんは船が大好きでね、船の話をよくしていた。そういえば、お前は声も仕草もおじいさんによく似ているよ」

今回の体験は、父や祖父と何か関係があるのだろうか。

山を降りたあと、杉田くんは仕事があるというので別れ、夜は内村くんと町に出かけて彼の行きつけのバーでひとしきり飲んで、帰りに長崎チャンポンを食べた。とてもおいしくて懐かしい味だった。

○8月22日

もっと長く滞在していたかったが、旅にはまだまだ先がある。

後ろ髪を引かれる思いで長崎をあとにし、ボクは北九州に向けて出発した。松林の向こうに大村湾を見ながら海沿いを北へバイクを走らせる。

長い間、陸の孤島だった西彼杵《にしそのぎ》半島と佐世保を10数年前につないだ全長300メートルあまりの西海橋を渡り、さらに北上する。有田、伊万里を経て、松浦半島をぐるりとひと周り。唐津を過ぎたあたりで、両側に背の高い見事な松の林が現われて延々と続く。おそらく何百本、何千本、いや何万本とあるかもしれない。さぞや名のある場所に違いないと思わせる壮観さだった。

のちにその松林は、玄界国定公園の一部で日本三大松原の一つに数えられている「虹の松原」だと知った。

興奮するとついスロットルを回しすぎ、スピードが出してしまう。バリバリと自然の静寂を破り、丹精に整備された林の間の真っ直ぐな道を気持ちよく疾走。さらに進むと都会に近づく感じがしてくる。福岡市だ。

福岡にはボディビルクラブの同級生が三人いて、「九州に来たら寄ってくれ」と言われていたので、そのうちの一人である神川くんに電話をかけた。

彼はちょうど家にいて、喜んで迎えてくれた。ほかの二人もあとからやってきて、夜はみんなで大宴会となった。旅の話やクラブの話に花が咲いた。

この日は神川くん宅に泊めてもらった。

○8月23日

小倉に移動する。

もう一人の同級生、市村くんと地元の交通機関を使って名所を歩いて回ることにした。まずはバスに乗って、関門海峡を眺めながら門司《もじ》港へ向かう。めかり公園に登り、関門トンネルを歩いて下関に渡った。

下関の町を歩いていると、ボクは急に奇妙な気分になる。何か陰鬱になってきた。ふと道路脇を見ると赤い建物がある。お寺か？　神社か？　その周辺に不思議な妖気を感じた。

そういえば、ここは壇ノ浦のあたりだ。その昔、源平の壮絶な戦いがあり、平家が滅亡したところである。幕末にも長州と外国船との戦いがあった。無念な思いが充満していても不思議ではない。

小泉八雲の『耳なし芳一』の物語が思い出される。もしや芳一を迎えにきた亡霊たちがまださ迷っているのだろうか。見えない相手に向かって、こころの中から成仏するよう話しかけると気持ちが軽くなった。

歴史のある土地に行くと、昔の因縁によってその土地に縛られている存在を感じることがあるという。

世の中には〝向こうの世界〟が見えたり、聞こえたりする人がいるのだ。

昔の日本人は向こうの世界の存在を認め、それに合わせた生活習慣もあった。向こうの世界について述べた日本の古典は枚挙にいとまがない。

明治になって西欧の文化が入り、人々の考えが唯物的になっていく。第二次世界大戦後、GHQによって日本の精神文化や「〇〇道《どう》」文化が否定され、その後さらに拍車がかかった。日本人は無宗教であるとよくいわれるが、そうではない。

宗教という形ではなくても、神様やご先祖様がいつも私たちを見ていると感じているのだ。だからお寺や神社、あるいは山や海、八百万《やおよろず》の神や道端のお地蔵様、道祖神、どこに行っても頭を垂れ、手を合わせて拝む気持ちになれる。

自然界のすべてを畏敬し、日々の習慣がそのまま宗教的生活の実践になっている。特別な教義を学ばなくとも、人倫に則った生き方ができるのである。

自分を謙虚に戒め、人の道を尊重し、誠意を大切にして他人を思いやる。いざ災害が起ころうとも、無秩序にはならない。

神や先祖の霊との対話が神道のもっとも大事なテーマだ。それこそが日本古来の宗教であり、その頂点に立つ存在が天皇なのである。

ボクは市村くん宅に二晩泊めてもらった。

山陰から京都へ　～さらなるデジャ・ヴ、九死に一生を得る

○8月25日

曇り空。雨が降らなければラッキーだ。

市村くんと家族の方たちにお礼を述べて出発すると、関門トンネルを通って本州に渡った。下関からまた本州の旅がはじまる。山陰そして北陸と日本海側を走る計画である。

市村くんの家で朝ご飯はしっかりご馳走になっているが、先は長いし、美祢《みね》を過ぎた村道に何でも売ってそうな小さなよろず屋があったので、食料やティッシュペーパー、マッチなどの必需品や消耗品を買いそろえた。

店から出ると、お洒落な格好をした初老の紳士がボクのオートバイをしきりに見回している。買ったものを積み込んでいると紳士が話しかけてきた。

「君は学生か？　大学はどこかね？」

「はい、慶応大学ですが」

「おお！　そうかね。僕もだよ～」

満面の笑顔だ。そこまではよかった。

「僕は法学部でね、ゼミは有名な○○先生だったよ。君のゼミの先生は有名な人かね？」

耳を疑う質問だった。

（え⁉　先生が有名かどうかを聞いているのか⁉　それでボクへの評価が変わったりするのだろうか？）

実はボクのゼミの教授は当時は文学部長で高名な学者だったが、まったく答える気にはならない。

「ちょっと先を急ぎますので……」

ボクは素早くシートにまたがって爆音を置き土産にした。

しばらく上りが続く。だんだん空も晴れてきて、緑の草原に見え隠れする白い岩肌が眼に眩しい。秋吉台国定公園だ。起伏のある草原の間を大海原で波乗りでもするようにアップダウンしながらバイクを走らせる。

大昔、サンゴ礁だった海が一連の地殻変動で陸地につながり、褶曲《しゅうきょく》隆起してこの白い岩肌の地形を作ったそうだ。侵食されずに残った岩々がある一方で、削られて窪地になっているところもある。地下には秋芳洞や大正洞など、大小４００を超える鍾乳洞があるという。

中を見たい気もするが、一度走りはじめたら気持ちのよい走りを止めたくないのがオートバイ乗りのわるいクセだ。軽快に飛ばしているうちに、10数キロの秋吉台を一気に駆け抜けてしまった。

秋吉台を過ぎると萩市は近い。この町は中国山地に発する阿武川が日本海にそそぐところにある。河口で川が二手に分かれ、その間がきれいな三角州になっている。主な市街地はそこに広がっていた。

町には川から引いた水路が縦横に張りめぐらされており、大きなコイたちが人を恐れもせずのびのびと泳いでいた。町の佇まいも人の動きもどこかゆったりしている。

町に入ったとたん、長崎で感じたときと同じような感覚になった。

(ここは知っている。前に来たことがある)

もちろん生まれてこの方、萩を訪れたことはない。でも、オートバイで行くところ行くところでなぜか懐かしいような、うれしいような、怖いような、こころの中で複雑な感情が渦巻いていた。すれ違う人たちは誰も知らない。浦島太郎もこんな気持ちだったのだろうか。

そういえば以前から「長崎」や「萩」という名前を聞くと、ほかの地名とは違う特別の思いを感じていた。

また山口県といえば、長助伯父が家系について調べたことがあった。そのときわかったのは、ボクの母方はもともと山口から東北に移ってきたということだ。先祖は戦国時代には大内氏の家臣だったが、その後、毛利氏が中国地方を支配するようになってから毛利家の家臣になる。

詳しい経緯はわからないが、毛利家に仕えていた先祖の一人が東北に移住し、伊達家に仕えるようになったらしい。

ボクのデジャ・ヴはそのことと関係があるのだろうか?

萩をあとにして日本海の海岸線を走る。

このあたりは山が海に迫っており、道路はかなり標高の高いところを通っている。交通量は極端に少ない。目を凝らして周囲をぐるっと見回しても、人の姿は見られず気配も感じられない。

といっても恐ろしいわけではない。むしろ穏やかでやさしく、しんみり、しみじみとした安らいだ感覚が伝わってくる。

言葉で表わすのは難しいが、自然とともに調和して生きてきた、日本の古きよき時代の平和で穏やかな生活、そういうものが伝わってくるのだ。

7月初旬に東京を出発して以来、早二カ月が経って8月も終わろうとしていた。九州から距離としてはさほど離れてはいないはずだが、山陰に入ったとたんに厳しかった暑さはやわらぎ、涼しく過ごしやすくなった。天空では夏の雲と秋の雲が争っているようだった。

途中でオートバイを停め、景色を眺めることにした。

前方には山腹を縫うように道が遠くまで続いている。はるか左下には鏡のような日本海が見渡す限り広がっている。澄み切った空気の中を鳥の声だけが響きわたった。いっそう静けさが感じられ、神話に彩られた古事記や風土記の時代にタイムスリップしたかのようだった。日本海に沿って益田、浜田、江津、大田を通り、日御碕《ひのみさき》に到着。残念ながら曇りで日没を見ることはできなかった。出雲市への途中、道路沿いの木陰に野営に適当な場所があったので、ボクはテントを張った。

○8月27日

カンカン照りの快晴。エネルギーが漲り、こころもウキウキしながら出発する。でも、何かが起こりそうな予感がする。初めは気になっていたが、走っているうちにやがて忘れてしまった。

鳥取のガソリンスタンドで給油する。見かけない大型のオートバイが停まっている。数カ月前に発売されたばかりのヤマハのナナハンだ。ヤマハＸＳ６５０のような華麗なスマートさはないが、大きく堂々として力強そうだ。

ライダーのヘルメットも皮ジャンも真新しい。走らせるのは今日が初めてで、試運転とのことだった。彼のバイクを扱う手つきが、生まれたての赤児でも扱うかのように神経質な様子だった。ボクはくまなく眺めていたかったのだが、彼は給油を終えるとすぐに出て行ってしまった。

ボクも給油を終えるとあとを追った。すぐに追いついた。何ともゆっくり走っている。慣らし運転とはいえ、遅すぎるのではないかと思いながらついていった。

そのうち山に入り、坂に差しかかった。彼は相変わらずゆっくり走っている。前には荷を満載した大型のダンプカーが何台も連なっている。上り坂なのでダンプのスピードが落ちているが、新車のナナハンは追い越そうとはしない。

ボクはイライラしてきた。しかたがない、一気にゴボウ抜きにしようと追い越しをかけた。スロットルを回してエンジンをふかし、対向車線に出てナナハンを抜き、さらにその前のダンプを何台か抜こうとするが、どうしても加速できない。数10キロの荷物と坂道が思ったより負担だったのか。

しまったと思って目線を上げると、前方のカーブから突然、車が現われた。下り坂を猛スピードで向かってくる。この距離ではもう追い越せない。後ろからは車間を詰めた車列が迫っている。

やむを得ず、ボクは道路をそのまま横切って道の外へ出た。そこはちょうどカーブになっており、道の外側ははるか下方に田畑が広がっている。バイクは道を飛び出して土手をジャンプした。

（これで旅もオートバイも、自分も終わったな）

ところが落ちたと思ったバイクが道の上を走っている。何とバイクが飛び出したカーブから接線を描くように、土手沿いに小さな道が続いていたのだ。

（助かった！　このまま徐々にブレーキをかけて停まればいい……）

そう思ったのもつかの間、目の前には排水口のコンクリート壁が立ちはだかっていた。左右に逃げる間もなく、そのまま壁に激突した。

オートバイから放り出されたボクの体は、空中で回転しながら排水溝の向こうの小高い土手の上に背中から落ちた。落ちたのは幸いコンクリートではなく、柔らかい草地だった。

着地したときは柔道の受け身ほどのショックもなく、かすり傷すら負わなかった。オートバイはと見ると、衝突のショックをもろに受けてフロントフォークはアメのように曲がり、リムは形を留めておらず、グシャグシャになっている。

スポークは四方八方にあられもないほうを向き、タイヤに突き刺さっているものもある。タイヤはリムから外れ、もはやズタズタ。ガソリンタンクより前は完全にスクラップになっていた。

バイクの不幸とわが身の幸運がはっきりしたが、さてこれからどうしたものか。呆然としていると、近くで農作業をしていたおばさんが畑で採れたスイカを持ってやってきた。

「いやあ、大変だったねえ。兄ちゃん、大丈夫か。そうか、ケガしなかったのは何よりだ。まあ、まずは休んで気持ちを落ち着けなさい」

大きなスイカを切って勧めてくれた。おじさんもやってきて、みんなで土手に座りながら汗を拭き拭きスイカを食べた。甘くおいしいスイカは、乾いた胃とこころを潤してくれた。

ともかく、まずは壊れたオートバイを何とかしなければならない。しかし、排水口に落ちた200キロの鉄の塊りは、おじさんやおばさんと三人でも手に負えなかった。バイクで通りかかった地元の高校生数人に協力してもらい、壊れたオートバイを本道まで引き上げる。これを何とか直せないだろうか。

高校生は、鳥取市まで戻ればカワサキオートバイのディーラーがあると言うので、バイクで連れて行ってもらった。

ディーラーの店頭には同型のカワサキ650が展示してある。ダメもとでフロントの部分だけ取り替えてくれないかと頼んでみたが、もちろん答えはノーだ。部品を取り寄せるのも一カ月以上かかるというので、それもあきらめるしかない。

バイクの高校生の友人の高咲くんが、ボクと同じ型のカワサキに乗っているという。彼にパーツを譲ってもらうことはできないだろうか。一縷の望みを抱き、ボクは高咲くんがアルバイトをしている温泉町のガソリンスタンドに連れて行ってもらうことにした。

高咲くんに会って事情を話すと、幸いにもフロントパーツをそっくり交換することに同意してくれた。彼のアルバイトが終わる夜までガソリンスタンドで待って、その日は彼の家に泊めてもらった。

○8月28日

高咲くんのカワサキ650のフロントを外してボクのバイクに装着し、再生オートバイが完成した。

彼には深く感謝を込めて応分のお金を渡した。乗ってみるとほんの少し横になびこうとするクセがあるものの、何とか走行することができた。有難い！　おかげで旅を続けることができる。

再出発し、養父《やぶ》、福知山、そして園部を通って京都に向かった。

京都に入り、まずは浪人時代にお世話になった下鴨の出雲路橋たもとの下宿に立ち寄った。よく一緒に遊んだ息子の春夫さんが運よく在宅。ボクのバイクを見ると乗りたがったので、彼にロクハンを渡し、ボクは彼の50ccであとからついて左京のあたりをひとめぐりする。

次に、やはり浪人時代にお世話になった伏見に住んでいる田杉さんを訪問した。先月、アフリカに旅立った愛子さんの伯母である。

田杉さんは喜んで迎えてくれたが、早くオートバイを見せてと言う。田杉さんの家の前は急な坂道なので、バイクは遠くに停めてあった。

バイクを家の玄関前まで乗り入れると、乗ってみたいと言う。さすが愛子さんの伯母である。愛子さんは前年、オートバイでパナマからロスまで一人旅をしてきたが、伯母さんも「若かったら私だって」と言う。血筋は争えないものだ。エンジンはかけないという条件で乗ってもらって、記念写真を撮ってあげた

田杉家には二泊し、洗濯をしたり買い物をしたり、しっかりと次の旅の準備をさせていただいた。

北陸から帰郷　~旅の終わり

○8月30日

出発の日、田杉さんは「何かに役立つでしょう」とそっとお餞別をくれた。ボクは事故を起こしてずいぶんと散財してしまったのでとてもありがたかった。田杉さんに深く感謝した。

京都を出て琵琶湖の西岸を北上し、福井を経由して金沢に着いた。そのころにはもう暗くなっていたので宿をとることにした。

オートバイは直線は無事に走ってくれてはいるが、事故前と違ってハンドル操作が重く、ハンドルを切ったときのカーブの動きがスムーズではない。ブレーキの効きもイマイチだ。借り物のパーツなのでしかたがないが、悪条件の走行には耐えられそうにない。

計画では能登半島もぐるっと回るつもりだったのだが、ボクは止めることにした。

○8月31日
金沢から直接、富山に向かう。

もうすぐ富山というところで前輪がパンクした。ますます自信がなくなってきた。このバイクで無事、故郷までたどり着けることができるのだろうか？

当初の計画では、友人との約束で富山から岐阜県に入り、高山を抜けてそのまま高山本線、飛騨川沿いを走り、友人の住む御嵩《みたけ》まで行くつもりだったが、バイクがこの状態ではそれも覚束ない。

残念だが取り止めにすることを電話で話すと、友人はいろいろ用意していてくれた様子でとても落胆していた。本当に申しわけなかった。

とにもかくにも、ボクはバイクが何とか走っているうちに旅を終わらせたかった。

このまま、富山、新潟、会津を通って、真っ直ぐ郷里に戻ろう。今日は新潟のどこかに泊まらなければならないが、明日には白石に着ける。

糸魚川、直江津、柏崎、長岡とひた走った。このあたりは広大な穀倉地帯だ。田んぼが見渡す限り一面に広がっている。

稲は黄金色に実った穂を重そうに垂れて、晩夏の夕日を浴びながらやがてはじまる稲刈りを待っている。何とも牧歌的な風景だ。

三条市近く、信号の停止線でオフロードバイクのライダーが話しかけてきた。

「旅行してるんですね。よかったら、ちょっと話を聞かせてくれませんか」

こちらもこのへんの様子を聞きたいと思っていたので、少し先の橋のたもとにバイクを停めて、川を眺めながら旅の話をした。そのうち、いつの間にか陽が傾いて薄暗くなってきたので、近くに野営のできるところはないかと聞いてみた。

「この近くにはないけど、それなら僕の家に来て泊まってください。もっと話をしたいし」

ボクはありがたくお世話になることにした。

風呂、夕食と思いのほかのもてなしを受け、夜遅くまで話し込んだあと、やわらかいフカフカの寝床でゆっくり休ませていただいた。

○9月1日

夜中に目覚めたときは外はザアザア降りだったが、夜明けまでには雨も上がり、今はウソのようないい天気。旅の最後の日に快晴とは超ラッキーだ。

阿賀野川沿いの道をひたすら上流に上って会津盆地に入る。磐梯山を横に見ながら福島に出た。ここまでくればもう地元だ。福島から白石までの国道4号線は馴染みのある景色ばかりである。

（やれやれ、やっと帰ってこれた。ロクハン、ありがとう。よく走ってくれたね）

バリバリという排気音とともに自宅の門を入り、庭にバイクを停めたときのうれしさは言葉では表わせない。

音を聞きつけて、ばあやのハナが真っ先に飛んで駆けつけてくれた。

「おぼっちゃま、よくご無事で」

ボクは、紀州の海辺の町で手に入れた貝のネックレスをハナの首にかけてやった。

トータル約一万三〇〇〇キロメートル。二カ月のオートバイの旅は終わった。

オートバイで日本一周を計画した時点では、何とか実現できるだろうと思ってはいた。でも、実際に途中でどんな人たちに出会って、どんなことが起きるのか、どんなことを感じるのかはわからない。

母がよく言っていた。

「お前はわかっているクセに、何でもやってみないと気が済まないのね」

実際に見聞したり、やってみるのが本当の学びだとつくづく思う。

この旅では本当にたくさんの方々にお世話になった。困ったときは人の親切が身に沁みる。

予算カツカツの旅人にとって、心を込めたもてなしはまことに忘れがたいものだ。

自分は将来、この恩義にどのようにして報いるべきなのか。

第四章

渡米と神秘体験

――整体師のスピリチュアルな探究生活

優勝の成果

大学では哲学を学んで精神世界を探求するはずが、鉄の重りを持ち上げるほうに夢中になってしまった。しかし、その「鉄学」の道ではよい成績を残すことができた。

体作りにはトレーニングと栄養と休息が大事だ。ボクは、それらに関する本や雑誌をたくさん読んだ。先輩ボディビルダーたちに会って話を聞き、新しいトレーニングの器具が入ったと聞けばそのジムの会員になり、さまざまな方法を熱心に試した。

栄養についていえば、当時はプロテインがやっと市場に出回るようになったころであり、ビタミンやサプリメントはまだ普及してない。

「大きくなるためにはとにかく食べろ」と先輩に教えられ、授業が終わるごとに学食に駆けつけて詰め込んだ。「水を飲むなら、牛乳を飲め」との言葉にも従った。

運動部というと汗とシゴキで大変そうだが、ボディビルはこれでいいのかというほど楽な種目だった。

高校のとき、応援団をしながらラグビー部にいたことがある。フッカーだったので、相手を崩そうと全身に力を入れて何10回もスクラムの練習をした翌日は首が上がらず、一日中、上目遣いに黒板を見る羽目になった。切り傷、擦り傷は絶える間がなく、ある先輩は試合中に急所を蹴られてキンボールが腹腔に上がってしまい、手術で下ろしたこともある。

雨の日は数駅先の町まで往復約40キロのマラソンをするなど、猛練習が多かった。おまけに顧問の先生がラグビー狂で、誰よりも率先して参加するので気を抜くわけにはいかない。

1年の冬にはスクラムハーフをしていた友人が蒸発したり、2年のときは真面目な一年生が悪天候の中で練習をしたあと、肺炎で亡くなったりした。

だから運動部は厳しいと思っていたので、大学で運動部に入るのは躊躇していた。ところが、ボクが勧誘されたボディビルクラブの何と楽なことか。ケガはないし、シゴキもないし、練習は自由である。ほとんどの先輩はやさしく、全体の合同練習は週二回だ。

努力に比例して力がついて体が変化するし、これほど運動効果が如実に目に見えるスポーツもないのでないか。

「キツイ、キビシイ、シンドイ」と漏らす部員もいたが、彼らはきっとラグビー部のような体験がないのだろう。そう考えると高校時代に報われないキビシイ体験で根性を養えたことをありがたく思い、ボクは夢中でボディビルにのめり込んでいった。

結果、1年の新人戦では優勝し、2年の関東学生大会でも優勝。3年では東日本大会で2位になった。そしていよいよ4年生、学生最後の試合を迎える。

ボクには妙な美意識があり、「1位」や「優勝」には意義を感じなかった。チャンピオンになるよりも、2位か3位くらいで実力があるほうがいい。必死になって1位になりたいともがくことは、カッコわるいと思っていた。

愛子さんにそう話すと散々な言われようだった。

「何を言ってるの！　いくらでももがけ！　今から負けたときの言いわけを作ってどうする。試合に出るからには全身全霊、ベストを尽くして優勝を狙うべきでしょ。本気でやらないのはほかの参加者に失礼よ。それに印象に残るのは優勝者だけだから」

それならとボクは1位を目指すことにした。

体作りは贅沢なものだ。トレーニングと休息はともかく、食費はバカにならない。タンパク質が豊富な良質な食事をしなければならない。しかもたくさん食べないと大きくなれない。もちろん自炊だ。学生の家計で大変なのはタンパク質の確保である。

「肉ばかり買っていたら最初の10日で食費がなくなった」、「安くてタンパク質がとれるサバ缶ばかり食べていたら、食欲がなくなってかえってやせてしまった」等々、肉類や魚などは他の食品に比べると高価なので、仲間たちもみんな苦労していた。

あるとき母が、「新しい学生服を作りなさい」とまとまったお金を送ってくれたのだが、あとで埋め合わせればいいだろうと、少しづつ食費の足しにしているうちに全部使い込んでしまった。

久しぶりに訪ねてきた母が、「新しい学生服はどこ?」と聞いたので、ボクはしかたなく「食べてしまった……」と言うと、「やっぱりね。そんなことだと思った」と大笑いされた。学生時代に体操に夢中になっていた母は運動部に理解があったようだ。

みんなの応援を得て学生最後の年の試合は、関東大会、東日本大会と優勝することができ、ついに全日本大会も制覇した。

第9回1974年度全日本東西対抗学生ボディビル選手権大会の個人戦で優勝し、関東学生、東日本学生に続いて学生界ナンバーワンに選ばれた筆者。(『月刊ボディビルディング』1975年1月号より)

たしかに愛子さんの言うとおり、チャンピオンになると周りの人たちの反応が全然違った。今まで知らなかった人たちまでが集まってきて、みんな大喜びで盛り上がる。ボクの話を聞きたがり、「ボディビル」というマイナーな競技にも関心を持ってくれる。いくつか雑誌の取材もきた。

「優勝」の響きがいかに人々の気持ちを高揚させ、励まし、インスピレーションを与えることか。

以来、ボクは大会に出るときは1位を目指すことにした。

家庭教師のバイト

ボクはボディビルをする上で強力な支援者に恵まれていた。慶応への入学を勧めてくれたおばさんの親しい友人がアパートの管理人をしていて、そこには慶応の学生ばかりが10人ほど住んでいた。ボクもそのアパートに入れてもらっていた。

アパートは極めて快適なところで、管理人は人情味あふれる気さくな人だった。家賃は格安だし、ボクの部屋は日当たりもよく、風通しもいい二階の南東の角だ。川向こうには東工大のキャンパスが見え、周りには緑も多かった。

アパートのオーナーである米津たけ子さんは二男一女の母親、ふくよかな顔に笑顔が絶えない。ご主人は弁護士だ。たけ子さんの姉上が慶応の教授だったせいか、同大学の学生ばかりを入居させていた。

米津さんの家はアパートから5キロばかり離れていたが、ときどき学生たちを呼んではもてなしてくれた。アパートの住人は、大学院生や司法試験を目指している優秀な学生ばかりである。ボクは例外。

あるときボクはたけ子さんに呼ばれて、高一の長男の家庭教師をしてくれないかと相談された。

「運動バカの自分が家庭教師などとんでもない。ほかにもっと優秀な先輩がいますよ」

「いいえ、スポーツをしているからこそ頼むんです」

ボクはひたすら恐縮したが、やってみることにした。

長男の等史くんに会ってみると、さすがに中学時代に運動部を率いていたというだけあって、高校生ながら堂々とした風格のあるご子息だった。

中学では多種目の運動を熱心に行なっていたが、どうやら勉強のほうは手を抜いてしまったらしい。運動の業績をほめちぎっていた先生が、彼の学科の成績を見たとたん急に態度を変えて叱責するようになり、その保身的な態度に反発したようだ。

ボクは家庭教師をはじめるにあたって話をした。

「今、等史くんは勉強などしなくてもよい。勉強より大切なのは自分を知ることだ。そうすれば何を知りたいのか、何をすべきかがわかる。勉強はそれからすればよい」

ボクが高校時代に体験したことを正直に述べたまでだが、家庭教師としては何とも無責任なことを言ってしまったものだ。

ところが彼の琴線に触れたようで、一気に打ち解けて等史くんは何でも話してくれるようになった。

日々のハードトレーニングを終えて夕刻、彼の家に着くころには疲労困憊で飢餓状態だ。お料理上手のたけ子さんは、いつもたくさんの料理を振る舞ってくれた。

等史くんは勉強中もいろいろと気を遣ってくれる。

「お兄ちゃん、ジュース欲しい？　何か食べるもの欲しい？」

不謹慎にも、ボクがコックリコックリとはじめてもやさしいのである。

「お兄ちゃん、寝てていいよ。僕、ここ読んでおくから」

今思えば、とんでもない家庭教師だった。

寛大なその家は居心地がいいので、いつも千客万来だ。学生たちもたくさん出入りしていた。

家庭教師の仕事が終わると、たけ子さんがまた何かしら食べさせてくれる。

「夜道は暮れませんから、いいじゃありませんか」

ボクは甘い言葉に誘われ、そのまま終バスに遅れて5キロの道を歩いて帰ったこともままあった。

米津家の楽しい家族に囲まれ、豪華な家庭料理も食べられて、やさしく思いやりのある生徒がおり、おまけに家庭教師料までもらうなど、申しわけないほど幸せな日々であった。

等史くんはのちに若くして国会議員になった。あのとき自分が手を抜かずにしっかりと勉強を教えていたら、首相にでもなっていたのではないかと反省しているが、今でも親交は続いている。

天職の発見？

ボクは体のすべてが順調だったわけではない。

大学2年生のとき、大会の前の月に背骨を痛めた。病院でレントゲンを撮ったり、いろいろ検査をしてもらったりしたが、原因がよくわからないという。ボクにしてみれば、寝返りも打てないほどの痛みがあるのに、調べてもわからないというのが不思議だった。

しばらく安静にしていると痛みは軽減するが、ちょっと頑張ると再発した。その繰り返しである。以前と違って何か噛み合っていない違和感、いつも自分の力の強さが回復しない歯がゆさがあった。大会の最中に背中から脇腹に激痛が走り、上体が固まってしまったこともある。

最悪の症状は4年生最後の全日本大会のあとに起き、激痛で一週間ほど動けないまま過ごした。

原因は何なのだ？　病院に行っても、検査をして薬をもらうだけだった。お医者さんは、ヘルニアなら様子を見て手術をしましょうと言う。

何か根本的に治る方法はないものだろうか。ボクは治療法を模索するようになった。あるとき、国立競技場のトレーニングセンターで背骨の矯正を勉強している人に出会った。そして体の機能を回復させる「カイロプラクティック」という療法があることを知った。

この療法を受けるうちに、幼少期から弱かった呼吸器系や胃腸の具合にも改善が見られた。幼いころに背中の特定の部分が苦しく、何か体の不調と関係があるのではないかと子どもながらに思っていたが、お医者さんたちが気づくことはなかった。

背中が苦しいと訴えても誰にも理解されずにいたが、カイロプラクティックの理論を聞いたとき、ボクは初めて腑に落ちるものがあった。

背骨には脳から降りてくる神経が通っている。その神経が背骨の各レベルで枝分かれして筋肉や血管、内臓などをコントロールし、知覚神経として外界の情報を得ている。背骨が歪むとその箇所で神経が圧迫され、痛みや循環障害、内臓障害を引き起こすという。

カイロプラクティック療法のこうした理論は、自分の体験からよく理解できた。おかげで、ボクは自分の不調の原因の多くが背骨に関係するとわかったのだ。そして西洋医学や病院が見落としている分野があることを知った。

（これだ！　これなら治る！「カイロプラクティック」はボクと同じような痛みや不調に悩む人の役に立つだろう）

ボクは、猛烈にこの分野を学びたいという気持ちが湧いてきた。

どうせ勉強するなら、外国では医療として認められているカイロプラクティックがいい。しかし日本にはカイロプラクティックの大学がない。留学といっても、まだ知りもしない分野の勉強を英語でするのは敷居が高い。

ボクはまず、日本で学べる「整体」からはじめようと思った。カイロプラクティックの勉強はそれからだ。

就職、そして結婚

整体学校の願書を取り寄せると、ボクはさっそく夜間の学校に入学した。昼は大学、夜は専門学校に学んだ。

しかし、大学を卒業した時点で整体の専門学校はさらにもう一年かかる。どこかに就職しながら勉強し続けなければならない。

できれば治療所のようなところがよいのだが、まだ学校を卒業もしていない者を雇ってくれるところはおそらくないだろう。ボクはどこかの会社に入り、仕事をしながら勉強を続けようと就職活動をはじめた。

手はじめに友人たちの間で人気のある会社を二、三当たってみたが、みんなダメだった。面接官に理由を聞いてみた。

「うちは経済か法学部ならいいが、君は文学部だからね」

「君の所属するクラブは同好会なんだね。体育会だといいんだが……」

このとき、友人たちがなぜ有名大学の有名学部に入りたがるのか、体育会だと就職に困らないと話していたのかが、やっと理解できた。自分は就職に対して何と甘い考えをしていたことか。学部や所属が採用基準になっているとは。

問題はほかにもあった。もし一般の企業に入れたとしても、残業などがあって5時には終わらないだろう。そうすれば夜間の整体の学校には行けなくなる。就業時間内にしっかり終わる業種というと公務員のような職種くらいだろうか。

そんなおり、よく気にかけてくれている教授が警察関係はどうかと勧めてくださった。その教授は警察大学でも教鞭を執っているという。

警察なら初めのうちは時間が不定期でも、そのうち夜間の整体学校に復帰できるようになるかもしれない。しかも一般の会社とは違って、警察なら学部がどうとか同好会がどうと断られることもないのではないか。

ボクはさっそく願書を出して一連のテストを受けた。各種身体検査から機能テストと順調に進み、口頭の面接試験だ。

「よろしい。これから君の身辺調査をする。それが終わるまで自宅待機だ」

神妙に警察の合否結果を待っていたある日、整体学校の廊下で理事長に呼び止められた。何事かと思いながら理事長室についていく。

ソルボンヌ大学に留学していたという理事長は、和服姿で片手に葉巻を持ちながらボクに話しかける。

「君はこの春、大学を卒業だと思ったが、就職はどうするんだね」

「これまで就職活動はしてきましたが、まだ内定は取れていません。どこかで働きながら、整体を学び続けようと思っています」

「もし君がこの分野の仕事をしたいなら、カイロプラクティックを開業している先生に君を紹介したいのだが」

「それは願ってもないことです。仕事を実際に見ながら学べればと思っていました」

ボクは紹介状をもらって、渋谷カイロプラクティック研究所の面接を受けた。

所長は甲木寿人《かつきひさし》先生という方だった。戦前、日本からカイロプラクティックを学びにアメリカへ渡った田中酉造という人がいるが、甲木先生の父上はこの田中酉造氏にカイロを学んで施術所を開いていた。

甲木先生も父親に中学のころからカイロの技術を仕込まれたそうだ。しかし先生は親に反発し、早稲田大学を卒業してNHKに入社した。

同僚の痛みを取ってあげているうち、先生の治療の腕前はクチコミでNHK内に広がり、NHKのクリニックに治療所を開設してもらうほどになった。それでもさばききれなくなり、退社して独立開業することになったそうだ。

甲木先生に気に入っていただき、ボクはその施術所で他の先生方がカイロプラクティックのアジャストをする前の、揉みほぐしをする役からはじめることになった。

朝、早く出勤して掃除など諸々の準備をする。仕事がはじまると、先生が施術をする前のクライアントの揉みほぐしやあらゆる雑用をこなす。一日の仕事が終わると先生指導のもとでお互いの施術の実地を切磋琢磨する。そしてあと片づけだ。丁稚奉公のような日々がはじまった。

所長の甲木先生いわく。

「ただ揉みほぐしをすればいいというものではない。大事なことは、施術する前とあとでクライアントの背骨がどう変わったかを見ること。症状の変化を手の感触、指先でしっかり学んでいくことだ」

すばらしい教えだった。最初に甲木先生の施術所で働けたことはとても貴重な経験であり、たくさんの学びになった。

施術による効果には目覚しいものがあった。痛くて歩くことも寝返りを打つことも難しい人が、帰りにはスタスタ歩いて出ていく。寝違えて首が固まってきた人が、施術が終わると動けるようになる。

また、さまざまな臓器の不調も改善されていくなど、ボクはすばらしい効果の数々を目の前で目撃した。

同僚同士で治療の体験を重ねるうちに、ボクは自分でも効果が出せるようになってきた。クライアントを任されるようになり、その数もだんだん増えていった。

愛子さんとはその後もときどき会っていたが、いかんせん彼女は忙しい。前年、旅行社に就職したが、新人半年目で4カ月の休暇を願い出て南米に行ってしまった。女性4人と車二台で南米を一周するのだ。帰国してからはテレビ番組をいくつか作り、雑誌に紀行文を書き、旅行記も出版すると言う。

彼女とのつき合いはもう4年になる。ボクの仕事も学びも一応軌道に乗ったので、結婚を視野に入れた交際にしようと思った。

しかしこれに懸念を示したのが、ばあやと呼んでいるハナだ。

ボクが小さいころから家に仕えているハナは、毎日ボクの家に来ては朝から晩まで世話を焼く。少しでも遠くに出かけるときはとても心配した。浪人して京都に出るときも、涙を流して見送ってくれたものだ。

東京の大学に行くことになったときは、「おぼっちゃま、東京のおなごは口が上手くておっかねえから、よっくど気をつけでくださいよ」と注意してくれた。

愛子さんとつき合いはじめたときも、「おぼっちゃまは、おじいさまのようにやさしくて人がいいがら、だまされてるんじゃないんでねべが」と心配した。

ハナは正しかったのかもしれない。でも、愛子さんと一緒にいると居心地のいいボクには、どうでもいいことだった。

ボクと愛子さんは、彼女たちの著書『女ばかり南米大陸をゆく』の出版記念パーティーの席上で婚約発表をした。

後日、母は結納に必要だという紅白の熨斗《のし》で包んだあれこれや、目録から婚約指輪まで、いっさいがっさいを持って世田谷の彼女の家に出向いてくれた。

いろいろ話しているうちに、ボクの家では戦時中に母の姉の「愛子」が亡くなっており、愛子さんのお父さんの弟もボクと同じ名前だったが、学徒出陣で戦死したということがわかった。

偶然にも両家に欠けた名前が戻ってきたことになったと、親たちは喜んでくれた。

愛子さんのお父さんは、「家のことは何もできないふつつかな娘ですが、どうぞよろしく」とあいさつした。

そのとき母は「まあ、ご謙遜を」と笑っていたが、お父さんは実に正直者だったと判明したのは結婚してからだった。

ボクはお転婆娘と結婚したのである。

ロサンゼルスで開業

仕事も結婚生活も順調にいくようになると、次の欲求が頭をもたげてくる。

痛みや不調を改善できるのだが、なぜそのようにアジャストすべきなのか、その詳しいバイオメカニクスが知りたい。体の中で解剖学的、生理学的、病理学的にどんなことが起こっているのかを知りたい。栄養学的、心理学的なサポートのしかた、他の関連した役に立つ療法も知りたい。

ボクは施術で効果が出れば出るほど、この療法の背後にあるベーシックサイエンスを広く知りたいという気持ちが高まった。

それを妻に話すと、「じゃあ、留学して勉強すれば」とあっさり言う。

結婚は留学をあきらめることだと思っていたボクにとっては意外な言葉だった。でも、うれしかった。そして留学が決まったのである。

1978年3月、ボクは渡米した。その一週間後に妻はアフリカに向かう。サハラ砂漠横断と、東ヨーロッパの共産圏を車で取材するという4カ月の旅だ。半年後にアメリカでの再会を約束して、それぞれに旅立つ。

ボクは、アメリカでいちばん大きくて伝統のあるアイオワ州のカイロプラクティックの大学に入学した。

アイオワ州はアメリカ大陸でももっとも内陸にある地だ。気候も厳しいが、寒暖の差も激しい。寒い東北育ちのボクだったが、さすがにその寒さには驚いた。息をすると胸が痛み、外に10分と出ていることができない。

マイナス34度になったとき、家も車も木々の梢も透明な氷に覆われ、朝日にキラキラ輝く様は息を飲む美しさである。

しかし戸外は雪が吹き荒れていようが、室内は二重窓に守られて暖房が効いている。その中でぬくぬく寝るのはなかなか気持ちのいいものだ。

その夜、夢に出てきたのは温暖な南の地方という感じのところだった。

道路には薄紫のジャカランダの街路樹、垣根にはブーゲンビリアが眩しく咲いている。自分がいるのはアパートの二階の部屋だ。そこに妻と住んでいる。

ドアにコンコンとノックの音。出て見ると、何と日本でスペイン語を習っていたメキシコ人の友だちがスーツケースを脇に置いてにっこり笑っていた。

「こんにちは。一緒に住みに来ました」

目を覚ましたときも、その夢はリアルにヴィヴィッドに覚えていた。

（でも、そんなことはあり得ないだろう。アメリカには数年いるけれど、そのあとは日本に戻る予定だし、彼だってメキシコに帰ったはずだ。アメリカに来ることなどないだろう）

次の夏、ボクは勉強の範囲を広げたいと思い、転校することにした。いくつか候補があったが、条件のいちばんよさそうなロサンゼルスの大学に願書を出すと、無事に受け入れてもらえた。

ロサンゼルスに引っ越して一年近くが経ち、生活にもだいぶ慣れてきたころだった。

5月になってブーゲンビリアが生垣を彩り、初夏のさわやかな風に乗ったジャカランダの香りが部屋を吹き抜けて行く。

夕方、妻と夕食を終え、ダイニングキッチンの窓の外を眺めながら寛いでいると、ドアでトントンと音がした。

（えっ、今ごろ誰も来るはずがないけど。誰だろう？）

開けたドアの向こうには、何と夢に出てきたホルヘが笑顔で立っていた。あの夢のまんまである。彼の足もとにはスーツケースが置いてあった。また夢が本当になってしまった。

ホルヘは小さいころから柔道を習い、高校生で全メキシコ柔道チャンピオンになっていた。憧れの日本の大学に留学し、柔道をしながら日本語を勉強した。

彼が大学を卒業し、大使館に勤めながらトレーニングセンターでウェイトトレーニングをしているとき、ボクらは出会って友だちになった。しかし、ボクが渡米する前に彼は故国に帰っていたはずだ。

アパートはワンベッドしかなく狭かったので、ツーベッドと三つの屋根裏部屋のついた可愛い家に移って三人の生活がはじまった。ボクはカイロプラクティックの大学へ、ホルへは町のシティカレッジに通うことになった。

ある日、ボクの車が通学途中で故障してしまったので、ホルへに電話をして車で学校まで送ってもらった。すると、そのあとで妻にFBIから電話があったという。

「こちらはFBIだが、あなたのところにいるホルへはシティカレッジに通っているはずなのに今朝は来ていない。どうしたのか？」

驚いた妻は、戻ってきたホルへに向かってたずねた。

「今朝、あなたがシティカレッジに来ていないとFBIから電話があったけど、あなたいったい何をしでかしたの？」

「それは私の護衛です。私の父が大使になったので、いつも私を見守っているのです」

そんな楽しくも奇妙なホルへとのドタバタの暮らしは、彼が結婚するまで数年間続いた。

彼のエピソードは山ほどあるが、今回は割愛する。

ボクは無事、カイロプラクティックの大学を卒業し、国家試験にも合格した。カリフォルニア州の開業ライセンスを取って、ロサンゼルスのダウンタウンで念願のオフィスを開いた。

すると、今度こそあり得ない夢を見た。

ロサンゼルスのあちこちで火事が起こり、人々が商店を襲って軍隊が街に出動しているのだ。まるで市街戦のようだ。

でも、この平和な時代にこの街でそんなことが起こるわけがない。ボクは何かの間違いだろうと思った。しかしその夢は何回も続き、そのたびにボクは憂鬱な重い気持ちを一日中引きずっていた。

数年後、残念ながら悪夢は現実のものとなった。

1991年、警官の制止を振り切って逃げる黒人のドライバーをカーチェイスの末に捕まえて、殴る蹴るの暴行を加えた白人警官たちへの判決が翌年に出された。全員無罪。

それをきっかけに黒人の怒りが爆発した。ロサンゼルス暴動のはじまりだった。韓国人街や黒人地区のサウスセントラルなど、人種的軋轢の多い地域を中心に破壊と放火、略奪が連鎖的に広がったのだ。

発生して2、3時間で数百件の火災が発生し、街のほうぼうに火の手が上がり、夜空を赤く染めた。略奪者は大手を振って盗品を持ち逃げしていく。韓国系商店のオーナーたちは店の屋根の上で銃を構え、威嚇しながら発砲する者もいるので、さすがにそういう店に入る泥棒はいない。

ボクのクリニックのある日本人街は襲撃の対象にならず、ほとんど被害はなかったが、翌朝行ってみると煙が立ち込めており、焦げ臭い匂いと不気味な静けさに包まれていた。

これでは患者さんも来ないので、健気にも集まってくれた職員たちを家に帰した。ボクはトレーニングの時間ができたとばかり、ベニスビーチのゴールドジムへ向かうためサンタモニカフリーウェイに乗った。

フリーウェイの両側は、まさに夢で見た光景が広がっていた。走っているときにいつも目にしているビルやマーケットが火に包まれて燃えている。火の粉や黒煙がフリーウェイの上まで渦を巻き、車に吹きつけてくる。

ボクはゲホゲホと咳をしながらジムに着いた。トレーニングをはじめようとしたが、黒い煙と熱気がジムの中にまで吹き込んでくる。

いつも一緒にトレーニングをしている哲学が趣味のマイク・メンツァー（元ミスターアメリカのチャンピオン・ボディビルダー）が、「ジョー、この状況では家に帰ったほうがいいよ」と言う。すると同時に、「安全を考慮して、ただ今より閉店させていただきます」とアナウンスがあり、ジムはクローズしてしまった。

そのころまでには、さらに周囲を取り巻くように火事が増え、街中を黒い煙が覆っていた。

結局、6日間にわたる暴動で三〇〇〇数百件の放火があり、一〇〇〇軒以上の家屋が灰燼に帰した。

ボクのクリニックは順調に患者数を伸ばしていた。渋谷の甲木先生のもとで実技を叩き込まれていたし、理論は4年かけて学んでいる。臨床例が増えるほどに応用が効き、自信もついてきた。

患者さんはほとんど口コミだった。一人をちゃんと治すと、家族や友人を連れてきてくれるのだ。多い日は一日で50人も診るようになった。

プレアデスとの出会い

大人になってからは、子どものときのように頻繁に体から抜け出して天井から下を見ていたり、トンネルの向こうに行ったりするようなことはなくなったが、相変わらず予知夢はよく見ていた。

1980年代、日本企業は大躍進を果たし、日本は世界第2位の経済大国になった。日本の企業はアメリカにも進出し、ニューヨークやロサンゼルスの名だたるビルを買いあさるなど、金にものを言わせて跋扈した。

日本人街の土産物屋にも日本からのツアー客が大挙して詰めかけ、札ビラが飛び交って活況を呈した。

ところが90年代にバブルが崩壊すると、潮を引くように観光客はいなくなり、狂気の繁栄を謳歌した街は静かになっていった。

ちょうどそのころ、10年あまりも音信不通だった友人のヒカルが訪ねてきた。

ボクが〝向こうの世界〟に興味があるとわかると、それからせっせと精神世界系の本を大量に貸してくれた。５冊読めば次の週は10冊、10冊読めば次の週は20冊といった具合だ。

こうした話題はなかなか誰とでも話せるものではないので、彼女はボクのような仲間を得てうれしかったのだろう。まるで宿題をこなすようにボクと妻は本を読みあさった。

〝向こうの世界〟について考える時間が長くなると、子どものころに体験したようなシンクロが戻ってきた。

夢でボクは空を飛んでいた。下には街路が見える。上空を飛んでカーブを曲がり、角地の家の上でホバリングして止まった。

角からガレージにドライブウェイが続き、その脇に平屋の母屋が建っている。見たことのないところだったが、ロサンゼルス南の住宅街という思いがこころに伝わってきた。

その週に同じ夢を2、3度見た。いずれも最後はその家の上空に行ったところで終わった。

しばらくして、またヒカルから連絡が入った。瞑想を指導する人がいるから一緒に行かないかと言う。ボクは自分も瞑想をするが、よい指導者がいるなら教えてもらういい機会だと思った。

ボクと妻とヒカルの三人で行くことにし、車を停めて降りると、そこはまさに夢に出てきた角地の家だった。瞑想をガイドしてくれるのは、笑みをたたえながら穏やかに話をする中年の女性だった。

瞑想に入る前に、彼女の指導でみんなでお祈りをした。それから三人は床に横になって目を閉じ、体の力を抜いてリラックスし、ゆっくり呼吸を整えて瞑想に入る。

太古の昔を想わせるゆったりした曲が流れてきた。ときどき穏やかな声で気持ちの持ち方や呼吸法、リラックスのしかたなどをガイドしてくれる。

次の週、二度目のセッションのときだった。心地よい音楽に体もこころもすっかりゆだねてリラックスしていると、突然、ロケットで宇宙空間を猛スピードで進んでいくような感覚になった。どんどん加速して、切り裂いた黒雲が後ろに吹っ飛んでいく。

音楽が変わり、古代神代のメロディーのような曲が流れはじめたとき、強烈に輝くプラチナの光がいきなり額に飛び込んできた。

光は一瞬にして体全体を満たした。眼を閉じても開いても、キラキラと眩しいプラチナの光が見えるだけの世界。まるでプラチナの光のプールに放り込まれたようだ。

体は金縛りにあったように痺れているが、こころはこの上ない安らぎに満たされている。古い記憶の扉が開かれ、とてつもなく懐かしい感情が呼び起こされた。気がつくと、いつのまにか涙が滂沱《ぼうだ》とあふれ、こめかみを伝って両頬を流れ落ちていた。

あまりにも突然で、体とこころの反応に驚いている自分がいる。

自分の前に気配を感じた。眼を開けても眩しい光しか見えないが、相手は威厳を持った偉大な存在だということがひしひしと伝わってくる。おのずと直立不動の姿勢になる。しかも、その存在はボクのことを過去から現在まで何もかも知っている！

（あの人だ！　ずっと会いたかった、あの人だ！）

光の存在に訴えかけているもう一人のボクがいた。

（どうしてあのとき、出てきてくれなかったんだよう。そこにいるのはわかっていたんだ。何であのとき黙ってたんだよう）

高校生の自分が悩み苦しみながら光の存在に訴えてかけている姿が、目の前の空間にホログラムのように浮かんでいた。

ボクは今、自分が思っている内容が、偉大なる存在にそっくりそのまま伝わったという確信を得る。言葉を介さずに思いが伝わるというコミュニケーションだ。

「あなたには、まだ準備ができていなかったからです。あのとき、あなたは自分がいやでしかたがなく、自分を愛することができませんでした。自分を愛せない人は何をやってもうまくいきません」

（それでは僕はどうすればよかったの？）

「だから、あなたにボディビルをさせるようにしたのです」

（えっ、そうだったの⁉）

言葉で会話をしたのではない。こころで思うと、その答えが即座に伝わってくる。これがテレパシックな会話というのか。

そう言われると、すべてが腑に落ちた。

もし高校生のとき、光の存在が現われて向こうの世界のことを教えてくれていたら、今の自分はあっただろうか。

いや、向こうの世界だけに夢中になっていたに違いない。その結果、根暗な奇人、あるいは不健康で気難しいエセ哲学者になっていたかもしれない。

最初の哲学の講義に落胆しているところをボディビルクラブに勧誘されて以来、「鉄学」ひと筋に体を鍛え、体とのつき合い方を覚えることができた。心身ともに鍛えられ、自信もつき、知らないうちに自分を好きになっていたのかもしれない。

鍛えたり、背骨を痛めたりした経験が、のちの仕事にも役に立ったのだ。さらにいえば、子どものころ体が虚弱だったのは、のちに人を癒すための学びに必要だったのかもしれない。

そうだとすれば、すべてが絶妙なタイミングだった。

大学の最初の授業に落胆して途方にくれていたとき、クラブに勧誘されて次の進路が決まったのだから。

ボクは光の存在にさらに質問をした。

（私の妻はどんな人なのですか？）

「彼女は、３次元の物質世界を生きていくのに大変優れた人です。好奇心が旺盛で、理性的な頭脳を持っていて、言語に巧みです。優れた行動力でたくさんの人々を勇気づけ、幸せにできる女性です。あなたは彼女が本分を発揮できるように助けてあげなさい」

たしかに妻は、家にいるのが好きで内向的なボクとはまったく違う。楽天的で、社交的で、家にいるよりは外での活動のほうが多い。学んだり、教えたりしながら人と交流することが好きだった。

彼女は、「自分が幸せなら周りの人も幸せになる」というおもしろい考えを持っている。

学生時代からスポンサーを探しては車やオートバイで世界を回り、メディアに紀行文と写真を提供し、次の旅の資金としていた。

20歳で海外に出て以来、日本のすばらしさにあらためて気づき、日本文化を文武両道において探求し、今ではロサンゼルスで茶道や着付けを教えたり、日本文化セミナーを開いたりしている。

家族についてたずねているうちに、相手の光の存在が宇宙の母に思えてきた。

(では、白石にいる母は母ではないのか?)

ボクの思いはもちろん瞬時に相手に伝わっている。

「あの方は、この地球であなたを育ててくれた育ての親ですよ」

(えっ! じゃあ、ボクはホントはどこから来たの?)

すると目の前の空間に夜空が浮かんだ。数え切れない小さな星々が輝き、その中に青みがかったオーラを持つ大きな星が6個あった。そして、こころにプレアデスという響きが入ってきた。

ボクはその映像をしっかり脳裏に焼きつけた。いつかどこかで、この映像にまた会えるような気がしたからだ。

(治療がもっと的確に、素早くできるようになりたいんだけど)

体はずっと硬直したままだったが、両手の人差し指と中指に異変を感じた。2本の指先がどんどん伸びてずっと遠くまで届き、何かをまさぐっているような不思議な感覚。

そして、光の存在は帰って行った。

瞑想が終わると、ガイドしてくれたチャネラーは、「今日はすごかったですよ。とても格の高い霊が降りてきました」と言った。

クリニックに来る患者に60歳くらいの大柄な白人女性がいた。重度の脊椎側湾症のため、多くの椎骨は変形していた。数年前から定期的に通院しており、症状は軽減していたのだが、一回の治療で動かせる骨はほんのわずかだ。

その日の治療は、目をつぶって両手の指先で背骨の触診からはじめた。

背骨は、頸椎《けいつい》（首の骨）7個、胸椎《きょうつい》12個、腰椎《ようつい》5個の計24個の椎骨から成っている。

ボクは指先に神経を集中して、椎骨一つずつの曲がり具合を確認しながら腰のあたりまで来たとき、骨がビクッと反応するのを感じた。閉じている目に強い光が入ってきて、懐かしい思いで胸がいっぱいになり、瞼が熱くなって涙がこぼれそうになる。

すると触っている椎骨だけでなく、腰椎全体がビクビク、グニュグニュと動き出した。指先で触っているだけなのに、患者の骨が自発的に本来あるべき場所に戻ろうとしている。続いて、5個の腰椎がザザッと一度に動いて整列した。

両手の先のさらに先に感じる一連の動きが収まるのを待って、ボクは治療を終えた。

「ハイ、今日はここまでにしておきましょう」

ゆっくり立ち上がった彼女は、背筋を伸ばして大きく深呼吸した。

「ああ、気持ちがいい！　こんなに腰がスッキリしたのは初めてです。ドクター、ありがとう！」

「よかったですね。お大事に」

ボクは自分でそう言いながら、呆然としていた。

（えっ⁉　今のは何だったんだろう？　あの強い光は？　そうか、宇宙の母が助けてくれたのか！）

以来、こころで宇宙の母を強く想うと新たな矯正法を思いついたり、ちょっとしたコツがわかったりして治療の幅が広がった。

911の幻視

椎間板ヘルニアの治療が効率よくできるようになったのもこのころだ。

椎間板ヘルニアは、椎骨と椎骨の間にある椎間板がはみ出して神経を圧迫するため、激しい痛みをともなう病気である。

そもそも脊椎動物はみな四つ足歩行だ。ほとんどの脊椎動物の椎骨は同じ数で、背から腹側にかかる重さを支えるように背骨が発達してきた。ところが長い歴史の中ではごく最近、人間だけが直立歩行をするようになった。

上から下へかかる重さを受け止めるため、骨盤が前傾することで何とかバランスが取れるようになったものの、まだ進化しきれていない。カウチポテト族のように、柔らかいソファーにへこたれた姿勢で長時間過ごすと骨盤は後傾する。骨盤に続く腰椎は前方に湾曲しているのが正しいが、骨盤が後傾すると腰椎はまっすぐになってしまう。

背骨が正しい位置にないと、重い物を持ち上げるときなど、椎骨に無理な力がかかって椎間板がはみ出しやすくなる。たいていの人は痛みに耐えられなくなって、整形外科ではみ出た椎間板を削る手術を受ける。

手術をすれば痛みはなくなるが、骨盤は後傾したままだから根本治療にはなっておらず、再び無理な力がかかって椎間板がはみ出してくる。

骨盤を正しい位置に戻せればいいのだが、これがなかなか難しい。カイロプラクティックの大学で理論は教えてもらったが、その教授本人は骨盤の矯正技術を持っていなかった。

実際に椎間板ヘルニアで苦しむ患者さんが何人もクリニックに来る。そのたびにボクは試練を突きつけられる思いだった。

そしてある日、椎間板ヘルニアの患者さんの骨を触りながら、どうしたものかと考えていると突然、閃いたのである。

重要なポイントは、患者の体勢とボクの手の角度だった。グッと力を入れると骨盤がハッキリ動いた。一度で完治したわけではないが、それから数回の治療で治った。

その患者さんのクチコミで椎間板ヘルニアの患者が次々と来るようになり、「数万ドルの手術が数百ドルで治った」とずいぶん感謝してもらった。その笑顔がボクには何よりうれしかった。

ボクは、宇宙の母が見せてくれた星の映像がずっと気になっていた。しかし、それにはなかなかめぐり会うことはできず、いつの間にか忘れかけていた。

10数年後、久しく会ってなかった友人のミキがふらりと訪ねてきた。手に一冊の本を抱えている。

「これをどうしてもあなたにあげたくなって来たの」

それはNASAの写真集で、ハッブル望遠鏡から撮影した星々が掲載されていた。しかも何気なくパッと開いたページに、暗い夜空を背景にして輝くあの6個の星が写っていたのだ。星座の名前には、プレアデス星団（スバル）とあった。

（こんな本があるのなら、光の存在はあのときどうして教えてくれなかったのだろう）

最後のページにある発行日を見てやって納得した。瞑想で光の存在に再会したときには、まだこの本は出ていなかったのだ。

その後もボクはチャネラーのガイドによって、向こうの世界の別の存在とも何度かコミュニケーションをとることができた。

仕事を終えてスタッフがみな帰宅したあと、ボクは静かな真っ暗な部屋で瞑想をはじめた。窓越しにロサンゼルスのダウンタウンのビル群が見える。眼下の3番ストリートはときおり車が通るが、昼間ほどではなく音は気にならない。横になって目を閉じ、ゆっくり呼吸を整えた。

脳裏には昼間見た景色や会った人が浮かんでくるが、深く考えないように流してやる。それらはだんだん少なくなり、やがて現われなくなった。

そこで深い呼吸を何度か続けた。頭皮に少し痺れたような感覚を覚え、そのうち体中が痺れてきて硬直し、次にドンと押されたような衝撃を感じた。

次の瞬間、頭のてっぺんから自分が飛び出した。背中から吸い出されるような感じで空に急上昇し、下方に横たわっている自分の体が見える。

気がついたときには、ダウンタウンのはるか上空から下のビル群を見ていた。体がないせいか、とても自由で軽く、浮いていることができる。

真っ暗な中、青っぽくキラキラと輝くビル群は息を飲むような美しさだ。細部までくっきり見える。

考えてみれば、ボクは眼がわるいのだ。メガネが嫌いで使わないため、普段の風景はハッキリ見えていない。

（そうか、これは自分の肉体の眼で見ているんじゃないのだ）

もう一度しっかり景色を見ておこうとしたところで、置いてきた自分の体が急に気になり出した。なぜなら体から出たときに、何かに強く押し出されたような感覚があったからだ。

（もしかすると、体が乗っ取られているのではないだろうか）

すると下を見たままグーッと引き込まれるように急降下し、ヒュッと頭から吸い込まれた。体に戻ると、それまで軽快で自由だったのに、狭いところに閉じ込められたような鈍重さがいっぺんに伝わってきた。

頭はジーンとして、脳裏には破壊されて鉄骨が剥き出しになったビルの赤っぽく暗い映像が映し出された。それは衝撃的な恐ろしい情景だった。

この映像の意味はしばらく理解できなかったが、２００1年9月11日、朝の散歩から帰ってきた直後、テレビのニュースで同じ映像を見ることになった。

アシュタールのチャネリング

ロサンゼルスはよいところだ。

ひろびろのびのびしていて、天気は申しぶんなく、食材は日本各地のものが手に入る。世界中から人が集まっているので、本場のエスニック料理も楽しむことができる。

夏の気温は高いが、湿度が低いので汗をかくことはなく爽快。冬は朝夕、薄手のジャケットが必要なこともあるが、昼になれば半袖で済む。真冬でもビーチに行けば日光浴や水浴が楽しめ、ちょっとドライブして山に行けばスキーも楽しめる。

社会に縛られることがあまりないので、日系人や日本人も好きなことに時間を使って、自分の生き方を探求している。

さまざまな研究グループもその一つだ。トマトの会やキュウリ（究理）の会、エドガー・ケーシーの会、不思議議現象や宇宙人、リーディング、チャネリング、コンスピラシー（陰謀論）など、実にたくさんのジャンルの会があり、興味があればほとんどの週末が予定で埋まってしまう。

ヒカルも不思議世界の探求者の一人だったが、さらに坪山氏という人物はその師匠ともいうべき人で、一人住まいの大邸宅には隅々まで資料がぎっしりだ。ボクは彼から数えきれないほどの本やテープ、ビデオ、CDの提供を受けて楽しんでいた。

あるとき坪山氏から、「宇宙の高次存在、アシュタールをチャネリングをする人がいるから行ってみないか」と連絡を受けた。もちろん二つ返事で応じた。

ボクは自宅から車で2時間飛ばし、坪山氏の家へ行った。それから彼の車でサンディエゴ近郊のチャネラーのところまでは、さらに2時間近くかかった。真昼の太陽が照りつけるころ、ようやく閑静な住宅街に着いた。

出席者はボクたちのほか、その地域に住んでいる白人が10人ほどだった。

車座になって瞑想をする。しばらくすると、チャネラーの体がピクピク痙攣してきた。アシュタールとつながったようだ。

参加者が一人ずつ順番に彼女と問答していく。ボクの番になった。こちらが質問する前に、チャネラーが話しはじめる。

「すごいスピードで飛ばしている車が見える。でも、この車のどこかに問題が出はじめている。何かが漏れ出している」

ボクには、車の故障など思い当たることは何もなかった。

(そういえば、今朝は坪山氏との約束に遅れないようにすっ飛ばして走ったが、買ってまだ一年も経ってない新車だし、定期点検にも出しているが……）

怪訝に思ったが、チャネラーは次にボクの背後にいる存在について語り出した。

「あなたには、クスミ（クートフーミ）とブッダが指導霊としてついています。クスミは人類がかつて失ってしまった古代の叡智を回復するのを助け、より高い知識や英知を求める人、こころを開こうとする人の精神的覚醒を助ける存在です。彼はその前世において、キリストの誕生を祝いに東方からやってきた三人の賢者の一人だったことがあり、南イタリアにミステリースクールを作ったピタゴラス、インドのタージマハルを作ったムガール帝国のシャージャハン帝だったこともある」

ボクは、そんな人が自分に縁があるなどとは想像もつかなかった。

「あなたは背骨に大変な負担をかけている。特に腰をしばしば痛めることになる。でも大丈夫、あなたは向こうから守られている」

腰がわるいのは当たっている。でも、「守られている」というのはよくわからなかった。

次にボクが質問した。

「瞑想のとき、何度か向こうの光の存在とコミュニケートすることができましたが、これからも可能なのでしょうか？」

「それはできます。しかし、あなたは忙しすぎます。疲れていない落ち着いたとき、静かな場所を選んで瞑想すれば可能です」

これにはまったく同感だった。生活はたしかにいつも忙しかった。日々、数10人の患者を診たあと、その日のレポートを書いたり、あと片づけをして家に着くのは9時過ぎだ。それから食事をし、読書をしていると夜半を過ぎる。瞑想のときはいつもウツラウツラして、そのまま眠ってしまうこともある。

その後、いくつかの質問があってセッションは終わった。

翌日、念のために車を点検に出した。すると「先生、大変だ、オイルが漏ってますよ。これは修理しなければ」と言われた。

アメリカにチャネラーは数千人もいるが、そのうち本当の高級霊や進化した宇宙人とつながっている人は、ほんの少数といわれている。

前世療法の効果

渡米して20年近く経ったころ、夢に整体学校時代の親友が出てきた。

ボクに一生懸命、何かを伝えようとしている。でも、どうしても聞き取ることができない。

同じ夢が数日間も続いた。

次の週、知人の紹介で新しい患者が訪ねてきた。夢に出てきた親友と同じ姓だった。

「整体学校に通っていたころ、あなたと同じ名字の親友がいたのですが、まさか関係ないですよね」

「それは……伯父かもしれません」

詳しく話を聞いてみると、まさしく彼は親友の甥っ子だった。

何日か後、その甥っ子が学友の真理子さんをともなってまたやってきた。育ちがよさそうなおっとりした彼女は、ＵＣＬＡのサマーセッションで心理学を受講しているという。

「授業はどうですか。おもしろい？」

「それが、その…、自分が思っていたような内容ではなくて…」

そのとき、以前に読んでおもしろかった本を思い出した。

「興味があるかどうか…アメリカの精神科医の先生で、こんなことをしている人がいるんだけど、おもしろいかもしれないよ」

ボクはそう言って、『前世療法』という本と前世療法に役立つカセットテープを彼女に手渡した。

何週間かすると、日本に戻った真理子さんから電話があった。

「先生、私、本当はまさにこんなことが知りたかったんです。さっそく、その先生のセミナーを受講しに近々アメリカに行きます」

そうして彼女は、フロリダで『前世療法』の著者ブライアン・ワイス博士の講義を受けることになった。彼女は博士に、「日本から来た方はあなたが最初ですよ」と言われたそうだ。その後、彼女は日本に戻って「前世療法」のセラピーサロンをオープンした。

前世療法とは、催眠によって過去を思い出させて、精神的な障害の原因を取り除くきっかけを作る療法だ。

それまでのフロイト流の方法では、催眠状態で子どものころまで記憶を戻して原因を求めていた。しかし、一時よくなってもまたもとに戻ってしまったり、まったく効果がないこともあったという。

あるとき、ブライアン・ワイス博士が患者に催眠をかけたとき、「子どものころに戻るように」ではなく、「その原因となるところまで戻るように」と指示を与えたところ、前世まで戻ってしまったことからこの療法がはじまった。

しかし、アメリカはキリスト教の国である。キリスト教の教えには「輪廻転生」はないことになっている。したがって前世などというものはなく、話すこともタブーだ。そんなことを言えば、医師免許を剥奪されるかもしれない。

しかし、ワイス博士は前世療法を続けていくうちに、患者を通じて高級霊から博士自身しか知らない事実を明らかにされるなど、前世の存在は真実であると確信せざるを得なくなる。彼は数年間の葛藤を経て公表を決意した。

そして『前世療法』と題した本が出版されるやいなや、あっという間に大ベストセラーになる。1990年代初めのことだった。

たとえば、水が怖かったり、暗いところが怖いという患者がいる。その場合、患者に原因となる出来事まで戻るように指示すると、患者は過去生まで戻り、暗い中を大水の濁流に飲まれて命を落とすというような場面を思い出したりする。

そのときガイドをしているドクターが、「その恐怖の体験は前世の体験であり、今は安全だから大丈夫です」と教えてあげると、患者は恐怖の呪縛から解放されることになり、恐怖症が治るのである。

前述のように、キリスト教には輪廻転生や前世の教えはないとされる。しかし、オリジナルの聖書には書いてあった。

4世紀、ローマ皇帝コンスタンティヌス帝がキリスト教をローマの国教にした当時、神学上の見解や解釈上の対立があり、ニケーアにおいて宗教会議が開かれ、教義の審議が行なわれて聖書の内容も改編された。

帝国の国教になった結果、皇帝の権力や帝国の権威に勝るもの、統治や権威の保持に不都合な聖書の条項などは削除の対象になった。輪廻転生の項目もその一つだったのだ。

一連の宗教会議が開かれるうち、4世紀末のテオドシウス帝の時代までには、輪廻転生を描写した箇所はすべて削除されたといわれている。

前世療法は、実はアメリカでは以前から精神科医の間で行なわれていたようだ。ボクのクラスメートが70年代後半に通院していた精神科医は、この療法を施してくれたという。彼女は白人だが、前世では黒人だったというストーリーが出てきたそうだ。ドクターたちはおそらく、社会に対して与える影響や自分の医師のライセンスの心配をした結果、前世療法の公表を控えたのだろう。

前世療法は不思議現象や超常現象の類いとして、テレビで取り上げられたりすることは以前からあった。

ケーブルテレビの『アンソルブドミステリー』という番組で、1941年の真珠湾攻撃の際、海軍の軍艦に乗っていたという人の話が紹介された。その人は戦後生まれなのだが、戦前の記憶があったのである。

詳しく調べてみようと彼に催眠をかけたところ、彼は戦艦アリゾナの隣に停泊していた軍艦に砲手として乗務していたが、どのような攻撃で自分の船がどんな被害を受けたか、仲間や自分がどのようにして亡くなったか、その詳細を語りはじめたのである。彼が語った内容は、記録を調べた結果、事実と合致した。

同じテレビ番組だが、少年が前世の戦争体験を記憶していた話もあった。自分は戦争のときコルセアという戦闘機に乗っており、親しい戦友には誰と誰がいて、何という名前の空母に乗っていたかなどを詳しく語った。そして悪夢を見ては、「脱出できない」と苦しそうに寝言を言うのである。

息子が何度も同じ話を繰り返すので、両親は不思議に思って軍に問い合わせてみたが、その名前の空母にはコルセアは搭載していなかったと言われた。

しかし、少年はその後も親友二人の名を挙げて詳しい話をするので、父親がその空母の搭乗員だった生存者の会のホームカミング（同窓会のようなもの）に参加し、彼らに直接質問してみた。

すると、少年の前世だった人とその親友の二人がたしかに搭乗していたこと、またその空母には一時期、コルセア戦闘機が搭載されていたことなどが判明したのである。

ブライアン・ワイス博士の『前世療法』の影響もあるのか、今ではアメリカでも前世や輪廻転生を信じる人たちが増加しているという統計がある。

サイババとの会話

わが家は、スパニッシュスタイルの3ベッドルームにリビングルーム、ダイニングルームとファミリールーム（家族用居間）がついている。ファミリールームはあとで増築したものらしく、ヴィクトリアン調のインテリアだった。

ある日曜日、ボクはファミリールームに寝っ転がり、眠るでもなくぼんやりと高い天井を眺めていた。ヴィクトリアンスタイルの天井板は、お寺の天井のような格子状になっていて、菊の花に似た模様が彫られていた。

（おや？　菊の花びらが動いた！　あれっ⁉　花がどんどん大きくなる。花びらが回転しはじめた！）

花びらは細かく振動しつつ回転が激しくなり、徐々にこちらに降りてくる。花びらの一枚一枚がうごめきながらボクの目の前に迫ってくる。

（わっ！　何だ、何だ、ぶつかる〜っ！）

ボクは逃げることもできず、思わず目をつぶった。回転体はボクの額に入って消えた。

（えっ！　これは何？　夢じゃないよな。だって意識はハッキリしていたもの）

もう一度、あの回転する花びら状のものを思い浮かべたとき、高校の世界史の教科書で見たことがあるような気がしてきた。

ボクは起き上がり、久しぶりに教科書を引っ張り出してパッと開くと、アショーカ王の石柱碑の写真が現われた。

（これだ！　この獅子の柱頭の下に刻まれている模様だ）

調べてみると、それは「法輪」といってインドの国旗にもデザインされていた。

インドはすさまじい国だ。平安と危険が同時進行している。アメリカにもインドの様子が本や映像の形で伝わってくる。

１９８０年代後半、インドのスラム社会を描いた小説『歓喜の街カルカッタ』（のちに映画にもなった）や、カースト最下級に生まれ育ち、虐げられた奴隷生活から国会議員になったプーラン・デヴィの映画『女盗賊プーラン』などは大きな話題になった。

クリニックでは、患者さんと仕事以外の話題になることがあるが、ナオミさんという患者さんとはインドの話になった。二人は、インドに行った人はインドが好きか嫌いかでハッキリ分かれる、ということで意見が一致した。

ナオミさんはインドに行ったことはないと言うが、とても興味を持ってるようなので、青山圭秀氏のエッセイを渡してあげた。すると次に治療に来たとき「とてもおもしろかった」

と言うので、そのシリーズを全部貸してあげた。

その次に来たときは、ナオミさんは「私はこういうことが知りたかったの。インドに行ってきます」と言い残し、本当にインドに出かけてしまった。

数週間後、ナオミさんはインドの報告にクリニックに立ち寄ってくれた。

「サイババのアシュラムに行ってきたんです。驚かないでね。サイババから先生にメッセージがあるのよ」ナオミさんはそう言うと、次のようなサイババのメッセージを伝えた。

「あなたは私のディボーティー（帰依者）です。私はあなたに意識を向けたときだけでなく、いつでもどこでも、あなたのことをわかっているのです。次のことに気をつけなさい。まず、お酒を止めなさい……」等々。

およそ数項目のことを伝えてくれたが、ボクに対する注意事項が多かった。「驚かないで」というほうが無理である。

たしかにここ10年ほど、ボクはサイババにお祈りをしていたが、世界中に多くの信者を持つサイババが一面識もないボクのことを知っており、メッセージをくれるなどということが果たしてあり得るのだろうか。

ナオミさんを疑いたくはないが、信じられないというのが正直なところだった。それからしばらくは、ボクはあえてサイババのメッセージに逆らうような生活を送っていた。

（酒を飲むなだって？　神様にだってお神酒をあげるじゃないか。キリストはワインを飲むし、そんなにわるいものではないと思うがなあ）

しばらくは平穏だった。

（やっぱり、サイババがボクにメッセージをくれるなんてあるわけがない）

ところが10日あまり経ったころ、その回答はやってきた。

仕事中、腰に激痛が走って動けなくなってしまったのだ。こんな強烈な痛みは初めてであり、今までは腰痛が出ても何とかがまんしながら治療を終えることができたが、このときはどうしようもなかった。身動きがとれないのだ。完全に椎間板ヘルニアであり、しかも重症だ。最悪である。

痛みのために仕事を途中で切り上げるのは初めてだった。帰りの車の運転中も、腰から足に激痛が襲った。ほうほうの体で家にたどり着き、壁伝いに歩きながら、ようやく床に就くことができた。それからは、寝たきりのまま5日間が過ぎた。

夜中、体を動かすことはできないが、眠くもならず頭だけは冴えわたって、あれこれとクルクルパチパチ考える。

（これまでも腰を痛めたことは何度もあったが、これは尋常ではない。治るにしても何週間もかかるだろう。自分が働かなければクリニックの収入はゼロだ。オフィスは潰れてしまう。

スタッフや家族を路頭に迷わせるわけにはいかないが、さてどうしたものか……）

するといきなりドッカーン！と頭からカミナリが落ち、背骨を貫いて全身に衝撃が走った。体に何万ボルトもの高圧電流を流されたかのようだ。

体中の筋肉が自分の意志とは関係なく痙攣し、体幹が屈曲と伸展を繰り返している。まるで釣り上げられた魚がのた打ち回っているようだ。

動きを止めようとしても、それまで体験したことのない猛烈な痛みに圧倒され、自分をコントロールすることができない。誰かを呼ぼうにも声も出ない。夜中の2時ごろだった。

幸いにも、その夜は妻が隣の部屋で習字の稽古をしていた。彼女は異変に気づき、海老のように跳ねているボクを見つけた。

「どうしたの？　何が起こったの？」

自分でも何がどうなっているのかわからない。どうしたと聞かれても答えようがないし、歯を食いしばって必死で耐えているのが精いっぱいで、声も出ない。

「どうしたらいい？」

（これでは救急車で病院に行ったところで何ができるだろう。そうだ、ビブーティだ！）

自分でもどうしてそう思いついたのか、わからない。

「ビブーティ！」

「どこにあるの？」

神様やご先祖様を祀っていた棚を指さす。そこにナオミさんがインドからお土産に持ってきてくれたサイババのビブーティ（聖灰）を置いていた。

ボクは妻が渡してくれたビブーティの袋に震える指を突っ込み、灰がいっぱいについた指を口の中に入れた。すると高圧電源のスイッチが切られたかのように、全身の力が抜けていった。体中がジーンとしている……。

あれはいったい何だったのだろう。もとのヘルニアの痛みと痺れは残っていたが、あのカミナリのような猛烈な苦痛に比べれば何ということはない。

（あの苦しさといったら、このヘルニアの何10倍もひどかった。がまんすることさえ難しく、一瞬一瞬を必死に耐えることが精いっぱいだ。今はともかく何とか体は動かせる。もし、この世で自分が必要のない人間ならば、このままダメになるだろう。そうしたらしかたがない。あきらめよう。でも、もし必要とされるなら、回復して生かされるだろう。よし、明日は何が何でも仕事に出よう）

そう固く決意した瞬間、信じられないことが起こった。目の前にサイババが現われたのだ。ボクは驚いて、思わず目を閉じた。目を閉じてもサイババが見える。夢ではない。脳裏に映るヴィジョンとも違う。生きている人がそこにいるようにちゃんといる。

サイババの思いが伝わってきた。

「あなたは私の言葉を信じることができなかった。私が言ったことにことごとく歯向かった。でも、私は本当のことを言ったのだ」

（でも、どうしてお酒がわるいのでしょう？　神様だってお酒を飲むではありませんか）

「お酒は精神を曇らせ、肉体と魂に不調和をもたらし、霊性の進化を妨げる。自分から進んで飲むものではない。私はいつでもどこにいても、あなたのことはすべてわかっていると伝えたはずだが」

（わかりました。ご存じでしょうが、明日から仕事に出ようと決めました。よろしいでしょうか？）

「大丈夫だ。そうしなさい」

（でも、腰はよくなるでしょうか？）

「よくなる」

（どうすればよくなるのでしょう？）

「それは、私が伝える。こころの中に考えが浮かぶという形でわかるようになる」

（ありがとうございます）

「ところで、あなたは一つ忘れていることがある。あなたの友人のことだ」

（えっ？　誰でしょう）

「一生懸命、あなたを助けようとしてくれた友人がいた。それに対して、あなたは感謝をしていない。それは間違いだ」

（えっ、そんなことまでお見通しなのか！）

まさにズバリだった。ボクにはアメリカ人の友人のカイロプラクターがいた。彼とは大学時代から親しい仲で、以前、腰をひどく痛めたときに彼が面倒を見てくれて助かった。

今回も歩くことも難しい中、這うようにして彼のところへ行き、5日間毎日、治療をしてもらっていたのだ。ところが、彼は見当はずれの治療をするばかりで少しもよくならない。

（何ということだ。開業して20年にもなるというのに、ちっとも進歩していないではないか。これまでの間、何をしていたのだ）

まったく感謝の気持ちもなく、ボクは罰当たりなことを思っていたのである。

（たしかに彼は最大の友情と善意で、今の彼としてはできる限りのことをしてくれた。それは彼の態度でわかっていた。大切なのは動機であり、結果で判断してはいけないのだ）

ボクは、遅ればせながらそう気づいた。

（そうでした。明日、彼を訪ねて感謝を表してきます）

「よろしい。そうしなさい」

サイババは現われたときと同じように突然、消えた。

その友人は早朝6時から夜の10時まで、一日に250〜300人もの患者を診ている人気のドクターだった。

翌日、ボクは彼が仕事をはじめる前に行き、クリニックに飾る生花とともに感謝の気持ちをしっかり伝えて、自分の仕事に出かけた。相変わらず痛みはあったが、あのカミナリの苦痛を思えば耐えることができた。

クリニックの治療でも、それまで思いもつかなかったことがこころに浮かんできて、それを実践していくうちに難しい患者さんでも短期間で治せるようになった。自分の痛みのほうも少なくなり、数カ月という時間はかかったが回復した。

（そうか！　アシュタールのチャネラーが「腰は痛くなるが、守られている」と言ったのは、サイババのことだったんだ！）

それ以来、何か間違ったことをすると体のある箇所に痛みが出てきて、注意を喚起するようになった。ナオミさんも間違ったことをすると、必ずそのあと頭をどこかにぶつけて痛い思いをすると言っていた。

彼女はその後、サイババのアシュラムでボランティアをしながら部族語までマスターし、現地の日本企業で働くことになった。

スピリチュアルヒーラーの奉仕

ボクはダウンタウンで開業していた。

昼休みは近くのトレーニングジムに行く。ジムは通りを挟んで、その北向かいにあった。ハードコアのボディビルジムなので、一般のヘルスクラブと違って、ほとんどの会員はごつい男性ばかりだ。女性は一度も見なかったし、地域がら白人と黒人とラテン系が同じくらいの割合で集まり、オリエンタルはほとんどいなかった。

ある日、ジムでトレーニングをしている夢を見た。

入口から東洋人が入ってきた。このジムにしては珍しいなと思った。トレーニングを終えて更衣室に行くと、そこでも彼に会った。

何週間かのち、ジムでトレーニングを終えて更衣室で着替えていると、夢で見たあの東洋人がヘルメットを持って立っていた。

（バイクで来ているのか。何に乗っているのだろう。聞いてみようかな）

すると意外にも向こうから声をかけてきた。

「城岩先生ですよね」

「ええ、そうですが。前にどこかでお目にかかりましたか?」

「いや、先生は私のことを知らないと思います。私は山村と申します。先生の記事は以前から日本で読んでいました」

そういえば、ボクはアメリカのトレーニング事情や栄養学のこと、健康などに関する記事を日本の雑誌に連載していた。でも、記事を読んでいるという人に会ったのは初めてだ。

以来、彼とはときどきジムで会うようになった。しかし、そのジムはしばらくして倒産してしまったので、山村さんとも会う機会がなくなった。

山村さんの消息を知ったのは、それから数年後のことだ。地元の日系情報誌に、彼の心霊治療家としての活動が写真入りで紹介されたのである。

その後、ボクはある講演会の会場で久しぶりに彼と出会った。妻は山村さんが極真空手の黒帯だと知ると、次の週には山村さんが稽古をしている道場に入門した。

山村さんは小さいころ、ブルース・リーに憧れて空手道を志したという。同時に精神世界にも興味を持ち、自分なりに修行をしたり、慈善活動をしていた。ちなみに彼の英語名はブルースだ。

大学の体育科を卒業した山村さんは、体育教師の資格は取ったが、導かれるようにアメリカに渡った。ボクが会ったのはその直後だったようだ。

ジムにはビカビカのホンダのナナハンに乗ってきていたので、優雅に暮らしているのかと思っていたが、当時の彼の生活はかなり苦労が多かったそうだ。

職場の労働条件が事前に聞いていたものとまったく違っていたり、信じていた人に裏切られたりして、人間不信に陥ったという。

一時は宗教や霊的なグループの集会にも参加していたが、それらの教えに矛盾や義憤を覚えるばかりで、自分が探している答えは見つからなかった。

そこで、幼いころの霊的な体験を思い出し、霊的体験を通して真理に近づこうと以前にも増して瞑想をするようになった。

ある年末の未明、彼はインディアン聖地の砂漠でテントに寝ていた。すると彼の耳に、遠くのほうから何かキーンキーンと高い金属音が近づいてきた。

次の瞬間、テントの中を轟音とともにさまざまな色に輝く光の玉が飛び回り、体にカミナリが落ちたかのような衝撃が走った。彼は強い痺れで金縛りになった。

テントの中はたくさんの光の玉が降りそそぎ、流れのように彼の周りを舞いながら次々と体に入っていった。心臓は激しく鼓動を鳴らし、波打つ体を抑えることもできず、山村さんはもう死ぬかと思ったほどだったという。

やがて静まると、恐怖のこころが大いなる喜びに変わり、山村さんのヒーリング能力が明らかに増したそうである。
以来、仕事を終えたあとは自宅でヒーリングを提供するようになり、週に一夜は霊的な向上と覚醒のための勉強会を開くようになった。ボクも仕事のあと、数10キロの道のりを勉強会に通った。

空手にはかねてから興味があったが、学校や仕事にかまけてなかなか稽古をはじめるチャンスがなかった。それを聞いた山村さんが、よい機会だからと背中を押してくれたのである。実は、これには後日談もある。1972年にバイクで日本一周したとき、ボクは北海道札幌市白石区の伯母の家を訪ねた。そのとき伯母の家の場所を近所の子どもたちに聞いたが、その子どもたちの中のひとりに、なぜか将来、自分の先生になるという思いを強く持った。その子どもが、ボクが入門することになる空手道場の先生だったようなのだ。

本人に確認してみたが、1972年といえば自分は5歳のはずで、たしかにボクの伯母の家がある白石区とは目と鼻の先にある東札幌に住んでいたという。しかし、バイクの学生に会ったかどうかは覚えていないとのことだった。うーむ……。

最初の昇級試験のときは、一週間前から同じ夢を数回見ていた。組手の最中、ボクが相手に蹴られて血みどろになるというヴィジョンだった。
(きっとそうなるんだろう。でも、避けるわけにはいかない)

その体験には意味があり、乗り越えなければならないとも感じていた。

プロモーションの日、白帯のボクは、初めは白帯の二人と、次に2ランク上の青帯一人と組手を行なった。いずれも問題なく勝ち進み、その後は3、4ランク上の相手が不在だったので、さらにその上の茶帯と対戦することになった。

いやな予感がしたがやるしかない。試合開始直後からキックやパンチなど、何度かの激しい応酬があったが何とかしのいだ。

やれやれこれで終えることができると気を抜いて、構えのガードを下ろした瞬間だった。左目のわるいボクには見えなかったが、顔面左に殺気を感じたときにはすでに遅かった。意識が遠のき、ボクはその場に倒れ込んだ。脳震盪を起こしたようだ。

すぐに自分を取り戻したが、鼻から口から血がとめどもなく流れてくる。のどに降りてくる血の流れは、口から吐き出さないと呼吸ができないほどでなかなか止まらない。

道場生たちが手渡してくれるペーパータオルがバケツいっぱいになったころ、審査員をしていた師範たちが、救急車を呼んだほうがいいかなどと相談しているのが聞こえる。

（ああ、そういえば失血死というものもあったなあ。これがそうなのか。まあ、やることはやったから、このへんで死んでもいいか）

そう思った瞬間、出血が止まった。

翌日、左目の周りはパンダのように真っ黒になり、頬は醜く腫れ上がった。左顔面の痛みは激しいが、左頬の神経が切れたらしく、左頬の中心部だけは痛みを感じない。

山村さんにヒーリングしてもらったおかげで、見た目は一週間くらいで戻った。でも、知覚神経は回復しなかった。心霊療法では難病が治ることもあるが、軽傷でも治らないことがあるという。霊的なカルマや因縁が原因しているようだ。

ボクは学生時代に無理をした肩の痛みに30年来悩まされてきた。何をしても治らなかった痛みが、山村さんの一回の治療でウソのように取れたのである。そうなると〝向こうの世界〟のなせる技を確信せざるを得ない。

彼は人々のためにヒーリングをはじめてから忙しくなり、キャンプに行く機会はなくなったが、日帰りのハイキングには誘ってくれた。サンタモニカ山系のエスコンディドキャニオンだ。そこはチューマーシュ・インディアンの聖地だった。

パシフィックコーストハイウェイを北上し、ペパダイン大学を過ぎて右に入ると、10台あまり車を停めることのできる駐車場がある。そこから徒歩で約1時間、高級住宅街を抜け、森を山のほうに向かって入っていく。しばらく歩くと落差の大きな滝があり、そこでみんなで昼食を食べたり、滝に当たって瞑想をしたりして過ごすのだ。

そのうち、山村さんのヒーリングセッションがだんだん忙しくなってきた。日本からも要請があり、ヒーリングツアーで各地をめぐるようになる。日本全国で難病奇病を癒しながら、霊的な相談もたくさん受けた。ヒーリングの会場には光が満ち、空間から金粉が降ってくることもあったという。

ガンや膠原病、MSなどの難病や奇病、そのほか何でも治してしまう山村さんだったが、ごくまれに治せないケースがあった。本人の霊的な因果が影響していて、山村さんの守護霊団でも治せないのだという。その場合は理由を言って、お断りするということだった。

「心霊療法」というと何やら怪しげだが、結果には目を見張るものがあった。

「これは自分が治しているのではありません。治療をしているのは向こうの世界の霊団です。自分はただ、その道具として使われているだけのミディア（霊媒、媒体）なのです」

あくまで謙虚な山村さんだが、ボランティアで治療を続ける意味を聞いてみた。

「治療がいちばんの目的ではありません。このような形で治療することによって、向こうの世界が存在すると気がついて、学ぶきっかけになってほしいのです」

彼は2000年に、世界最高のヒーラーといわれたイギリスのハリー・エドワーズの治療院に行き、後継者のブランチ夫妻に会って祝福を受け、インタビューもしている。

山村さんには、世界中をめぐってヒーリングや霊界の真理を伝えたいという夢があった。

しかし残念ながら2002年5月、彼は食道がんで急逝してしまった。享年39歳。惜しくも若すぎる死だった。

霊団も彼を治せなかったということは、何か霊的な因果があったのだろうか？　向こうの世界とのつながりができたことで死期が早まったのか？

心霊治療の能力を授かって以来10年という月日を、山村さんは個を捨ててひたすら人々を癒すこと、そして向こうの世界の真実を伝えるために生きたのである。合掌。

フィリピンの心霊手術

「フィリピンの心霊治療家がロサンゼルスにくる」という情報が入った。興味を持っていそうなアメリカ人の友人にも知らせると、母親と一緒に参加したいと言う。

彼女はすでに高校時代に前世療法を受けていたが、彼女のお母さんがまた輪をかけてすごかった。牧師の資格があり、ガレージには車のかわりに哲学から心理学、宗教学、精神世界系の本がギッシリと並んでいる。

ボクと妻が車で会場に着くと、彼女とお母さんも到着した。みんなで一緒に会場に入る。3ベッドルームくらいの普通の民家だった。

リビングルームに入ったとたん、彼女のお母さんが驚いたような表情になり、「この部屋には高級霊が来ている。光がいっぱいに満ち満ちて、神聖な空間になっている」と言った。

隣の部屋に移ってしばらく待っていると、心霊治療家という人が入ってきた。

30代半ばだろうか、小柄で引き締まった体、浅黒い顔に目力が強い。フィリピンでは有名な心霊治療家、デュン・ラボの息子のネスター・ラボだ。

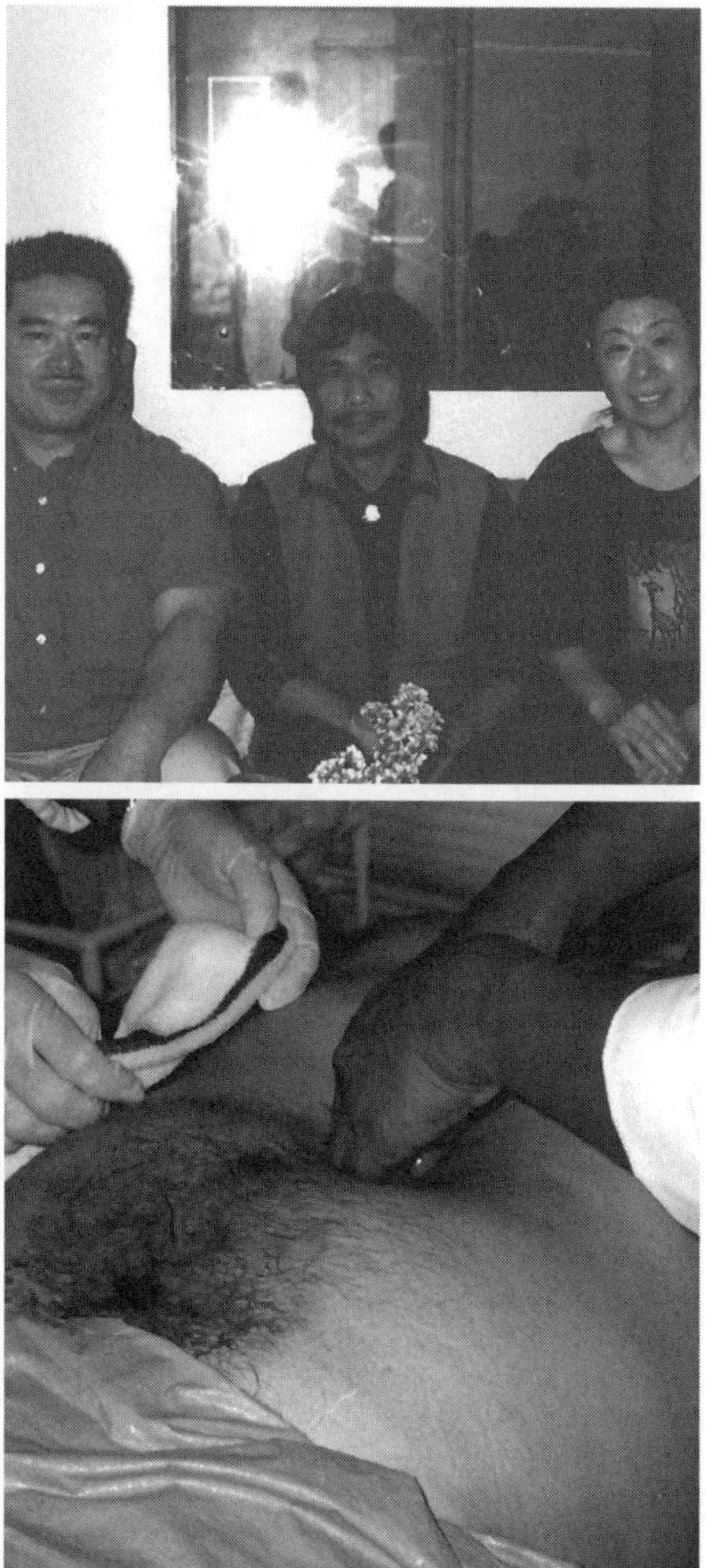

（上）左から、筆者、ネスター・ラボ氏、妻・愛子。
（下）ラボ氏に施術される筆者。ラボ氏の指先が腹の中に入り、下腹部には拭かれた血が残っている。

ボクは妻と二人で治療室に入った。まずは妻からだ。ベッドに仰向けに寝る。横で白衣を着たネスターが手を洗い、お祈りをする。

おもむろに施術がはじまった。腹部をさすっていくうちにある一点で手が止まり、指を立てて中に押し入れた。すると指が皮膚を突き破って、あっという間にお腹の中に沈んでいく。と同時に、指や手の周りから血が出てきて腹の横に流れ落ちる。真っ赤な血ではなく、薄いピンク色だ。助手がそれを拭き取っていく。

彼は、お腹の中で指をクニュクニュ動かして何かを探っているようだ。手を入れているあたりから血が流れ続けている。臓器の一部のようなものを取り出して容器に置いた。

今度はお腹に両手を入れたかと思うと、またクニュクニュと指を動かしている。それからそっと両手を引き抜き、破られた皮膚を撫でると血が止まり、皮膚の裂け目がふさがってみるみるうちにもとどおりになった。その間、数分。取り出したものは何なのだろうか?

今度はボクの番だ。パンツ一つでベッドに横になる。事前のインタビューでは、自分の不具合については何も言わなかった。どうするのだろうと見ていると、お腹を少し撫でているうちに腹部の下のほうで手が止まった。下腹部のあたりを探っている。

やがて下腹部に圧力を感じ、皮膚に指先を押し込まれたような感覚があった。プツンと皮膚が破れたような感触と同時に、彼の手を体の中に感じた。お腹の中をグニュグニュかき回されている。血がお腹の横から垂れて流れていくのが感じられる。

そのうち手の動きが止まって、指がそっと引き抜かれた。自分の下腹部を見てみると、今まで裂けていた傷口は合わさって皮膚はもとどおりになり、血は助手によって拭き取られた。

施術のあと思いがけないことに気がついた。排尿がとてもスムーズになったことだ。以前は、たしかに尿が出にくくなっていた。歳を取ればみな、そんなものだろうとたかをくくっていたのだが、不愉快な症状ではあった。

それが施術後にはスムーズに出るようになり、あと味も爽快なのである。問題や症状を言わなくとも、ネスターには相手のどこがわるいのかがわかるようだ。

フィリピンにはインチキ心霊治療家もいるそうだが、自分の体験から判断すれば、まやかしとはとても思えない。世の中には不思議なことがあるものだ。

ネイティブアメリカンの儀式

あるときヒカルが、「インディアンのスウェットロッジに行ってみない?」とボクに連絡してきた。

「スウェットロッジ」とは、治癒と浄化のためのインディアンの大切な儀式だ。蒸し風呂状態にした小屋やテントの中にセージなどの薬草の香気を焚き込めて、汗をかくことで身を清めて健康を回復し、心とからだの浄化を図るのだ。

長い間アメリカで生活していたが、いわゆるネイティブアメリカンとは会うことがなかったのでとても楽しみにしていた。ボクは、お土産に持っていく葉巻を10箱ほど用意した。

アメリカ大陸には、西洋の人たちがやってくるはるか前から彼らが住んでいた。彼らは自然を大切にしながら、自然と共存して生きてきた。

支配域をめぐってときには部族同士が争うこともあったが、砂漠の部族、森の部族、岩山の部族と住み分けることで、お互いの生活圏を侵略することなく平和を保っていた。

そこへ違う価値観を持ったヨーロッパの人たちが入ってきたのである。

当初、ヨーロッパ人たちが苦労しているのを見て、彼らは食物を分けてあげたり、作物の作り方や狩の方法を教えてあげた。翌年、豊かな実りを得た移住者たちは、インディアンに感謝してパーティーを催した。それが「サンクスギビング」の行事のはじまりだ。

ところが、移住者たちが自活できるようになって、さらに生産力を高めて力をつけてくると恩を仇で返した。周りに柵を作って土地を囲み、自分たちの私有地にしていったのだ。

インディアンにとっては自然も土地も神からの借り物であり、誰の所有物でもない。それらは部族同士で話し合いながら共有するものだった。

大がかりな家を建てることもせず、岩穴に住んだり、ティーピーというテントで慎ましく生活していた。採集でも狩猟でも、必要な分だけを自然からいただいて感謝の祈りを捧げる。そこに「自然対人間」「自分対他人」といった二者対立の発想を持っている、外部からの移住者がこぞって入り込み、「新大陸を発見したぞ!」と騒いだのである。

インディアンは彼らに酷使され、虐殺されて、現在では残ったほんのわずかな人たちが、荒野の片隅に居住地を限定されて細々と暮らしている。

政治的、経済的、社会的に虐げられてはいるが、インディアンたちの霊性はとても高い。特定の宗教は持っていないが、万物に宿る霊性や人間の死後の世界など、生命の摂理に関する知識を伝統的に受け継いでいる。

彼らのうち「メディスンマン」と呼ばれる霊能者は、心霊的な法則に長けており、自然の営みさえもコントロールすることがある。

また、いわゆる〝向こうの世界〟にはシルバーバーチやホワイトイーグルのように、地上の霊能力者の背後霊として活躍するスピリットもある。

一般にインディアンは、病気らしい病気もせずに比較的健康な体で自然死を遂げる。一方、現代のヨーロッパ人はさまざまな病気で命を落とすことが多い。

アメリカ大陸だけではなく、オーストラリア大陸も例外ではない。オーストラリアは初め流刑地として利用されていたが、アメリカと同じようにヨーロッパ人によって新天地として開拓されていった。そしてやはり、そこにはもともとアボリジニやマオリなどの原住民が住んでいたのである。

彼らもインディアンのように、「それがすべてのものにとってよいことならば、私に与えてください」という発想で生活していた。自然を敬い、自分たちに必要な分だけをいただき、自然を壊さないように暮らしていたのだ。

しかし、彼らの生活は破壊され、アメリカと同じ結果になったのである。

さらに、実は日本でも同じことが起きていた。もともと日本の原住民だった縄文人は原始共産社会を営んでおり、富の偏在はなく、社会的な身分差もなかったと考えられている。

しかし、大陸から海を渡ってきた弥生人とともに、稲作や鉄器が伝わると生産性が高まり、余剰が生み出されるようになった。富の偏在が生じはじめ、それはやがて身分の違いを作って階級を生み出した。

支配者は富と生産技術を駆使してさらなる支配を拡大し、その結果、縄文人は弥生人に駆逐されて北へ南へと追いやられたのである。それは蝦夷征伐や熊襲征伐などといった史実でもうかがえる。

こうした国内の確執や争いは日本史の表舞台には出てこないが、歴史の裏側では室町時代のコシャマインの反乱や江戸幕府の蝦夷弾圧などに見られるように、アイヌ人が激減する明治時代まで続いたのだ。

アメリカ・インディアンの中には、すっかり西欧文明に染まって自分たちの文化を忘れた人もいるが、都会の中にあっても自分たちの文化を守ろうとする人もいる。

「スウェットロッジ」を催すインディアンもそうしたグループであり、「スウェットロッジ」は月に一度、仲間うちで集まって行なわれている。

ボクらが到着すると、会を主催しているイーグルさんが儀式の順序とその意味を説明してくれた。一人ずつ祈りを捧げる場面もあるとのことなので、英語で言えるように考えておかねばならない。

瞑想を行なう場所は、何重にも布を重ねて作ってある円形ドーム型のテントの中だ。近くに立てられたポールの先には、5色のカラフルな布が吹き流しのように風になびいている。

まずは神に感謝して、葉巻とセージを撒いて清め、お祈りをする。彼らにとってセージは地上でもっとも神聖な植物であり、お清めの儀式には欠かせないものだという。葉巻も吸うためではなく、セージで燻したタバコの葉っぱを神に捧げるために使う。

大昔、インディアンの祖先に神が降臨したとき、そのしるしとしてタバコを残していったので、以来、儀式の際にはタバコの葉を使うようになったということである。

準備ができたら、男性は上半身裸になり、女性は軽く布をまとって一人ずつ暗いテントの中に入る。中央では先刻、焚き火で真っ赤に焼いた石が猛烈な熱を発している。その周りにみんなで車座になる。ときどき焼け石にセージの葉をくべて水をかける。

内部はセージの香りが満ちた蒸し風呂だ。猛烈な蒸し暑さに体中から汗が噴き出し、頭から背中、足に雨だれのように流れ落ちていく。

暑さに耐えるのに精いっぱいで、何のお祈りをしようか考えをまとめることも難しい。そのときふと、これは肉体的な極限状態を作ることで意識の変容を意図しているのではないかと思った。

長い一連のインディアンの歌が終わった。続いて参加者一人ひとりが自分の思いを声に出して祈る。ボクが祈りを表明する番が来た。

「私たちの惑星地球は、人間のために病に侵されています。このままでは地球が蝕まれ、破壊されるばかりです。どうかそれに気がついて、地球を守ろうとする人が増えますように。それは人類の未来や幸せを守ることでもありますので」

猛烈な暑さと湿気の中、ボクは朦朧としてきたが、ときおりセージを気つけ薬に嗅いで何とか耐え難きを耐えた。

体に変調をきたしたとき以外は、途中でテントを出ることは許されない。その間、約2時間あまり。激しく汗をかき、セージの香りを吸って、体中の毒素がすっかり出ていったかのようだ。

テントの外に出たときは爽快も爽快！　これまでになく軽く、スッキリした感じになった。イーグルさんの息子が寄ってきて、「君のお祈りはとてもよかったよ」と言ってくれた。

数カ月後、またヒカルが誘いにきた。

「今度は部族のメディスンマンが久々にお出ましで、精霊による癒しの大事な儀式をするんだって。行こうよ」

ボクは妻と、あともう二人の友人をともなって総勢5人で参加することにした。

準備する物は葉巻とセージ、そして儀式が終わったあとのポットラックパーティーの食べ物だ。

セージはそのへんの野原にたくさん生育しているが、彼らが儀式に使う大型の立派なものは知る人ぞ知る特別の場所にしかないので、それは彼らにお願いすることにして、当日は赤い布にくるんだ葉巻と食べ物を持って行った。

大事な儀式の前には、例のスウェットロッジで身を清めなければならないので、まだ外が明るいうちに済ませた。大汗をかいて体がスッキリしたところで本番の儀式だ。

部屋に入ると、窓はすっかり黒布で覆われており、外からの光が遮断されていた。

特にヒーリングが必要な人は、正面にひとかたまりになって座る。メディスンマンは部屋の中央に座り、太鼓と歌を担当する二人が彼の横に座った。そのほかの参加者は部屋の中心を囲むようにして壁際で車座になる。

メディスンマンの周りには、お祈りに使うのだろう、さまざまな道具が並べてあった。中でも目立つのは、白い大きなマラカスのようなものだ。楽器として使うのだろうか。

ロウソクが消され、真っ暗になったところで儀式がはじまった。カチカチ、ピシーッと音がして火花が散る。火打ち石か？　ピシーッ、パシーッ、カチーッとストロボのような閃光が煌めく。輝きが増してメディスンマンを照らし、火花が部屋中に広がっていった。

インディアンの歌と太鼓が光の乱舞に勢いをつける。やがてバンバン叩く音、ビシビシ打つ音、ドンドン踏みしめる音が加わり、大音響になった。インディアンの精霊たちが降りてきて踊っていると言うのだが……果たしてそうなのか？

すると、あの白いマラカスが輝き出し、シャカシャカ鳴りながら宙を舞いはじめ、太鼓と光に合わせて、まるで生き物のようにかなりのスピードで飛び回る。

いつの間にか楽器も増えて、笛はピーピー鳴りっぱなし。太鼓はターンタン、あちこちで踊り踏みしめる音、部屋中に咲く火花、鳴り物入りで飛び光るマラカス……。

たった三人で、これだけのことができるだろうか？　やはり精霊たちが降りてきているのだろうか？

大音響の中、精霊が乗り移って声が変わったメディスンマンが、一人ひとりにヒーリングして回る。そしてインディアンの歌とお祈りが終わったところで閉会した。

その夜は料理を持ち寄って参加するポットラックパーティーがあり、儀式に参加しなかった人たちやイーグルさんの家族も加わって、にぎやかな宴会となった。それぞれの自慢料理をほめ合いながら、みなの前で自己紹介をして感想を述べる。

それが終わると主催者から、それぞれ何かエンターテイメントをやってくれないかというリクエストがあった。

ボクとヒカルは、日本の唱歌「赤とんぼ」を歌うことにした。歌い終わると、インディアンのおばあさんがそばに来て、ボクの両手をしっかりと握り締めて涙を流しながら、「あなたの歌はとてもよかった。感動してこころが震えた。本当にありがとう」と言った。

歌うことが好きではなかったボクは当惑したが、人が喜んでくれるならまた歌ってあげたいと思った。

この日はアメリカ大陸の太古の赤心に触れることになり、とても印象深い一日だった。

最後に　―スピリチュアル世界へのガイド

クッキーボックスのような建物

故郷の白石の夢を見た。

そこは高校卒業まで住んでいた実家だった。ただ、驚いたことにボクの知っている光景とはまったく違っていた。

橋から正門を入ると中央に大きな校舎が見え、その後方に自宅が続き、そばにいくつかの校舎があるはずだった。前庭の花壇と芝生、後方の日本庭園、奥の斜面のツツジ、それに続く竹林はすっかりなくなっていた。

何もかも取り払われて整地された土地には、巨大なクッキーの箱を二つ重ねたような建物が斜面に食い込むように建っていた。

建物の横から、船のタラップのようなものが斜面に向かって降りている。底の平らなクッキーボックスは地上から浮いていて、底はたくさんの柱で支えられている。底の下の空間は駐車場かなと入って見たが、車が入るほどの高さはなかった。

そこは、かつてボクたちが住んでいた日本風の家屋とはかけ離れた、モダンで奇妙な建物だった。そしてふと、中3の夏にスモモの木に見せられたヴィジョンを思い出した。

数年後、日本に帰国した際に、姉に頼んで昔の家を見に連れて行ってもらった。そこで目にしたものは、そのときに夢で見た建物、大きな平たい箱の上に四角い箱が重なって斜面に建っていた建物と同じで、外側には非常階段がついていた。

斜面の中腹にポツンと残されたお稲荷さんの祠だけが、ボクの記憶にある実家の痕跡であった。

実家の洋裁学校は、祖父母が亡くなったあとは母が経営していた。しかし日本の繊維産業の衰退や、花嫁修行としての需要の減少、少子化などの影響で生徒数は減っていった。しかも姉は他家へ嫁ぎ、ボクも渡米したため後継者がいなかった。

母はやむを得ず1990年代後半に閉校にしたが、ボクは何年も日本に帰っていなかったため、実家がどうなっているのか知らなかった。

母は学校の土地を市に寄付していた。市は学校の跡地に保育園を建設し、100人近くの園児を受け入れられるようにした。

ボクが夢で見た建物は保育園だったのだ。

母はまた、地元のスポーツに優れた学生のための奨学金制度を作り、基金とするための寄付もしていた。

母は若いころ体操の先生になりたかったのに、養父母に義理立てして果たせなかったので、その夢を若い世代に託したのだろう。

閉校後は母は住まいを移し、一階を自宅に二階を教室にして、地域の人たちに手芸を教えながら静かに暮らしていた。

小金持ちの一人暮らしの老人は狙われるようだ。親戚をはじめ、たくさんの人が無心に来ては断わりきれず、のちに姉が貸金の総額を調べて愕然としたという。

返済計画書に従って几帳面に返済してくれる人はまれであり、ほとんどはなしのつぶてで踏み倒されていた。

新築の家なのに余計な改装工事がされていたし、デパートからは毛皮や宝石など、引退後の生活には必要のない高級品をずいぶん買わされていたことも判明した。姉が気づいたときは、母の預金残高はわずかしかなかった。

姉は母の一人暮らしはもはや危険と判断し、老人用施設に入所してもらったという。

ボクは、バブル崩壊のあおりを受けて経営が苦しかったとはいえ、母に何もしてあげられなかったことを申しわけなく思った。

自分とは何か

日本人の多くは、「死ねばすべて終わり」と考えている。

西欧の人は、「人はボディ（肉体）、マインド（こころ）、スピリット（魂・意識体）の三つから成り立っている。死ぬとボディとマインドはなくなるが、スピリットは残る」と考えている。

昔の中国人は、「人は魂（こん）と魄（はく）のエネルギーで生きている」と考えた。魂はスピリットであり、魄は肉体とこころである。

そして、死ぬとたいていの人の魂は天上に上り、魄は姿は見えないが地上に留まって鬼になると考えた。ただし、怨みや憎しみのある人は、魂も地上に留まり、悪鬼となって悪さをするとした。

幽霊の決まり文句は日本でも、「魂魄この世に留まりて～、恨み晴らさでおくものか～」である。

死ぬと肉体は火葬にされたり、地中で腐敗して分解されたりして自然の元素に戻る。

こころとは、五感（見る、聞く、嗅ぐ、味わう、触る）で感じた結果、生まれる感情（うれしい、悲しい、恋しい、悔しい、等々）である。細胞で知覚して、脳で感じたり考えたりするのだから、肉体がなくなればこころもなくなる。

ただし、感情が激しく、魂に刻み込まれるほど強くなると、死んでもスピリット（魂、意識体）に思いが残ってしまう。

スピリットの役目は第六感を働かせることだ。インスピレーションや虫の知らせ、神の啓示など、自分では考えつかないようなことがひらめく。

ボクは、死んでもなくならない「スピリット」こそが、本当の自分であり、永遠の自分だと思っている。

さて、スピリットには質量がある。10数グラムだ。これはどこへ行くのか？

人が死ぬとシルバーコード（魂《たま》の緒）が切れるので、スピリットは肉体から出ると、まずは「幽界」に行く。幽界は地上に近いところにあり、生きている人の目には見えないが地球圏と空間を共有している。

死んだばかりのスピリットは、生前の物質世界への思いが強く、自分が死んだ場所や馴染みの場所にしばし留まったりする。

しかし、周囲の環境の変化に気づいて自分の死を自覚することができれば、霊界に昇っていく。それが成仏だ。

「霊界」は幽界のさらに上方にある。肉体を離れると49日以内に昇天が起こると考えられており、地上の人生を終えたあとに進むべき正しい道だ。

何らかの理由で成仏できないスピリットは地上圏の幽界に留まり、さまようことになる。これが浮遊霊、あるいは地縛霊（Earth Bound Spirit）と呼ばれる。

生前、人格が高かった人の魂はエネルギーがあるので波動が高く、上のほうに昇っていく。恨みつらみでいっぱいの魂は低級霊となり、重くて昇天できない。

水を例にすれば、水はエネルギーを加えると水蒸気に形を変えて見えなくなり、軽くなって昇っていくが、エネルギーを奪うとはっきり見える固い氷になる。スピリットもそのようなものだと考えるとわかりやすいかもしれない。

低級霊が地面の近くをうろつく地縛霊になり、ときどき幽霊となって見られるのはエネルギーが低いせいだ。

スピリットは死んでからも、より高みを目指して進化する。

しかし、肉体で生きているときにさまざまな体験をし、こころを使ってスピリットの進化を促すほうがずっと速く進化することができるのだ。

肉体の維持のためには仕事もお金も必要だけれども、ほどほどにしながら、なるべくこころ磨きに長い時間を使うべきだ。食欲、性欲、物欲、名誉欲などに負けて欲張ると、大切な時間である「生命」をすり減らすことになってしまう。

本当の自分＝スピリットの幸せは、肉体やこころの満足ではない。現世だけの幸せではなく、死後も生き続けるスピリットの幸せを目指そう。

時空を超え、相手と自分との区別もなく、何もかも一つになる安らかで平和な状態が、スピリットの幸せだと思う。

宇宙とは何か

ボクたちが夜空を眺めるとき、数えきれないほどたくさんの星が見える。うまくいけば裸眼でも2000くらいの星を確認できるという。

しかし、その星も宇宙の中のほんのわずかな一部で、すべての星の重さを足しても宇宙全体の重さの0・5パーセントにしかならないそうだ。

宇宙はほとんどが見えない部分で占められているが、見えないから何も存在しないというわけではない。

宇宙の物質について考えてみよう。

ボクたちの宇宙は138億年前のビッグバンで誕生したといわれている。それからの数億年間、宇宙に星はなく、とてつもなく高温で高エネルギーの素粒子と、ダークマターばかりの状態だった。光がないので、もちろん目で見ることはできない。

その後、宇宙はどんどん膨張した。膨張すると温度が下がり、素粒子からまずは簡単な水素の原子が形成され、それから核融合によってヘリウムになる。それを繰り返すことで徐々に質量数の大きな重い原子が作られていった。

地球やボクたちが見ている星々は、高熱・高エネルギーの素粒子や電子、陽子、中性子などを含む宇宙が膨張し、エネルギーを失って冷えていき、原子や分子、さらにより粗く鈍重な物質を形成するようになった結果だ。

地球の原子といっても、中はスカスカな状態であることが知られている。物理学者フリッチョフ・カプラによれば、原子を直径34メートル、一周が100メートルのローマのサン・ピエトロ寺院のドームにたとえれば、中心の原子核は塩粒ほど、外を回る電子はホコリにすぎず、原子核は原子全体の一兆分の一なのだそうだ。

同じ物質でも、エネルギーが低い状態では電子の運動が不活発になり、原子も収縮した状態で固まっている。

しかし、エネルギーレベルが高くなると電子の動きが活発になり、原子核と電子の間の距離が大きく広がって、原子や分子の運動が水のようにより流動的になる。そこにエネルギーを与えると動きはさらに活発になり、膨張して気体となって見えなくなるのである。

この原理を利用すれば、見える物質でもエネルギーを与えて波動を上げれば見えなくなるはずだ。

地球にはまだそのようなテクノロジーはないが、もしＵＦＯがその装置を使っているとすると、ＵＦＯが神出鬼没であることも理解できる。ドラえもんに「波動上昇装置」を出してもらえば、透明人間になれるというわけだ。

大気圏外の宇宙空間には何もないように見えるが、低エネルギーの鈍重な物質世界とは違って、実はものすごい超高エネルギーを持った素粒子、または原子に満たされていると考えることもできる。

見えなくても物質は存在しているのだ。ボクたちの周りにある空気でさえ、1リットルで約1・2グラムの重さがある。空気は見えないけれども、風として肌で感じることができる。ときには台風や竜巻となり、堅固な建物でさえ破壊できる。

ボクたちのスピリットは肉体に比べれば極めて軽く、たった10数グラムだ。空気よりも軽いスピリットという物質は、つまり空気以上に微細で精妙であり、高い波動とエネルギーを持っていると考えられる。

超微細・超高波動のスピリットは、スケスケで鈍重なボクたちではとらえることができないのだ。網戸を通り抜ける煙のようなものだから、ボクたちの粗い体などは簡単に通り抜けてしまう。

大気圏の世界、その上の大気圏外の世界、さらに宇宙空間の世界というように、〝向こうの世界〟もそこにいる存在も、地上から高く遠ざかれば遠ざかるほど、より微細で、より高い波動を持っていると考えられる。

そのような別の世界をボクたちは「次元」という言葉で表わすことがある。

ボクたちが生活している世界が3次元空間なら、同じ空間を共有しながらも、ボクたちからは見えない世界が4次元の「幽界」だ。地上で亡くなって肉体というハードウェアを脱ぎ捨て、意識体だけになったいわゆるスピリット（魂）が最初に行くところである。

さらに地球を離れた高所には5次元の「霊界」、さらに上に6次元の「神霊界」、7次元の「神界」など、9次元、10次元まであるといわれているが、今のところは検証できないので、そのような説があるということだけを紹介しておく。

アメリカのヴァージニア州にあるモンロー研究所では、向こうの世界の区分をフォーカス10とかフォーカス32など、「フォーカス」という言葉で表わしている。

いちばん高い波動に満ちたところを「量子真空」ということもある。エネルギーと粒子が分かちがたく渾然一体となった極微の場だ。

粒子が創出されたり、粒子が消滅して再び波動エネルギーに戻ったり、エネルギーに満ちあふれたところである。

過去・現在・未来があり、叡智のすべてがある神の領域といってもよい。アメリカの物理学者デヴィッド・ボームの表現を使えば、「暗在系」がそれに該当する。

ボームは著書『全体性と内臓秩序』で、「宇宙は二重構造であり、われわれの知っている物質的宇宙（明在系）の背後にもう一つの見えない世界（暗在系）が存在している。

暗在系には明在系すべての物質、精神、時間、空間などが全体として畳み込まれており、分離不可能である」と言っている。

つまり暗在系とは、ボクたちの五感で知覚できる明在系と連続して存在する向こうの次元全般を指すことになる。

工学博士の天外伺朗《てんげしろう》氏は、「暗在系はユングの唱えた集合無意識（シンクロニシティ＝意味のある偶然が起こる場）と極めて似ている。時間を超越した暗在系集合的無意識こそが、肉体を離れたあとに帰っていく場、いわゆるあの世なのではないか」と語っている。

宇宙はすべてを包含しているのだ。

西洋科学の変容

デカルトやニュートン以来、近代における哲学や科学の合理的思考といわれるものの基本的な発想は、精神と物質は別のものという二元論だ。地球上に生起する物理現象は独立した客観的な対象であり、観察者からは影響されないという考え方である。

しかし、19世紀末から20世紀初め、科学の研究が進歩するにつれて対象が地球を超え、宇宙のマクロの世界や微細な原子や電子、さらに小さな量子などのミクロの世界になると、様相が変わってくることがわかってきた。

高速で移動する物体や宇宙空間で起こるさまざまな現象、特に素粒子の物理現象などは、デカルトの発想やニュートンが定義した物理法則を適用できなくなった。

かわって量子力学や素粒子物理学、理論物理学、行列力学、不確定性原理、波動力学など、微視的な物理現象を説明する現代の物理力学が登場してくる。

それらの研究によれば、物理現象と観察者はそれぞれ独立したものではなく、一方が他方に影響を与えることになる。つまり物理現象と観察者は、お互いにつながって影響し合っている、一体不可分なものであるということがわかってきたのだ。

たとえば原子内部の素粒子の有様は、粒子と波動の両方の性質として観察され、観察者が粒子と思って観察すると粒子の性質を示し、波動として観察すると波動の性質を現わす。

このような微細なレベルでは、観察しようと光を当てると素粒子に変化が起きて物理現象が変わってしまうことも起こる。つまり、観察のために必要な手続きが、被観察物に影響を与えて変えてしまうのである。

このように、これまで科学的な観察と思われてきた方法は、検証のための手段として不備であることになってきた。

また、相対性理論によれば時間の長さも絶対的なものではなく、速度や重力に影響されて変化するという。たとえば地球を離れて宇宙に出た場合、時間にずれが生じるので地球の時間をそのまま適用できなくなる。

地球上においても高低差によって重力が異なるので、厳密にいえば場所によって時間は少しずつ違うことになる。また高速で移動する場合でも、時間の進み方が変わってくるのだ。

今やミクロやマクロの世界の研究においては、生起する現象はお互いに影響し合っていること、それぞれが独立して起こるのではなく、つながりや関係を持っていることが証明されている。

そうしたことを説く新しい時代の理論物理学者としては、マックス・プランクやニールス・

ボーア、ヴェルナー・ハイゼンベルク、エルヴィン・シュレディンガー、デヴィッド・ボーム、フリッチョフ・カプラ、ロジャー・ペンローズなどが挙げられる。

ドイツのマックス・プランクは天才的なピアノの才を持っていたが、熱力学の研究から量子論を展開し、のちに「量子論の父」といわれようになった。

長期にわたってドイツの物理学界に貢献し、ドイツを代表する総合学術研究機関であるマックス・プランク物理学研究所は、彼の名前をとってつけられた。

デンマークのニールス・ボーアは、元アマチュアのサッカーの選手でもあり、いわば文武両道の人物。社交的で気さくな人だったらしく、多くの理論物理学者と交流して後進を育成し、量子力学の育ての親といわれた。

彼は「ボーアの原子模型」を考案し、１９２２年にノーベル賞を受賞している。また、東洋思想にも興味を持ち、特に中国の易経を学んで東洋哲学が量子力学に通じていることを発見した。

易経の64卦のように、偶然に見えることが実は自然の法則を表わしており、統計学的にも証明できることを見出したのである。

「物理現象は観察されて現実が確定する」とするボーアはアインシュタインと論争になった。「自然の摂理には人間の意識を超えた客観性がある」と主張するアインシュタインにとっては、ボーアの量子力学の理論に納得できなかったのである。

アインシュタインはボーアの理論を否定し、「神はサイコロを振らない」と言ったことに対して、ボーアは「神が何をなさるかなど注文をつけるべきではない」と答えたという話は有名だ。結局、量子力学を理解できなかったアインシュタインは論争に負けることになる。

ヴェルナー・ハイゼンベルクは、コペンハーゲンに行ってボーアという理解者を得、確信を持って研究に精進することになる。

１９２４年、彼は行列力学では素粒子の正確な位置と運動量は同時に知ることができないとした。そして１９２７年、不確定性原理を発表し、１９３１年には31歳でノーベル物理学賞を受賞する。

スポーツが好きでピアノの名手でもあった彼は、インドの詩人タゴールとも親交があり、東洋哲学を学んで理論物理学と東洋哲学の間には極めて似たものがあることを発見し、のちに哲学的物質一元論を展開する。

また、マックス・プランクの助言によって戦時中のドイツに居残る覚悟を決めたハイゼンベルクは、原子力研究機関で原子爆弾を作る仕事に従事させられ、さまざまな葛藤を経験することになる。

エルヴィン・シュレディンガーは、波動形式の量子力学である波動力学を唱えた。彼が考えた方程式はボーアの量子論の結果が完全であることを証明し、さらに彼の理論はハイゼンベルクの行列力学と数学的に同等であると支持したイギリスのポール・ディラックによって完全なものとなり、１９３３年にディラックとともにノーベル物理学賞を受賞した。

また、シュレディンガーは古代インドのウパニシャッド哲学を学び、その諸原理がまさに波動方程式に通じる内容であることを認識した。

そして『精神と物質』を著わし、宗教と科学は対抗するものではなく、むしろ宗教はやがて科学的な研究の成果によって支持されるようになり、西洋の科学が東洋の万物一体の教理を含むことによって、人間の精神が解明されることになるだろうという考えを展開した。

先に触れたデヴィッド・ボームやオーストリア出身のアメリカの物理学者フリッチョフ・カプラ、イギリスの理論物理学者ロジャー・ペンローズも、それぞれの立場から類似の理論を展開した。

また、地上世界の人々が間違った認識を持つことに危険を感じた「霊界」からは、物質主義と生命の真理に逆行する唯物論に警鐘を与えるため、たくさんの心霊現象を地上に現わす活動がなされた。１８４８年にニューヨーク州のフォックス家に起きた心霊現象にはじまる、欧米の一連の心霊現象がそれである。

それでも人に気づきを与えるのは簡単ではない。学術的に死後の世界の真実を解明しようとしたり、〝向こうの世界〟に気づかせようとするスピリチュアルな活動が盛んになるのは、それから1世紀以上もかかった。

１９７０年代、その先鞭を切ったのがアラバマ大学のレイモンド・ムーディー教授や精神科医のエリザベス・キューブラー・ロス女史、バージニア大学のイアン・スティーブンスン教授たちだ。大学の研究機関でも本格的に向こうの世界の研究に取り組みはじめたのである。

世界臨死体験研究会が発足したのもそのころだった。ムーディー教授は臨死体験者たちにインタビューをして、彼らが経験した10項目あまりの臨死体験の条件をまとめた。

ボクがこれまでの自分の不思議な体験を振り返ってみようと思ったのは、それがきっかけだった。自分の体験はことごとく臨死体験の条件を満たしていたのである。

それまで日本で流布していた死後の世界観は、お花畑や三途の川の向こうから家族や友人がお迎えにくるというものだったので、ボクは自分の体験が臨死体験かどうかについては半信半疑だった。

しかし先の教授らの研究によれば、ボクがトンネルを通って光に向かったような体験も臨死体験である可能性があり、ボクも真剣に考えるようになったのである。

スティーブンスン教授は、前世を記憶する子どもたちを調査し、その証拠となる事実を検証した。

やがて、チャネリングや自動書記による〝向こうの世界〟の紹介が頻繁に行なわれるようになると、精神世界を探求する動きが本格的に戻ってくる。そして、すべてのものは一つにつながっているという「万物一元論」が見直されるようになってきたのだ。

ハーバード大学の素粒子物理学者リサ・ランドール教授は、「素粒子を壊すと消えてなくなってしまう物質があることがわかった」と言う。このことは、物質科学の大前提である「質量不変の法則」と矛盾することになる。

これは消えてなくなったのではなく、素粒子が今の科学でとらえることのできない、さらに高次元へと移動したということではないだろうか。

将来、科学が進歩してより高い次元がわかるようになれば、消えたと思われた素粒子もまた新たに見つかるかもしれない。

果敢な探求者たち

近年、きっかけは違えども人間の意識に非常に高い関心を持ち、〝向こうの世界〟を認識するようになった人たちがいる。

いずれも人間の意識と精神や心理の研究を通し、向こうの世界を垣間見るようになった人たちである。

ジョン・リリー

ジョン・リリーは医者であり、脳科学者、精神分析学者、神経学者、神経生理学者、生体物理学者、哲学者、作家、発明家、電子工学者、コンピューターサイエンス学者等々、さまざまな肩書きを持っている。

科学者としては主流から外れていたが、ティモシー・リアリーやワーナー・エアハルト、リチャード・アルバート（ラム・ダス）などの反体制文化の科学者や思想家たちと親交があり、彼らもリリーの家をよく訪れた。

また、彼の研究態度や生き方はアメリカで、特にヒッピー世代やそれ以降の若い世代に多大な影響を与えた。

ジョン・リリーは1915年、ミネソタ州セントポールの裕福な家に生まれ、少年時代から科学や哲学に興味を持っていた。

自宅の実験室で熱心に研究に勤しむジョン少年は、アインシュタインジュニアと呼ばれるほどだった。

ファーストナショナル銀行の社長である父は、ジョンを東海岸のアイビーリーグの学校に入れて仕事を継がせたかったが、ジョンはロサンゼルスのカリフォルニア工科大学に入り、物理学を勉強するようになる。

しかし彼は在学中、オルダス・ハックスレイの著書『素晴らしい新世界』に出会って衝撃を受け、生物学に転向した。

ハックスレイが描いたのは、薬物によって胎児のときから生化学的に管理され、その後も洗脳的な教育によって欲求が満たされるという、コントロールされることが当たり前のディストピアの社会だった。

それに加えて物理的、化学的な影響による自身の脳と主観的な体験は、彼を生物学、特に神経生理学への研究に向かわせることになったのだ。

運命というのはわからない。ジョン・リリーが学業と婚約の重圧から逃れて一時、木材会社で仕事をしていたときに事故に遭ってケガをし、医者になろうと決断する。

彼はカリフォルニア工科大学で科学の学士号を取得後、ダートマス医科大学に入学し、精力的に32体もの死体を解剖した。

次の夏にはカリフォルニア工科大学に戻り、教授のもとで自分を実験台にして心身ともに限界を体験しながらも、教授の仮説を証明して最初の研究成果を残した。

以来、リリーはすべての実験でほかの人を使わず、必ず自ら実験台になって自分を危険にさらすことを厭わなかった。

ダートマス医科大学では臨床を重んじたが、リリーは研究に専念したかったので、より研究に勤しむことのできるペンシルベニア州立大学に転校し、医学博士を取得。

次にリリーは、脳に電気の端子を差し込み、脳の活動電位を測定する研究に打ち込んだ。するとＦＢＩや軍が研究に目をつけ、リリーに近づいてきた。リリーは自分の研究が洗脳などの手段に悪用されることを危惧して研究を中止した。

それからリリーは、アイソレーションタンク（感覚遮断タンク）の開発に乗り出す。人は外部環境から刺激を受けることによって、自身の体やこころの存在を自覚する。外部からの入力をすべて遮断できれば、純粋な意識の内面が増幅されて現われるのではないかという発想だ。

防音した真っ暗な大きなタンクの中に体温と同じ温度の濃い塩分を含んだ水を満たし、長い間浮くことで体からいっさいの刺激を排除する。

リリーはそこで前世体験や宇宙へ飛び出すような体験をすることになる。その変性意識体験は、のちにハリウッド映画『アルタード・ステーツ』のもとになった。

ボクもアイソレーションタンクを経験してみた。わが家から車で10分ほどの商店街に何気なくある専門店だ。

一回40分ほどで45ドル。個別のシャワー室の奥に一人用のタンク室がある。タンクは両手両足を広げても縁に触れないほどの大きさだ。水の深さは30センチメートルくらいか。耳栓をして、裸でエプソムソールトを溶かした体温と同じ温度の湯に入る。いわば濃度の高い塩水なので、体が楽に浮く。

仰向けになって水に体をゆだねると、顔面は水から出るので呼吸はできる。扉を閉めると真っ暗だ。何も見えず、何も聞こえず、温度も感じないし、触覚もないから上下左右もわからなくなる。まさに宇宙空間に浮かんでいるようだ。

感じるのは首こりと肩こり、背中の痛みくらい。でも、それも時間の経過とともになくなっていく。自分の純粋な意識だけを強く感じる。時間の感覚も薄れていく。死んでスピリットになったら、こんな感じなのか？

ボクは体外離脱とまではならなかったが、なかなかおもしろい体験だった。

リリーはタンクに入るときに、ＬＳＤやケタミンなどのサイケデリックドラッグを一緒に使ったようだ。しかし、60年代後半になるとＬＳＤは世界的に禁止された。

理由の一つは、ＬＳＤが向こうの世界とつながる可能性を持っているので、リスクがあるからである。

ケタミン、メスカリン、アヤワスカ（アイワスカ）、ハルシオンなどもそのリスクがあるかもしれない。素人は決して手を出してはいけない。

リリーも著述で詳しく語っているが、自分のそのときの意識の持ちようで、向こうの世界でつながる対象が変わるのだ。

気持ちがネガティブなときは、波長が共鳴して地獄のような世界とつながってしまい、とんでもない経験をすることになる。まさに自分の意識の状態が世界を作り出すのである。

ただ、修行を積んだ人が高貴な目的で用いるならば、大変役立つこともあるようだ。アマゾンやペルーの部族のメディスンマンは、先祖霊や高級霊からのメッセージを受け取るために、今でもアヤワスカを使っている。正式な儀式に使う限りにおいては、国も使用を認めている。

イギリスでかつてスポーツコメンテーターをしていたデイビッド・アイクは、アヤワスカを使った儀式で覚醒し、世界の真のカラクリを理解するようになったといわれている。

そして、世界の歴史や現在の世界の動きの真実を教示する啓蒙活動を行なうようになった。彼の著書『The Biggest Secret』（邦訳『大いなる秘密』三交社）などに詳しく描かれている。

アイクが、向こうのどんな源（ソース）と結びついて情報を得たのかは、ご自分で判断してほしい。

話を戻すと、リリーはアイソレーションタンクに浮かんでいるような生物で、人間よりも大きな脳を持っているとされているイルカの研究を思いついた。

そしてイルカの脳構造を解明し、イルカに言葉を覚えさせる訓練をして、イルカとのコミュニケーションを試みたのである。

しかし、またもや彼の研究は海軍が利用しようとして目をつけられ、リリーは海軍に追われることになる。

イルカが軍に悪用されるのを危惧したリリーは、イルカの研究を中止して海に解き放した。そのいきさつをもとにして、ハリウッド映画『イルカの日』が作られた。

リリーは実にさまざまな活動をしている。ハーバード大学を辞めてインドに行った心理学者リチャード・アルバート（のちにラム・ダスとして知られる）の勧めで、ヨガや瞑想に打ち込んだり、チリを旅行してスピリチュアルリーダーのオスカー・イチャゾのもとで修行し、悟り（サマディ）を達成したと認められたりしている。

また、彼は太陽系外の知的生命体（ＥＴ）にも興味を持ち、宇宙ラジオ技術を使ってＥＴを探索するための会合を開いていた。

１９９０年代、リリーはハワイのマウイ島に移り住んで静かに余生を過ごし、ロサンゼルスで最期を迎えた。彼の死はマスコミでも大々的に報道され、多くの人が彼の死を惜しんだ。

ロバート・モンロー

もし、この世でスピリットの状態で体から離れ、向こうの世界を体験できるとしたら興味深いとは思わないだろうか。

その可能性に近づいた人物がいる。ジョン・リリーと同じ1915年生まれのロバート・モンローだ。

彼はラジオ番組の製作会社を経営しており、研究開発部門では睡眠時を含め、人間のさまざまな意識パターン、特に睡眠学習を研究していた。

48歳のとき、彼は不思議な体験をした。

睡眠学習をしていたとき、体が麻痺し、まばゆい光が射してきたのだ。同じことが6週間のうちに9回起こり、そしてスピリットが体から出て行ってしまった。

この体験をきっかけにして、彼は人間の意識と体外離脱の研究をするようになる。そして、医学や心理学、生化学、精神科、電子工学、物理学、教育学など各分野の専門家の助けを借りて、「ヘミシンク（Hemi-Sync）」という技術を開発した。

ヘミシンクは、脳波シンクロナイゼイションともいわれる。左右の耳にそれぞれわずかに波長の違った音を聞かせることで、右脳と左脳がそれぞれに追随しようとする、同調の反応を喚起させるバイノーラルビートという原理に基づいている。

そのバイノーラルビートにピンクノイズという、パワーが周波数に反比例する波形がフラクタル状になった雑音を乗せて、複数のバイノーラルビートを同時に聞かせるというものだ。これによって変性意識を起こさせ、体外離脱を誘発する。

体外離脱（Out of Body Experience）という言葉を定義し、定着させたのもロバート・モンローの功績である。彼の研究によって一般人でも向こうの世界を体験することが可能になったのだ。

モンロー研究所はロバートの死後、実の娘のローリーに受け継がれたが、彼女も2006年に逝去した。現在、バージニア州シャーロットビルにあるモンロー研究所は、300エーカーの敷地といくつかのビルからなっており、今は義理の娘や息子の指揮下にある。

研究所内のラボにはアイソレーションタンクも設置され、ヘミシンクを聴きながら痛みの緩和や精神の健康維持、変性意識の喚起のほか、向こうの世界のフォーカスレベルまで到達できるようになっている。

その効果についてカナダの禅寺の僧正は、「モンロー研究所のゲートウェイプログラムの体験者は、普通30年間で達し得る瞑想の境地に一週間で到達できる」という意見を述べている。

モンロー研究所のことや実際の体験に関しては、坂本政道氏の『死の体験』（ハート出版）シリーズや森田健氏の『不思議の科学』（同朋舎）が参考になるかと思う。

スタニスラフ・グロフ

スタニスラフ・グロフは1931年、チェコスロバキア（当時）のプラハに生まれた。1940年代の後半にフロイトの『精神分析学入門』に出会い、フロイト派の精神分析医になることを目指して医学校に入学する。

卒業後、彼はLSDにより意識が体から離脱し、自分に境界がなくなって「宇宙」になるという神秘体験を経験したことから、LSDを使用したセラピーを思いついた。

1967年、チェコにソ連が侵攻する前年にアメリカに移住し、心理学者アブラハム・マズローとともにトランスパーソナル心理学会を創設する。

LSDのセラピーでたくさんの臨床例を得たが、その後LSDは世界的に禁止され、彼はLSDを使わずに変性意識を起こす方法を模索するようになる。

やがて彼は自分のLSD体験が、東洋の神秘主義の経典で読んだ個や現実を超えた向こうの世界、宇宙意識に近いことから、東洋の秘技に着目する。そしてヨガやスーフィー、道教などの奥義をあらためて研究し、そこから変性意識を喚起するために必要と思われる共通の要素を導き出したのである。

それは、呼吸法とボディワーク、そして音の波動だった。

彼はそれらを絶妙に組み合わせることで、LSDを使用することなく変性意識を呼び起こせることを発見し、「ホロトロピックセラピー」の技法を確立した。

その技法によって出生時の記憶、時空を超えた過去生や未来生、植物、動物、鉱物との一体化、集合意識との一体化、自然や地球との一体化、宇宙との一体化、宇宙を超えた絶対との一体化や、生命の進化から宇宙存在との邂逅など、新たな知覚のパラダイムを体験できる可能性を生み出した。

１９７３年以降は主流の学会を離れ、カリフォルニア州ビッグサーにあるエサレン研究所でワークショップを開いて教えるようになり、日本でもワークショップを開催している。

カール・ウィックランド

カール・ウィックランドは、１８６１年スウェーデン生まれのアメリカの精神科医だ。

彼は、精神病患者の多くは「地縛霊」による憑依だと考えた。そして霊能者でもある妻のアンナに患者の憑依霊を乗り移らせ、アンナの口を借りて霊に語らせて、霊を説得して患者から出て行かせて霊界へと成仏させたのだ。

いわゆる除霊された患者は本来の自分を取り戻し、30余年にわたるそれらの治療の様子は著書『迷える霊との対話』に書かれている。

この本を参考にして、地縛霊について述べてみよう。

地縛霊とは、死んで幽界へ行ったものの霊界へは昇れず、地上近くの暗い幽界にうろうろしているスピリットのことである。なぜ地縛霊になるかというと、自分が死んでいることに気がついていないからだ。事故や災害で急死した場合などによく起こるという。

死んでも意識はあるので、自分では普通に地上で生きているつもりなのだ。知人に話しかけても無視されるので、変だなとは思いつつも、まさか死んだとは思ってもみない。

唯物論者や現実主義者は物質の存在がすべてとし、意識は脳が生み出すものだから、自分が死ねば自分の体も意識もなくなってしまうと考えている。ところが実際は死んでも意識があるので、死んだと気づかないまま混乱し、迷えるスピリットになってしまうのだ。

だから、自分の信奉する宗教によって死後の世界を正しく教えられてなかった場合や、人や物やお金に未練がある場合、愛しいもののそばを離れたくないと思っている場合、怨みや憤りで復讐に燃えている場合、盗癖、アルコールや薬物中毒、自殺願望などがある波動の低いスピリットの場合などは、昇天できないという。

では、そうした地縛霊が人間界に引き起こす問題とは何だろうか。

地縛霊は、幽界に行ってもネガティブな意識をそのまま引きずっているので、人に憑依して体を借りてでも自分の欲望を叶えようとする。よって憑依された人は人格が変わり、自分の意志とかかわりなくアル中になったり、犯罪に走ったり、自殺してしまうこともあるのだ。

自殺者の多くは苦悩や現実の問題から逃れたくて、死んですべてを清算しようと死を選ぶ。しかし死んでも意識があるので戸惑い、自殺に失敗したと思う。そして生きている人間に取り憑いて、また死のうと試みる。ときには何度も同じことをする。

だから自殺を企てようとするほとんどの場合は、大なり小なり自殺者のスピリットの影響があると考えられる。自殺の名所などに興味本位で近づくのは避けたいものだ。特に霊的に敏感な人ほど、自殺した地縛霊に取り憑かれて巻き添えになってしまう可能性が高い。

アルコール中毒だった地縛霊は人に取り憑いて、その人が酒好きでなくても酒を飲ませる。アルコールは冷めれば多少はよくなるが、モルヒネなどの薬物やドラッグは禁断症状をもたらして依存症となり、魂まで病むようになるので深刻だ。

また、事故で亡くなったスピリットが受けた苦痛の記憶はそのまま続くので、憑依された人は事故死した際の苦しさを感じ、原因不明の痛みや慢性病などの霊障を引き起こす。

体を車にたとえるなら、本来の運転手は脇に押しやられ、かわりに憑依霊がハンドルを握って暴走するようなものだ。だから、はたから見れば精神異常者とされてしまう。一人の人間にいくつかの憑依霊が取り憑いた場合は多重人格者となり、そのときそのときで違う人格が現われる。

どうすれば憑依されずに済むのだろうか？

まずは健全な心身であることだ。憎しみ、怒り、妬み、悲しみ、わがまま、執着、取り越し苦労、落ち込み、鬱、弱気などのネガティブな気持ちがあるときは憑依されやすい。

自分をしっかり持って、「これは自分の体だ。誰にも明け渡さないぞ」という強い意気込みが大切である。

また大事なのは、「自分だけではなく、他者の幸せをも実現させよう」という動機と、実際の行動だ。愛と誠意をもって行動すること。地上界の結果主義とは違い、向こうの世界では不本意な結果になろうとも、動機がよければ評価されるのである。

光が射して風が通る部屋で、明るくよく笑っていれば大丈夫。足るを知り、必要以上に欲を出さず、周りの人にも、自然にも感謝を忘れないこと。いつも幸せなオーラを発していれば、低い波長を求める地縛霊は近づけない。

では、地縛霊を救済するにはどうすればいいのか？　実は地縛霊自身も困っているのだ。できれば幸せになりたいのだが、方法がわからないのである。

取り憑いているのを引き剥がすことは「除霊」という。除霊だけでは、スピリットはまだ幽界に留まっており、ほかに取り憑けそうな人間を探す。だから、霊界に送る「浄霊」までしっかりと行なわなければならない。

地縛霊が減れば、人間界でも犯罪や事故、自殺が減る。ボクたち自身のためにも、迷える霊を浄霊してやらなければならない。方法は二つ考えられる。

一つは、ウィックランド博士のように霊媒を通してコミュニケーションをとって、よく納得させてから浄霊する。しかし残念ながら、そのような霊媒はなかなか見つからない。

そこで、もう一つの方法は、ボクたちが自分で地縛霊に話しかけて説得することだ。声に出してもいいし、こころの中で強く念じてもいい。たとえば次のように。

「○○さんに取り憑いているスピリット様。心配ありません。私はあなたの味方です。自分の置かれている状況が、どうも変だと思っているのではないでしょうか。それは、あなたはすでに亡くなっているからです。地上の人生を終えたあと進むべき道は霊界へ行くことです。あちらの世界は思ったことがすぐ実現するすばらしい世界です。苦痛も苦悩もありません。どうか光のほうに向かって旅立ってください。こころからエネルギーを送ります。無事、成仏されることを祈っています」

日本でも、精神病は地縛霊のなすことだと考えた人たちがいる。

ＧＬＡの創始者である高橋信次氏は、「精神病とされているもののほとんどは憑依現象だ」と言い切っており、実際に浄霊をすることで病気を治していた。

『精神病は病気ではない』（ハート出版）の著者でもある僧侶・萩原玄明氏は、とてもユニークな方法で浄霊をしていた。

彼が問題の家族に会って話を聞くと、翌朝、憑依しているスピリットの夢を見る。家族にその話をして家系図から先祖の霊が特定できると、先祖の霊が持っている問題に焦点を当てて、霊に語りかけて成仏してもらうという方法で浄霊をし、精神病を治していた。

また、大橋正雄氏は弟の精神病を治したい一心で研究するうちに、スピリットが関係していることがわかり、その霊に語りかけることで病気を治すことができた。

その過程で、波動性を頼りにさまざまな疑問を探求しているうちに宇宙や生命現象を体系的に考えられるようになり、『波動性科学』(たま出版)という本も著わしている。

霊能力の取り扱い

さて、最後に大事なことを述べておきたい。

自分でも霊能力を持って、〝向こうの世界〟のスピリットとコミュニケーションしたいと思っている方がいるかもしれない。あるいは、すでにコミュニケーションしている方がいるかもしれない。

そんな方には、「よくよく注意してください」と声を大にして申し上げる。

向こうの世界は波動の世界だ。低いエネルギーの低級霊がウヨウヨいる暗黒の幽界から、愛と平和に満たされた高級霊の世界が何層にも重なり、さらにその上の宇宙そのもの、神の世界までさまざまな段階がある。

霊能力（チャネリングの能力）があるといっても、どの波動とチャンネルを合わせられるかが問題だ。霊能者（チャネラー）が「霊界からのメッセージを受けた！」と思っても、実は幽界のいたずら霊が神や天使を装って、お告げをしているのかもしれない。

真面目に修行をして煩悩を克服し、悟りの境地に至った人でさえ、教祖と崇められたりするうちに往々にして、「ついに悟りを開いた」「自分は霊格が高い」と尊大になったり、傲慢になったりする危険がある。するとすぐに邪悪な低級霊が入り込んでくる。

低級霊、動物霊といっても、この世の人間よりは能力があるから、多少のヒーリングもできるし、たいていのことは当てられる。だからつい信用してしまいがちだが、最後のひと言であやしいメッセージが来る。高い壺を買え、お祓いにいくら出せ、お堂を建てろなど、金品の要求が出てきたらおかしいと思わねばならない。

高い次元からのメッセージであれば、「自分の意識を向上させる」「世のため、人のためになる」ことに関するものだけであり、世俗的な要求はいっさいない。自分から応分のお礼をしたいと思うのは、この限りではないが。

霊能者（チャネラー）とは、いわば周波数を合わせられるラジオのようなもので、霊能力があるからといって人格者かどうかは別問題だ。

霊能力はたしかに特殊な能力ではあるが、その人が自分の能力をどう使うかは、天が課した試練なのかもしれない。高級霊とつながり、かつ人格もすばらしい霊能者と知遇を得られたとしたら、それは人生の宝である。

地上の幽界にさまよう波動が低いスピリットは、ときに敏感な人の目に幽霊として姿を見せることがある。そのような重いスピリットは高いところへは昇れない。地上で憑依された霊能者が高山に登ったら、ふと憑依が解けたという話もある。

高所になればなるほど高級霊のいる場所であり、浮遊霊や地縛霊はいないので、聖者や修験者の修行の場にふさわしい霊山となる。地上に近いほど低次元の世界、地上を遠く離れるほど高次元の世界なのだ。

また、次元が離れるほどにエネルギーの差も大きくなり、お互いのコミュニケーションが難しくなる。

高次元と地球上の3次元をつなぐことは、あたかも高圧の新幹線の電流を小さな家電に流すようなもので、利用できないないどころか壊れてしまう。

したがって高級霊から直接メッセージを受けようとするなら、少なくとも背骨を矯正し、スシュムナーやピンガラなどのエネルギー回路を整え、自ら覚醒して霊性レベルを高めるなど、受け入れ態勢の準備が必要だ。

さもなくば変圧器を作動させるように何段階か中継者を入れることで、高級霊からのメッセージを地上世界に伝えることが可能である。

「シルバーバーチの霊訓」や「ホワイトイーグルの霊訓」、「インペレーターの霊訓」、「アラン・カルデックの霊の書」など、さまざまな高級霊からのメッセージがあるが、これらもそのように中継してやっと地上に届いたものだ。

シルバーバーチというのは、メッセージの発信源の高級霊の名前ではなく、地上界にいちばん近い霊界にいる中継スピリットであるインディアンの名前である。

アメリカ・インディアンは子どものころから、万物に宿る霊性と死後の世界について学んでおり、宗教概念が単純素朴で偏見がなく、摂理についての知識が豊かなため、地縛霊になることはめったにない。むしろ地上の霊能力者の背後霊として役割を果たしているケースが多い。

霊能者におうかがいをたてるときは、「宝くじでどの番号が当たりますか?」といった世俗的な欲や、興味本位の低俗な質問はするべきではない。霊能者が低級霊に支配されていたずらメッセージが来るようになったり、激しい頭痛がしたりして、あとでひどい目に遭う。

また、メッセージを発信している存在の名前も知りたくなるだろうが、質問しないほうがいい。人は物質世界の生活習慣から有名人や権威ある者をありがたがるので、メッセージを送ってくる存在にも著名な名前や肩書きを期待する。

しかし、高級霊はたいていこう言うだろう。

「あなたがたは、誰のメッセージなら信用するのですか。キリストですか、ブッダですか、マホメットですか。そうでなければ信じないのでしょうか。名前や肩書きが大事なのではありません。メッセージの内容が大切なのです。その内容を理解し、心がけ、実践することが大切なのです。私が誰かということは、まったく無意味なことです」

純粋なスピリットの世界では、世俗的な価値など何の意味もないのだ。

瞑想や自動書記、前世療法など、向こうの世界とつながろうとするときは世俗の欲をさっぱりと捨てて向き合うことだ。

さもないと低級霊があなたのお望みどおり、「あなたは過去生ではマリー・アントワネットでした」などと、ドラマティックなストーリーを見せてくれたりする。

それだけならまだ害はないが、チャネラーを目指して訓練しているうちに憑依され、体や精神を病んでしまうかもしれない。

大切なことは霊能力を開発することではない。

霊能力があろうとなかろうと、「毎日の生活において、いつもこころ磨きを怠らないこと」こそが重要なのである。

「白珪尚可磨」（はっけい　なお　みがくべし）

あとがき

ボクは学者でも宗教家でもありません。

自分の体験を通して世の中のことや人生を考え、自分なりに生きてきただけの者です。

自分が石になったり、木になったりするのは特殊なことで、人に話してはいけないのだと世間知が働いたのは幼稚園のころでした。

ボクが話しても、大人も子どもも本気で取り合ってくれません。ウソつき扱いされたこともあります。

それで長い間、〝向こうの世界〟のことは誰にも話さずにいました。

今ようやく、このようなことを話してもいい時代になったことに感謝します。

この本を読んでくださったあなたでさえ、向こうの見えない世界があるとは信じられないかもしれません。

「スピリットは不滅で霊界に行く」ということは、残念ながら証明できません。

ただ、信じてくださらなくても、「スピリットは不滅……かもしれない」と考えていただくだけで世界平和が訪れます。

だって、もうわるさができなくなります。誰も見ていなくても自分のスピリットは知っているからです。死んでも知っているからです。

人を陥れてでもお金儲けをしたい人、人脈・金脈を使ってでも勲章が欲しい人、妬みやそねみから人の悪口をいう人、どうかご自分のスピリットを大切にしてください。

これまでにたくさんの方々とご縁をいただき、よくもわるくもさまざまなことを体験させていただきました。

それらのすべてはボクの宝です。

今回、この本は多くの方に御協力いただき、おかげさまで出版の運びとなりました。

どんなときでも心身両面で支えてくれた人生の友、米津等史氏。ボクの目を新しい世界に開かせてくれた覚醒医療研究会会長の米田晃先生。たくさんのすばらしい仲間を紹介してくださった前世療法の大槻麻衣子先生。おりに触れ、ご助言をいただいた早稲田大学名誉教授の池田雅之先生ご夫妻。いつも親父ギャグを振りまきながら、暖かく見守ってくれた早稲田大学名誉教授の故窪田登先生。

原稿ができ上がるのを忍耐強く待っていただいたナチュラルスピリット社の今井博央希社長、編集を引き受けてくださった五目舎の西塚裕一氏。

そして、ボクの不思議体験を寛大に受け入れ、長年、苦楽をともに乗り越えてきた妻、愛子。

そのほか、たくさんの方々にこの紙面をもって感謝の意を表させていただきます。

ボクは今、末期ガンで、主治医には「いつ逝ってもおかしくない体です」と言われつつ、少し生き永らえています。

この本を書き上げて、いささかでもみなさまの本当の幸せに寄与できれば、うれしく思います。

では、いつでもどこでも、みなさまのご健康とご活躍、そしてスピリットの成長をお祈りいたしております。

城岩譲

令和元年九月吉日

著者プロフィール

城岩 譲（しろいわ・ゆずる）

宮城県白石市出身。本名、吉見正美（きちみ・まさみ）。慶応大学文学部哲学科卒業。元全日本学生ボディビルチャンピオン。ロサンゼルス・カレッジ・オブ・カイロプラクティック卒業。カイロプラクター。ロサンゼルスで 32 年、日本で 4 年開業。著書に『Anabolic Steroid-What?!』、『スポーツマンのためのサプルメントバイブル』（以上、体育とスポーツ出版社）、訳書に『テニスフィットネス』（ベースボールマガジン社）などがある。令和元年 9 月 24 日、他界。

著者近影

ボクの「あくがる」体験記

——ある整体師の不思議な一生——

●

2020年3月12日　初版発行

著者／城岩 譲

装幀／細谷 毅
編集／五目舎
DTP／伏田光宏（F's factory）

発行者／今井博揮

発行所／株式会社ナチュラルスピリット

〒101-0051 東京都千代田区神田神保町3-2　高橋ビル2階
TEL 03-6450-5938　FAX 03-6450-5978
E-mail　info@naturalspirit.co.jp
ホームページ　https://www.naturalspirit.co.jp/

印刷所／モリモト印刷株式会社

ISBN978-4-86451-330-2 C0011